THE PATH

一生お金に困らない最短ロードマップ

〈ザ・パス〉

ピーター・マローク
アンソニー・ロビンズ 著
レッカー・由佳子 訳

青春出版社

The Path

Accelerating Your Journey to Financial Freedom

By

Peter Mallouk with Tony Robbins

Originally published in U.S.A. by Post Hill Press, LLC.
The Japanese translation arranged through Lanka Creative Partners Co. Ltd.

はじめに

金融サービス業界は崩壊した。金融業界に長年携わっている私がこのように言うと、意外に思われるかもしれない。だが残念ながら、これは事実だ。金融アドバイスとサービスは従来、会計士や弁護士、保険代理店、ファイナンシャルアドバイザー、銀行家など、さまざまなプロフェッショナルたちとの関わり合いを必要とするシステムを通じて提供される。ところが、これらのプロたちは互いと語り合うことがほとんどないため、狭間にいるクライアント自身が、すべてが正しく行なわれているかを確認しなければならない。

この形態は、あなたにとっては問題だ。というのも、資産というのは孤立して運用・管理されるものではないからだ。あなたのポートフォリオの資産に係る決断は、所得税や相続計画、譲渡、所得ニーズ、債務管理戦略、事業計画、老後の資金計画などの、あらゆる要素と大きく関わっている。代理であるはずの専門家たちがこれほどたくさんいても、全容を把握しているのはあなただけだ。あなたの望む結果を考慮に入れないなら、彼らはどうやってあなたの目標達成までの道のりをサポートできるというのだろう？

さらに悪いことに、資産関連の助言を行なう者たちは、あなたの財産を扱うに値する最高の基準を満たしているべきだが、法的には有資格である必要がない。また、金融業界のプロフェッショナルたちは、平均的な個人投資家にとって複雑な運用手法を用いることも多く、さらに悪い例では、意図的にクライアントを惑わす者もいる。

従来の株式仲買業者は、自社に利益をもたらす金融商品をクライアントに勧めることもある。保険会社は資産運用の要素を含んだ保険商品を提供し、代理店はそれらを販売・契約を獲得することで多額の手数料を得ている。独立系ファイナンシャルアドバイザーは規模が小さすぎたり手腕に乏しかったりと、クライアントの利益を最優先に考える必要があっても、クライアントのニーズすべてに効果的に応えられないことが多い。

このような状況下で割を食うのは誰だろう？　あなたのような個人投資家だ。生涯でもっとも重要といえる決断を下す際、どうやって落とし穴を回避し、資産を最大限に活かす道を切り拓くことができるだろう？どのように目標達成のために最適な投資戦略や、全行程を導いてくれる良きアドバイザーを見つけることができるだろうか？　このようにあなたは自問しているだろう。

この業界に入ったばかりのころ、私は、主に同僚のクライアントのために、相続計画や財政計画や資産管理アドバイスを専門に行なっていたのだが、その立場から実状を見て、非常にがっかりした。同僚の多くは優れたアドバイザーだったが、矛盾した環境の中で働いていた。私は多くを目の当たりにした。

新しい戦略を試みることも、どれほど税金面での損失やポートフォリオへの損害をもたらすかを考慮することもなく、クライアントに保有資産すべてを売却するように強要するアドバイザー。無防備なクライアントに自社の金融商品や紋切り型のポートフォリオを無理に勧めるアドバイザー。クライアントの目標に適した低コストの金融商品があるにもかかわらず、高額の保険商品を売りつけるアドバイザー。つまり、人びとは往々にして、生涯かけて築いた資産を「専門家」に託し、あとになって利益よりも損害がもたらされたことに気づくのだ。

他にもっと良い方法があるはずだ。そう私は痛感した。私がカンザス州オーバーランドパークの小さな独立系資産運用会社だったクリエイティブ・プランニングを引き継いだとき、アメリカで慣行されていた金融アドバイスの方法を改革するチャンスを得たと思った。私は誓った。独自の金融商品を売らない。個々のクライアントのニーズに寄り添ってポートフォリオを作成する。節税対策、法律、ファイナンシャルプランニング、そして投資を中心とした、クライアントの資産運用とライフプランニングに関するアドバイスを提供する。

現在に至るまで、そのコミットメントを守り、忠実に遂行してきたことを誇りに思っている。実際、2003年当時に夢見ていたこと以上の成果をわが社はあげることができた。

私がクリエイティブ・プランニングを引き継いでから、わが社の管理下にある資産は500億ドル近くまで増えた。もっとも成功している資産運用会社の一つとして、全米のさまざまな報道機関からたびたび称えられてきた。

例をあげれば、週刊投資金融情報専門紙『バロンズ』からは米国ナンバーワン独立系アドバイザリー会社（2017年）、ニュース専門放送局のCNBCからは二度（2014年と2015年）、ナンバーワン資産運用会社と認められた。2016年、『フォーブス』誌の全米でもっとも成長の早いRIA（個人向け投資顧問業者）番付で、クリエイティブ・プランニングは第1位になった。

この成功は、わが社のすばらしいチームと、クライアントへの約束の実現に向けたチームの情熱によるところが大きい。チームが大きく成長するにつれて専門知識や技能が増し、われわれは他の独立系運用会社よりも優れた専門的サービスを加えることができるようになった。
もう一つの重要な成功要因は、個人投資家が、われわれのアドバイスに対して、徐々に信頼を寄せるようになったことだ。これは、受託者責任義務基準の推進を何年も熱心に唱えたアンソニー（トニー）・ロビンズのおかげでもある。顧客の最善の利益を追求する法的義務を負うアドバイザーと協力する重要性を、彼は何百万もの人びとに説いてきた。２０１７年、トニーと私は、現代の投資をめぐる、もっとも差し迫った問題に対する答えを明らかにすべく『Unshakeable 揺るがない力』（２０１９年、ダイレクト出版、大森健巳監修、夏井幸子訳）を共同執筆した。

私はこの17年間の経験を通じて、アメリカ国民が矛盾のない金融アドバイスを受けるための、明確かつ簡潔な方法を切望していることを学んだ。人びとは、独自の事情や目標に合わせてカスタマイズされたポートフォリオを求めている。そして経済的自由への道筋をつけるガイドを探している。クリエイティブ・プランニングはこれまでに何万もの家族のガイド役となり、個々のニーズに応じて資産形成計画をカスタマイズし、目標に合わせてポートフォリオを作成し、成功を脅かすあらゆるリスクに徹底的に対処してきた。
本書の目的は、私が経験から学んだことをあなたと共有し、あなたが自らの目標に向かって道を切り拓くときに直面する困難を取り除くことだ。あなたのガイドとなるこの機会を、私はとても光栄に思っている。あなたが経済的目標を明確化できるよう、危険な失敗を回避できるよう、あらゆる機会を最大限に活用できるよう全力でサポートするつもりだ。一緒に、経済的自由への道を切り拓き、歩きだそう。

ピーター・マローク

目次

Part 2 起点 79

第4章 市場の仕組み by ピーター・マローク 80

第5章 成功を阻む心理

by ピーター・マローク

Part 3 成功へのステップ

第7章 賢いポートフォリオの構築法と管理法

by ピーター・マローク

Part 1

旅立ちに向けて

第1章

自由への道

by

アンソニー・ロビンズ

われわれが恐れるべきものはただ一つ、「恐れ」そのものだ。

——第32代米大統領フランクリン・デラノ・ルーズベルト

人は皆、自由を心から願う。やりたいことを、やりたいときに存分にやれる自由。好きなことを愛する人たちと分かち合う自由。情熱的に、寛大に、平穏に、そして感謝の念を持って生きる自由。これこそが経済的自由である。どれだけお金があるかは関係ない。経済的自由というのは心のありかたなのだ。人生のどのステージにいるか、今どのような経済状態にあるかにかかわらず、経済的自由は、その気になれば誰でも間違いなく手に入れることができる。たとえ危機に面していたとしてもだ。実際、富の多くは、世の中が「悲観の極み」に包まれた時代に築かれてきた。

経済的自由の捉えかたは人それぞれ異なるだろう。もっと旅行をすること、より多くの時間をわが子や孫と過ごすこと、あるいは大義のために社会貢献することかもしれない。必要に迫られて働くのではなく、働きたいから働くことが経済的自由であると考える人もいるだろう。どんな定義であれ、あなたはおそらくこう思っているのではないだろうか——経済的自由は本当に可能なのか、と。

経済的自由を手に入れる道は、間違いなくある。世界経済に甚大な影響を与えた人物50人にインタビューをしたからこそ、私はこう断言できる。しかし、頂点へ到達したいのなら、いくつかの明確なルールに従わなければならない。ゴールまでの道のりには回避すべき落とし穴や障害がある。私利のために、あなたを惑わそうとする悪人も数多い。本書では、それらについて詳細に説明するつもりだ。経済的自立を実現することは、さほど難しいことではない。そして経済的自由の達成もまた、絵空事ではないのだ（たとえ、逆説を唱える人がいるとしてもだ）。将来のあなたは、ロープやアンカーでしっかりと基盤を固めずして山に上るべきではない。もし、経済的自由という頂上を目指して進歩する覚悟があるなら、己を守り救済する術を身につけておく必要がある。

現在の状況によっては、経済的自由など夢物語に聞こえるだろう。正しい方向へ進んでいても、自由を感じないこともある。あなたは多額の学生ローンを抱えたミレニアル世代かもしれないし、世の中から取り残されないように躍起になっているベビーブーマー世代かもしれない。誰よりも裕福なのに、必死に築きあげてきたものを失うかもしれないと、とてつもない恐怖を抱く人もいる。だが、あなたがどんな人であれ、本書で紹介する実証済みの方法やストラテジーを用いれば、心の平穏を得て、経済的自由の達成のみならず、そこに至るまでの道のりでも充足感を覚えるはずだ。

成功は一夜にしてならず

経済的自由に関する最大の秘密をお教えしよう。

必死にお金を稼いだところで、経済的自由を手に入れることはできない。ほとんどの人にとって、そして高所得者であっても、貯金によって経済的な安定を得るのは不可能に等しい。皮肉にも、人というのは、お金を稼げば稼ぐほど、散財するものなのだ。数えきれないほど多くの人に経済的自由について尋ねたが、たいていは一攫千金——たとえば事業の売却、大幅な昇給や昇格、突然の遺産相続、宝くじに大当たり——を狙っている。だがはっきり言おう。希望と戦略はまったく別ものだ。世の中には私たちの手に負えない変化球がありすぎる。前述のような場面でホームランをかっ飛ばす確率は、かなり低い。したがって、もっとも有効な方法は、アルベルト・アインシュタインが人類最大の発明と呼んだ「複利」の効果をうまく活用し、資産を形成することだ。

『ティッピング・ポイント——いかにして「小さな変化」が「大きな変化」を生み出すか』（飛鳥新社、高橋啓訳）の中で著者のマルコム・グラッドウェルは、ものごとが急激に変化する時点であるティッピング・ポイント（核物理学でいう閾値、沸騰点）に言及している。ティッピング・ポイント、すなわち転換点は、複利の効果にぴったりと当てはまっている。あなたは億万長者になりたいだろうか？答えがイエスなら、なるべく若いうちにスタートすべきだ。**図1-1は、おそらくあなたの将来に**

65歳までに百万長者になるための年間貯蓄額

図1-1

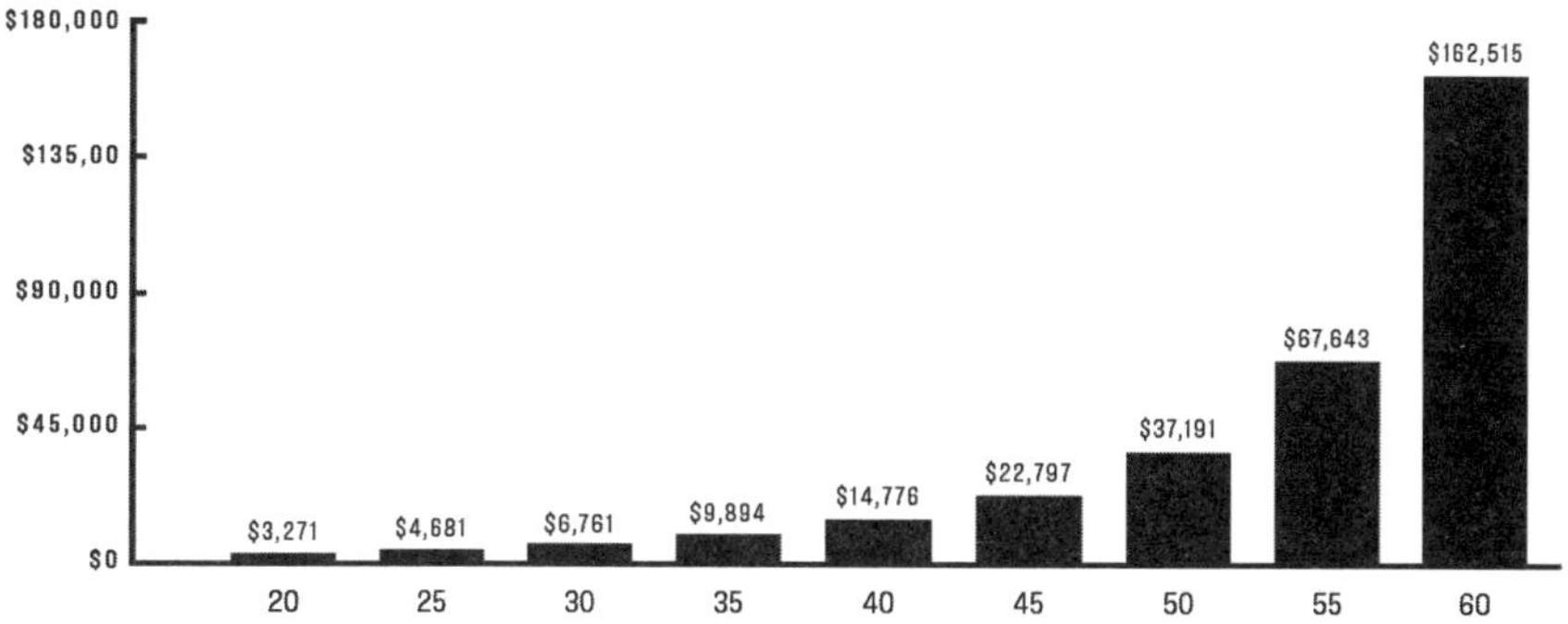

重要な意味をもたらすチャートになるだろう（とはいえ、このようなチャートの数々を会計帳簿の中で見る機会が、いずれあるかもしれないが）。このチャートは、65歳までに１００万ドル（およそ1億円）を貯蓄するためには、年間どれほどの金額を投入すべきかを表わしている（収益率７パーセントで、米国の確定拠出型企業年金制度である４０１ｋや、個人退職勘定であるＩＲＡなどの課税繰延口座への投入を想定）。若いうちから始めれば、退職するまでに驚くほどの額が貯まることがわかるだろう。

20歳では年間３２７１ドル、月額にして２７２ドルのみだが、50歳になると年間で3万７１７９ドル、月々３０９ドルもの額をつぎ込むことになる。

ご察しのとおり、この図は話を単純化しすぎている。リターン（収益率）が毎年７パーセントの夢のような積立など存在しないだろう。実際、「失われた十年」とのちに呼ばれるようになった２０００年から２００９年にかけては、Ｓ＆Ｐ５００（米国の代表的な株価指数）のリターンはなんとゼロパーセントだった。しかし、賢い投資家は米株式のみに投資することはない。

私自身が経済的自由を追求していたとき、幸運にも、著名な投資家で『ウォール街のランダム・ウォーカー』（日本経済新聞出版、井出正介訳）の著者バートン・マルキールと話す機会に恵まれた。彼の見解によると、もし「失われた十年」の間に、米株や外国株、新興市場株、公社債、不動産などに分散投資していたなら（*1）、収益率6・7パーセントを出すことが可能だったという。たとえ、それがインターネットバブル、9・11同時多発テロ事件、そして2008年のリーマンショックに見舞われた10年であったとしてもだ。

私は新型コロナウイルスパンデミック渦中に本書を執筆しているのだが、現在、世界的不況への懸念が高まり、経済は不透明で暗たんたる見通しに直面している。だが、ここで忘れてならないのは、このような経済の「暗い冬」は、実のところ、富を構築するには絶好の機会だということだ。あなたが己の懸念や恐れを払拭し、感情を管理することができるなら、市場全体が下落しているときにこそ一生に一度のチャンスをつかむことができる。というのも、すべてが割安になっているからだ。

世界大恐慌のさなか、ジョゼフ・ケネディ・シニア（第35代米大統領ジョン・F・ケネディの父）は、価格が大幅に下落した不動産に投資し、巨万の富を築いた。1929年、ケネディの資産は推定400万ドル（現在の価値で約5960万ドル）だったが、1935年までのたった6年間で、1億8000万ドル（現在の33・6億ドル）に膨らんでいる。

確かに経済の冬は、きつく困難な時期だ。しかし冬は永遠には続かない。いつしか必ず春がやってくる。そして冬の間でさえ、毎日が猛吹雪だとは限らない。薄陽がさし、春の兆しを感じるような日もあるだろう。これから本書の中でも述べるが、絶え間なく変化する投資「時期」を、感情・経済面の両方でうまく切り抜ける方法を賢く選ぶことが極めて重要になる。

経済的自由を達成する（そして継続させる）ためには、次の問いに対する答えを見つけなければならない。

- どのような投資法が利用可能だろうか？　どの種類があなたの目標に適しているだろうか？
- 分散投資のために、どのような資産の組み合わせを考えているだろうか？　どのように毎年それらを管理できるだろうか？
- どのような合法的な節税対策ができるだろうか（人生における最大の「経費」をどう節約するか）？
- どのように過度な手数料や不必要なコミッションを排除し、将来のための貯蓄を大幅に増やすことができるだろうか？
- どうすれば弱気相場や暴落を乗り切り、好機に投資することができるだろうか？

●あなたの資産管理を担う、高い基準を満たす有資格のアドバイザーをどうやって見つけるか？

これらは、私の友人で共著者でもあるピーター・マロークが、示唆に富む本書の中であなたに投げかける質問だ。ピーターが20年近く最高経営責任者として率いている資産管理会社のクリエイティブ・プランニングは、全米の何千もの家族のために約500億ドルもの資産を管理している。本書では、ピーターが長年培ってきた知識と実務経験をもとに、経済的な安定と自由を手に入れたいと望むすべての人に、そのノウハウを伝授する。

しかし、経済的自由を達成する方法を知っていても、実践しなければ意味がない。いつだって行動は知識に勝るのだ。経済的自由を得ることは困難ではない。それなのに、史上もっとも豊かな時代を生きる私たちの多くが、経済的な安定感を得られないのはなぜだろうか？　驚くことに、老後の蓄えが1000ドルにも満たないアメリカ人は6割にのぼる。さらには、緊急時に500ドルを捻出できるアメリカ人は4割に満たないという。

アメリカは消費大国だ。だが、国として繁栄するには、消費者から所有者に変わるべきだ。多くの人がiPhoneを所有しているのに、なぜアップルの株を所有していないのだろうか？　多くの人が毎日のようにアマゾンからの宅配を受け取っているのに、なぜこのオンライン小売最大手企業の株を所有していないのだろう？（*2）

あなたがどんな社会経済的地位にあろうと、革新的な資本主義の力から恩恵を得ることはできる。

誰だってわずか数ドルで、トップ企業の一部を所有することも、おそらく世界史上でもっとも繁栄した、有益なアメリカ経済の果実を享受することもできるのだ。

＊1　内訳は以下のとおり　債券33パーセント（ＶＢＭＦＸ）、米株27パーセント（ＶＴＳＭＸ）、外国株式14パーセント（ＶＤＭＩＸ）、新興市場14パーセント（ＶＥＩＥＸ）、不動産投資信託12パーセント（ＶＧＳＩＸ）、年毎にバランス再調整。
＊2　この銘柄を勧めているのではない。要点をわかりやすく述べようとしただけだ。

克服すべき負の感情

人がお金と向き合うときは、常に感情が伴う。経済的自由を達成するための方法や情報はすでにあるというのに、なぜ多くの人が目標を持たず、経済的に圧迫され、経済的自由への道があることにも気づいていないのだろうか？　経済的に余裕のある人たちの多くが、満たされず、感情的に破綻しているのはなぜだろう？

その理由は、次のような負の感情に支配されているためだ。

恐れ・不安の扱いかた

「恐れ・不安」は、私たちが自分にふさわしい人生を構築していくための、隠れた原動力だ。一方で、恐れや不安はゴールへの道を阻む最大の障害でもある。一時の感情に流されると、非常に悪い投資の決断を下すことになる。

のちに述べるが、人の脳は、過ちや命を脅かすものに注意を促すようにできている。人間は確実性をなによりも重視するものだ。しかし、意外に思われるかもしれないが、優れた投資家になるには、実は不確実性を受け入れるスキルも必要なのだ。経済的に自由になるには、もちろん正しいノウハウがいる。だが自分の感情をコントロールできなければ、大きな判断ミス（たとえば不安定な時期に売り、タンス貯金にするなど）をおかし、せっかくのノウハウや戦略も役に立たない。

反復練習は一番の上達法

私は、長年にわたりカール・アイカーン、レイ・ダリオ、ジャック・ボーグルなどの世界屈指の投資家にインタビューし、彼らから学んだことをまとめて、『世界のエリート投資家は何を見て動くのか』（三笠書房、山崎元監修、鈴木雅子訳）を２０１４年に出版した。

それとほぼ同じころ、ピーターが『The 5 Mistakes Every Investor Makes & How to Avoid Them』を発表。それから2年後、私たちは『Unshakeable　揺るがない力』（ダイレクト出版、大森健巳監修、夏井幸子訳）を共同執筆した。同書は、市場はどのように動くか、株価の調整局面や暴落に対する恐れや不安をどのように払拭するかをわかりやすく述べている。

現在（２０２０年執筆時）、パンデミックにより世界が止まり、私たちも大休止しているところだ。

やがて通常の生活が戻れば、間違いなく勝者と敗者が現れるだろう。

本書は、計画を練って勝ちを制するための原理を、前著よりもさらに掘り下げている。ピーターは投資のコンセプトだけではなく、目標を達成するためのノウハウを伝授する。さらに、私はセルフマスタリー、すなわち自分を極めるための方法について、2章にわたり説明するつもりだ。

第3章では、誰もが持つ「人間の六つのニーズ」、そしてこれらが人生、ビジネス、資産形成の進路の決定においてどのような影響を与えるかにスポットを当てる。ここで培った知見は、クオリティ・オブ・ライフ（人生の質の向上）を追求する際に活かすことができるだろう。第8章では、なぜ人は経済的な余裕があっても幸せだと感じないのか、どうすれば充実感を得ることができるのかを探る。感情にすべてを委ねてしまうと、苦悩（恐れ、怒り、いらだち）を抱えて生きることになる。誰でも、この状態に陥る可能性があるのだ。したがって、われわれが学ぶべきは、有害な負の感情から己を救う術だ。これを身に付けて実践すれば、真の富、すなわち喜びや幸せ、興奮、善意に満ちた、平穏な人生を手に入れることができるだろう。

私の著書を以前に読んだことがある方は、本書の私が書いた章で反復があることに気づくかもしれない。だが、プリンシプル（原理）は、繰り返す価値がある。反復練習は一番の上達法だと私自身もメンターから学んだ。レブロン・ジェームスやステフィン・カリーだって、練習中にたった二つや三つのシュートを放っただけで、今のようなプロバスケットボールのスター選手になれたわけじゃない。

フリースローのやりかたを知っていても1週間に数千回も練習をし、正しい動きを肉体に覚え込ませたからこそ、本番のプレッシャーの中でも最高のシュートを決めることができる。そう、反復こそ熟達への道なのだ。

本書のプリンシプルの中で、今のあなたの生活や人間関係の向上に役立つような、新たな気づきが得られるかもしれない。以前観たことのある映画や聴いたことのある音楽でも、人生のステージが変われば以前と異なるニュアンスを感じることもあるだろう。本書でも同様だ。

軌道修正を怠らないこと

私たちは、マス媒体やソーシャルメディアによって不安をあおられ、搾取されるような時代に生きている。そこにパンデミックが加わり、恐れや不安は健康を著しく損なうほどのレベルにまで高まっている。日々、私たちの興味を引こうと情報の大波が打ち寄せる。クリックベイトという言葉もいまや身近なものになった。明るいニュースは背後へ追いやられ、隣町で起こった最新の悲劇や脅威、スズメバチ群の発生などの事件が大きく取り上げられる。恐怖を感じる脳の部位が刺激され、不安レベルは最高潮に達する。

だが、今こそ現実を直視し、不安と向き合うべきときだ。心を制する方法を学ばなければ、本書で述べるプリンシプルを実践することさえもできないだろう。勇気ある人でも、不安に駆られるときがあるということを忘れないでほしい。不安がよぎっても行動を起こし、常に前へ突き進むことこそが勇気なのだ。あなたは、自分や家族が望む目標があっても、二の足を踏んでいるかもしれない。だがそれは、本当のあなたの姿ではあるまい。もし、本書に興味を持っているなら、あなたは前向きで、やる気のある人だろう。本書のアドバイスを有効に利用すれば、きっと不安を克服し、目標にたどり着けるはずだ。

不安を取り除くための第一歩は、見かた・考えかたを再調整することだ。ピーター・マロークにバトンタッチするにあたり、あなたが次章へ進むことをとても喜ばしく思っている。正しい知識を得て、己の不安を克服する術を身につければ、苦境のさなかにもチャンスを見いだし、人生のクオリティを飛躍的に高め、経済的にも精神的にも自由を享受できるようになるだろう。

さあ、自由への道を歩きだそう。

前著の利益の100パーセントはチャリティに寄付されている。同様に、本書からの利益すべては、フィーディング・アメリカ（米国フードバンク）に寄付する予定だ。

第2章

世界はあなたが思うほど悪い場所ではない

by ピーター・マローク

過去には進歩しか見られないのに、未来は崩壊するなどと、いったいどんな理論的根拠から言っているんだ?

——トーマス・バビントン・マコーリー(歴史家)

1858年、ロンドンでのことだ。その日は美しい朝だった——少なくとも、ヴィクトリア女王がバッキンガム宮殿でバルコニーのドアを開けるまでは。異臭が鼻を刺し、女王は強い吐き気を覚えた。歴史上で「大悪臭」と称される出来事だ。

家畜や人間の排泄物が街中に溢《あふ》れ、身体に大きな苦痛を与えるほどの、重々しい臭気がロンドン全体を覆った。それまでのほぼ半世紀、250万人の市民はゴミや排泄物を路上やテムズ川に直接捨てていたのだ。

状況はまさに極限に達した。住宅や商店の地下にあった20万もの汚水槽から、夜通し「汚わい屋」が汚物をすくい出したが、追いつかない。下水が貯水槽や河川に流入すると、コレラ発生が日常的になった。飲水は汚染され、あらゆる病気を引き起こした。

過去は美化しすぎず、将来は悲観的に考えない

古き良き時代を懐かしみ、あのころに戻りたいと願うことは誰にでもあるだろう。だが、よくよく考えてみると、黄金時代のすべてが輝かしかったわけではない。400年前、ヨーロッパの人口の約3割が、ある病気が原因で命を落とした。腺ペストである。ほんの200年前のロンドンの大悪臭のさなか、5歳未満の子どものうち45パーセントが亡くなった。英ヴィクトリア朝時代、子どもが成人期まで生き残るか否かは、賭けに等しかった。子のほぼ半分を失った社会の苦痛や悲哀は想像に難くないだろう。悲劇を語るのであれば、ヴィクトリア朝時代にさかのぼるに及ばない。ほんの100年前、第一次世界大戦中の4年間に、2000万人もの尊い命が失われた。同時に、ヨーロッパでスペイン風邪（インフルエンザウイルス感染症）が流行し、当時の世界人口の三分の一にあたる5億人が感染し、5000万人が亡くなった。

人類史上での惨劇を、これ以上語るのはよそう。ここでそれらの出来事に触れたのは、現在の幸福や与えられている恩恵をあらためて考え、享受するよう脳に働きかけるためだ。私たちの脳は過去を美化してノスタルジアを誘うが、そこには落とし穴がある。つまり、ノスタルジックになるとき、私たちは過去の全景を見ていないのだ。古き時代は紛争や病気、飢餓などの苦難だらけだった。それを現代と比較してみれば、過去への哀愁など吹っ飛ぶだろう。新型コロナウイルス感染症のようなパン

デミックの渦中でさえ、祖先の時代に比べると、現代社会の展望ははるかに明るい。

こんにち、世界における5歳未満の子どもの死亡率は、4パーセントほどにまで低下した。母子の健康は全体的に見て、過去最高レベルにまで向上した。現世代では世界大戦は起きておらず、ほとんどの病気も薬物で治療が可能だ。また、公衆衛生も（大変喜ばしいことに）著しく改善した。私たちは日々、脳の記憶容量を超えるほどのさまざまな経験をするため、これらの進歩を忘れがちだ。私たちの問題は、過去を美化しすぎるということだけではない。将来に対して、正当な理由もなく悲観的になりすぎるのだ。

国際保健学の教授であったハンス・ロスリングは、著書『ファクトフルネス』（日経BP、上杉周作訳）の中で、「どの文化の人びとも、世界が現実よりはるかに恐ろしく、暴力的で、絶望的な――いわばドラマチックな場所であると考えている」と述べている。人は現実を直視せず、将来には希望が持てないと決めてかかる傾向にある。

このような悲観的な考えかたは、私がクライアントと個人資産について話し合っているときにも多々見られる。一緒に将来について考え、資産計画を立てているとき、私たちの話題は突如、快適な老後生活のための楽観的な貯蓄プランから、早く利益を回収できるようなサバイバル戦略的プランへと切り換わる。そしてクライアントは、まるで社会崩壊を予期するかのように悲観論を述べる（ウェブサイトやYouTube動画がそのような先入観を植えつけているに違いない）。未来になにが起こるかは誰にもわからない。だが近年の社会の発展に目を向ければ、心のもやが晴れるはずだ。過去50年間の人類の進歩と繁栄の急速さについて、『繁栄――明日を切り拓くための人類10万年史』（早川書房、太田直子、鍛原多恵子、柴田裕之訳）の中で著者のマット・リドレーは次のように雄弁に語っている。

一九五五年と比べたとき、二〇〇五年には地球上の平均的な人間は（インフレの影響を取り除いて修正した）所得が三倍近くに、摂取するカロリーが三割増し以上になり、子どもを失う率は三分の一に減り、寿命も三〇パーセント以上延びた。また、戦争や殺人、出産、事故、竜巻、洪水、飢饉、百日咳、結核、マラリア、ジフテリア、発疹チフス、腸チフス、麻疹、天然痘、壊血病、ポリオで死ぬ可能性も減った。どの年齢でも、癌や心臓病にかかったり脳卒中を起こしたりしにくくなった。識字率や学校の終了率も上がった。電話や水洗トイレ、冷蔵庫、自転車の普及率も高まった。しかもこれはすべて、人口が二倍以上に増えていた半世紀に起きたことであり…(中略)…いかなる基準からしても、これは人類の驚くべき快挙だ。

前途に光明を見いだそう

33ページから提示するグラフを、未来を過度に案ずるネガティブ志向への視覚的対処法と思ってご覧いただきたい。生計費、寿命、世界の幸福度、貧困、教育の分野でのリサーチをもとに作成したこれらのグラフから、人類の行く手が暗雲に覆われていないことがはっきりわかる。私も父親として、人類の未来が明るくなること、そしてわが子や孫の生活のクオリティが向上することに期待を寄せている。また投資家としても、あらゆる機会がわれわれを待ち受けていると思うと、今から楽しみだ。きっと、あなたも同様の希望を持てるだろう。

図2-1は、所得に対する生計費（生活費）の割合が大きく減少していることを示している。つまり、私たちは十分な可処分所得で生活しているということだ。経済的な余裕が生まれ、大学の授業費やディズニークルーズ、オートパイロット機能付き高級車、夫婦水入らずの夜の外出、映画館での革張りリクライニングシート、そしてもちろん快適な老後生活のための貯蓄などにお金が活用されている。これは歴史上でも比較的新しい現象だ。

理由は他にも数々あるが、世界人口全体の幸福感を著しく高めた一番の要因は、所得すべてを生計費にあてる必要がなくなったことだろう（図2-2）。これは驚くほどのことではない。現在、生命維持に不可欠なニーズを満たすことができるようになった私たちは、どのように充足感を得るか、どうすれば有意義な時間が過ごせるかなど、人生の本質や目的を己に問うようになった。家賃や食費を捻出するために日々悪戦苦闘する必要がなくなり、自分にとって大切なことに時間を注げるようになった。それが幸せにつながっているわけだ。

図2-3は、めざましい進歩を表わしている。世界中の平均寿命は継続的に延伸し、たとえば、今年（2020年現在）に誕生した子どもの寿命は、2019年生まれの子よりも3か月長いと予測される。私がこの仕事に就いて間もないころ、健康状態が悪化した年配層のクライアントからホスピスプランや終末期ケアの見積もりの相談を受けることがしばしばあった。だが現在では、年配層はできるだけ長く生きることを目標とし、実験的な治療や世界医療での最新のブレイクスルーを躊躇するこ

図2-1

生計費

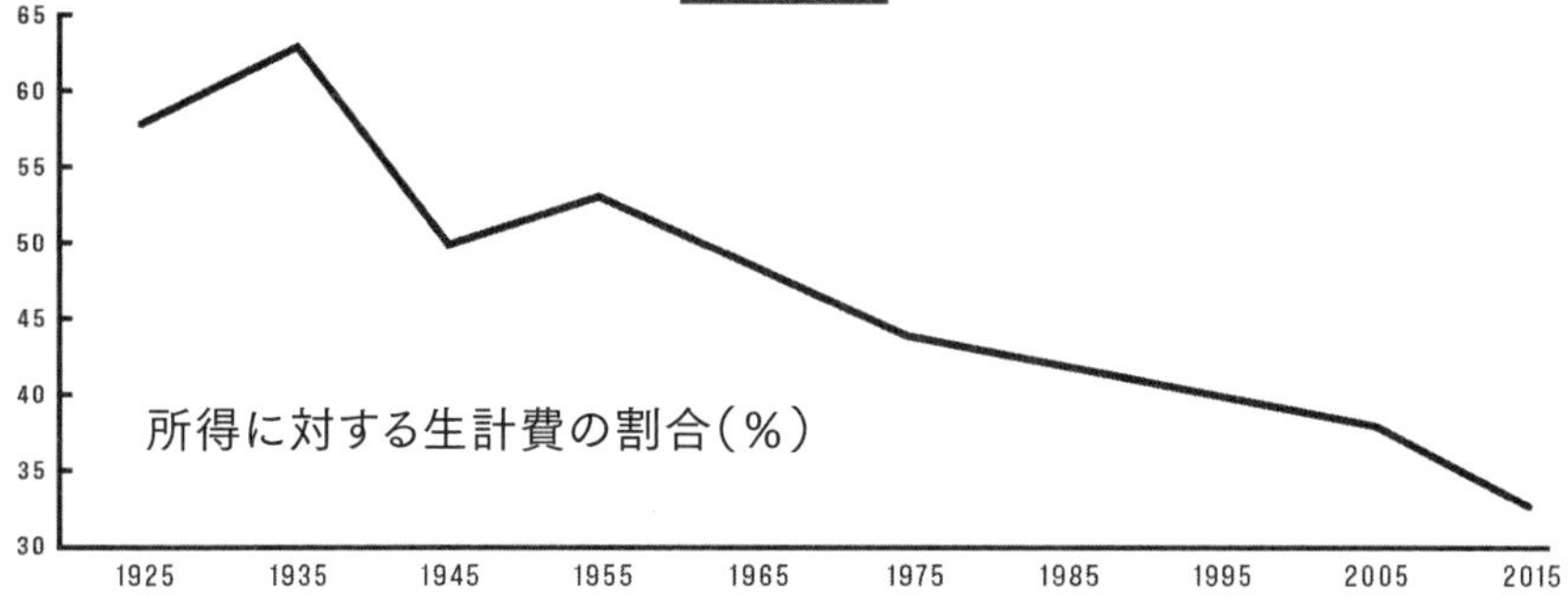

図2-2

世界人口の幸福度

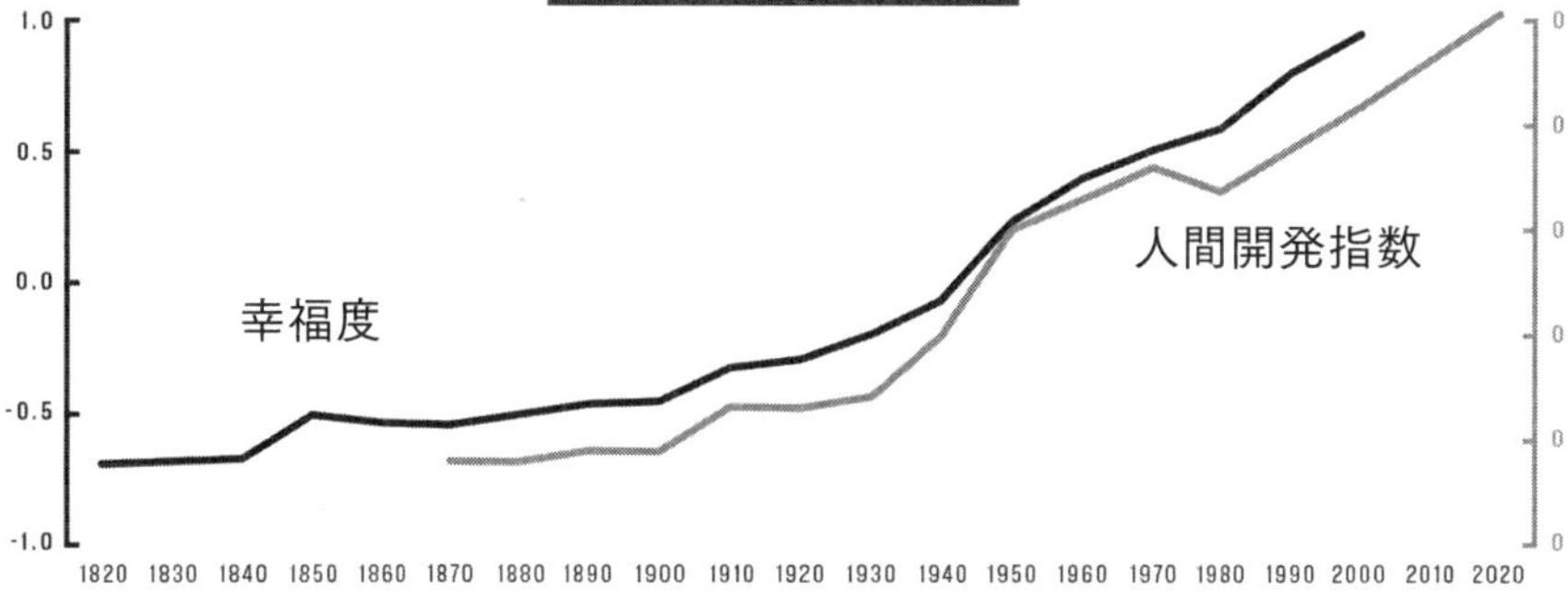

図2-3

平均寿命

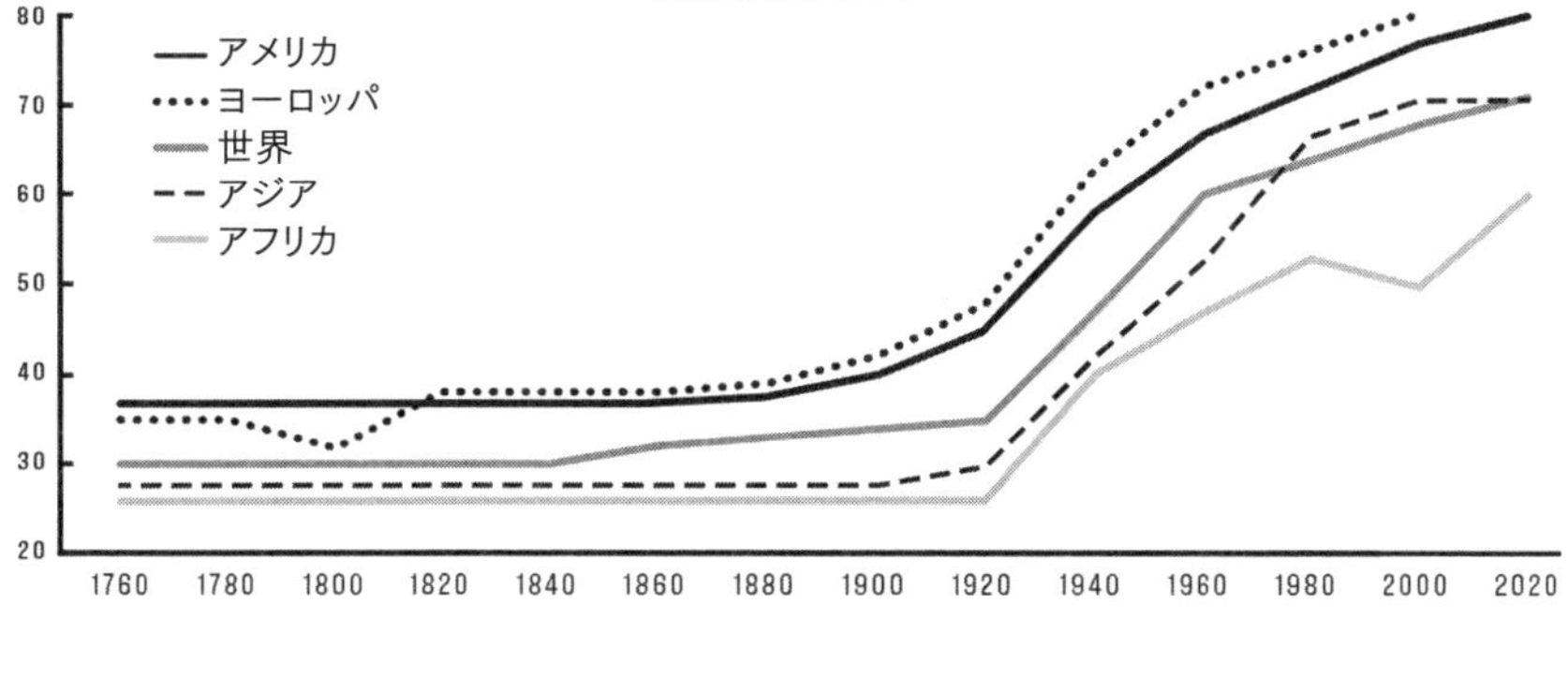

となく求める。少しでも長く生き続ければ、その間に医療開発が進み、自分たちの健康状態を改善する方法が見つかる可能性が高いとわかっているのだ。

図2-4には、とりわけ驚くかもしれない。あなたが王族の子孫でないと推測して言うのだが、あなたの家系図で祖先が困窮していた時代までさかのぼるのはたやすいはずだ。1950年代まで、世界人口の圧倒的多数は極貧の中で暮らしていた。「極貧」とは、一日2ドル以下で生活することをいう(インフレ調整済み)。80年代、世界人口の44パーセントが極貧だった。だが現在、あれからほんの40年しか経っていないが、世界の極貧人口は全体の10パーセント以下にまで激減した。なにが要因だろう? 技術と経済の成長が、数億の人びとを中産階級へと引き上げたからだ。朗報はまだある。世界銀行の見通しでは、今後20年以内に世界の極貧を撲滅できるという。

最後に、図2-5の教育を見てみよう。教育は人類に平等をもたらすために不可欠だ。日々の生活に苦しんでいる家庭では、子どもは学校を早々にやめ、働く傾向が強い。レンガの積み上げに家畜の世話、水の汲み上げと運搬など、毎日長時間の労働を強いられる子どもは、教育を「自分には手の届かない贅沢」と見るようになる。しかし、家庭が安定した経済力を得れば、子どもは家計を助けるために働く必要がなくなり、学業により多くの時間をつぎ込むことができる。子どもの就学期間が長ければ長いほど、将来に必要なスキルを獲得する可能性が高まる。そうすれば、困難に直面しても乗り越えて、新しいチャンスをつかむことができるのだ。教育によって、人はより良い仕事やより多くの収入を得、わが子を学校へ行かせ、前世代から続く貧困の連鎖を断ち切ることができるようになる。

図2-4

極度の貧困

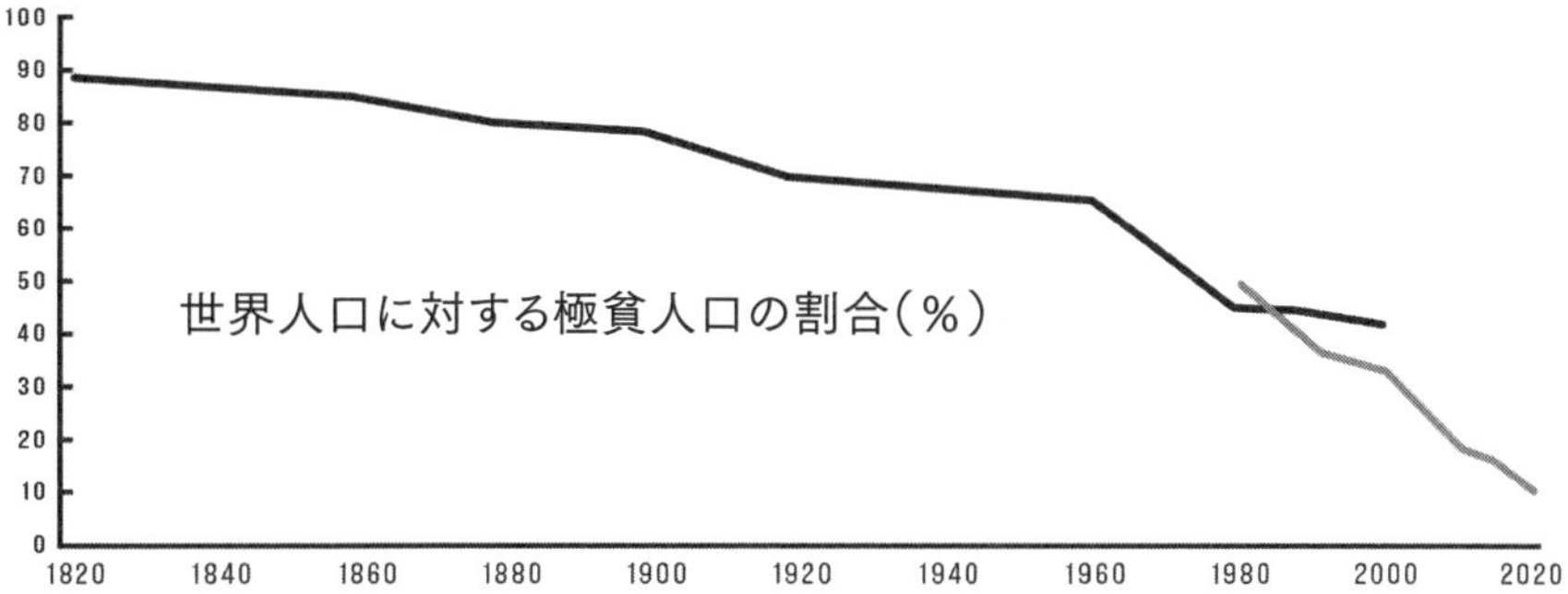

図2-5

教育年数

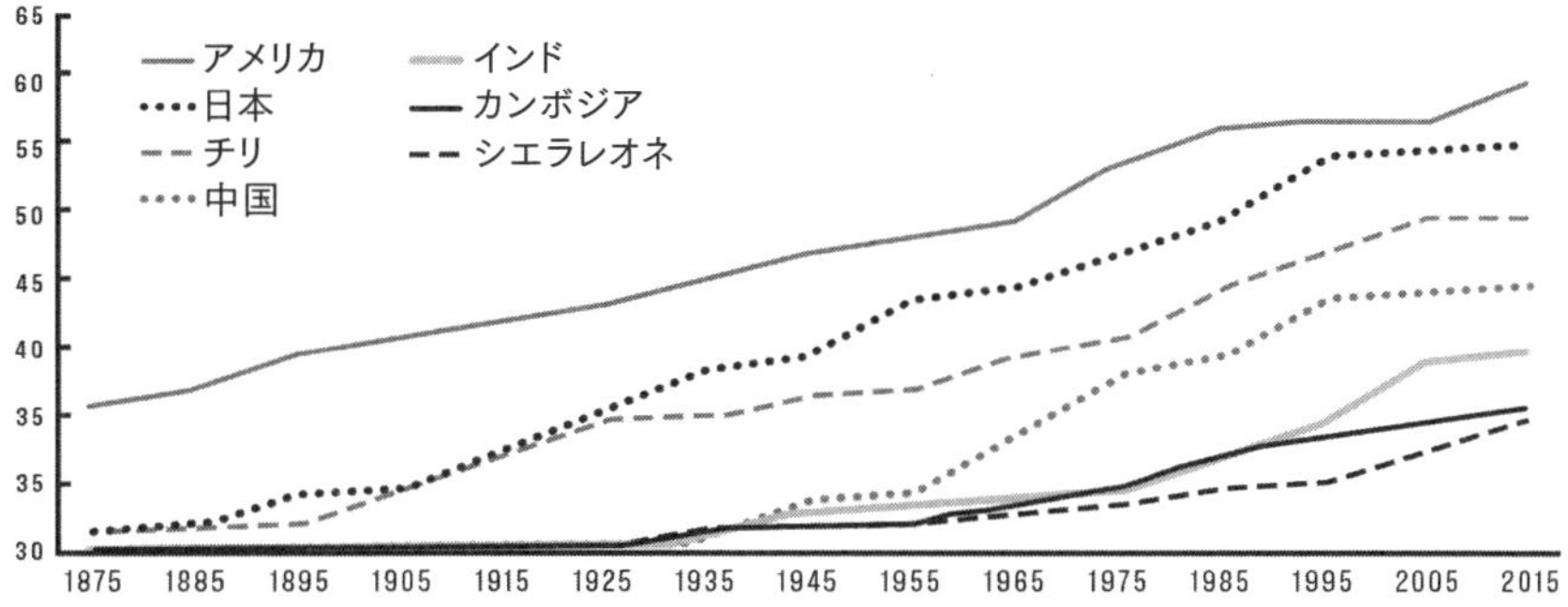

不安をあおる〝ストーリー〟に注意

これほど明るいニュースがあるというのに、それでも進歩がないように感じるのはなぜだろう？まるで荒れ狂う波間を漂っている気分になるのはなぜだろうか？　思うに、私たちが見聞きするニュースがその一端を担っている。人の脳には生来、サバイバル機能がある。なにが悪いか、なにが危険か、なにが生活を脅かすのかに集中するように仕組まれているのだ。

ニュース制作者はこれを知っていて、視聴者が没頭して見続けるように、恐怖や危機感、緊張、不安をあおるようなニュースを継続的に流している。また、ワイドショーは視聴者を獲得するために、事件などをより劇的に報道する傾向にある。多くの出来事や事件は、目を引く見出しが付けられ、映画のような三幕構成のストーリーに仕立て上げられる。シナリオ作家が「秒読みカウントダウン」と称する手法が用いられることも多い（＊3）。スリリングな映画が秒読みの効果によって緊張感や切迫感をつくるように（「サンドラ・ブロックがスペースステーションに90分以内に帰還しなければ、宇宙廃棄物に衝突して死んでしまう！」）（＊4）、最新ニュースのダイジェスト映像を流すとき、ニュース番組開始までのカウントダウンタイマーをスクリーンの右下に加える放送局もある。

金融や経済について描写するときにも、メディアは同様の手法を使う。たとえば、「強制削減（sequester）」や「財政の崖（fiscal cliff）」という言葉があるが、これらが使われるようになったのは、危機感をかき立てて、生死とはまったく無関係である材料に新味を盛るためだ。もう一つ最近の例をあげよう。2019年、米国債務上限の不適用に関する時限立法の期限切れがクローズアップされ、期限間近になると報道は過熱した。さて、カウントダウンがゼロになったとき、なにが起こったか？政治家らは妥協案をまとめて署名し、あっさりと債務上限が設定された。同様のことは多々起こっている。どの方向に市場が向かっていようと、金融ニュースでは声高に悲観論を述べる者が多数いる。

むろん、この傾向は以前からあった。1907年の恐慌のときにも、金融メディアは不安をかき立てた。メディアによる金融市場の観測や予測の精度は低く、これについては近年、数々の書籍が指摘し論議している。1970年代のスタグフレーション、1987年の株価大暴落、インターネットバブル（24時間ニュースの増加に伴い、金融市場は過度な興奮状態になった）、2008年のリーマンショック、欧州債務危機、2019年の債務上限など、例をあげるときりがない。

それでは、金融市場が大混乱すると、なにが起きるだろうか？　投資家は不必要にパニック状態に陥り、回避可能な失敗をおかしてしまう。リーマンショックや政府閉鎖、そして債務上限の際、多くの投資家が慌ててすべてを売却し、老後資金に打撃を与えた。そのときに狼狽売りした人たちは、危機が収束したあとの収益を取り損ったのはもちろんのこと、永久的な損失を被った。いわば、下階でエレベーターから降りて、上昇するエレベーターに乗り損ねたようなものである。

身体の健康にも負の影響が及んでいる。投資家は、金融メディアの論調に振り回されて、多大なストレスをためている。ジョージア大学のジョン・グレーブル教授およびカンザス州立大学のソーニャ・

ブリット准教授がまとめた研究報告書「Financial News and Client Stress（金融ニュースとクライアントのストレス度）」（２０１２年）によると、金融ニュースを観ている間、その内容にかかわらず視聴者のストレス値が大幅に上昇するという。人は、市場が下落すると、資産の運用状況が心配になり、市場が上昇すると、もっと強気に出なかったことを悔しがるものだ。実際、金融ニュースの視聴者のうち67パーセントがストレス値の上昇を示した。意外にも、良いニュースのときでさえ、75パーセントがストレス値の上昇傾向を見せた。

念のために言及するが、株価の乱高下や調整局面はまったく起こらないわけではない（このような時期をどのように乗り切るかについては、のちに述べるつもりだ）。だが、ここで現実に目を向けよう。事実上これまでに、どの米国株の弱気（下落）相場も、強気（上昇）相場への道を切り拓いてきた。どんなときでも景気後退は景気拡大へと変わった。本書執筆中の現在、投資家たちはグローバルパンデミックによってもたらされた弱気相場で奮闘している。それでも、過去の弱気相場がいつもそうだったように、市場はいずれ完全回復を遂げ、再び上昇軌道に乗るだろう。しかしながらニュースはこの事実を語らない。

金融メディアをめぐる問題の大半は、多くの人がメディアの存在目的を正しく理解していないことに起因する。メディアは企業だ。企業は利益を出してこそ存続できる。メディアの第一目的は、情報提供ではなく金儲けである。メディアは広告から収入を得、ニュースチャンネルは視聴率が高ければ、より高額の広告掲載料を請求することができる。そのため、どの報道機関においても、主要目的はできるだけ多くの（業界では「目玉」と呼ばれる）視聴者を獲得して、画面の前にできるだけ長い時間くぎ付けにすることなのだ。これを等式にすると次のようになる。

視聴者数の増加＝より高額の広告掲載料金＝利益の増加＝株主の満足度向上

天気予報では、ハリケーンや竜巻に関する報道で高視聴率を得ることができる。だが、天気予報はたいてい、途方もなくつまらない。曇りときどき晴れ、降水確率30パーセント、激しい雷雨のおそれあり、といったヘッドラインでは視聴者を惹きつけることはできない。世界の経済ニュースでも同様で、たいていのリポートはおもしろみに欠ける。株式市場の上昇・下落、企業の上場、新規公開株といった情報は、インパクトが弱い。そのためメディアは人びとの関心を引くために、株式市場での一時的な沈みといった平均的な話題を、経済危機のようにしばしば誇張する。

しかし実際には、長期的に見れば、市場は危機や苦境を乗り越えて成長しているのだ。それを表わしているのが、図2-6（私のお気に入りの図例の一つ）である。『人に資するイノベーションはいつでも恐れに勝る』という副題も適切でわかりやすい。グラフには1898年から近年まで、メディアで騒がれたすべての「危機」が所狭しと記されている。危機に面した市場はどうなったかというと、毎回なにごともなかったかのように回復して高値を更新し、長期投資家に利益をもたらしている。

＊3　この情報は、シナリオ作家であるわが弟のマークから得た。しかも無料で。
＊4　ここでは2013年の映画『ゼロ・グラビティ』について言及している。1994年の大ヒット作品『スピード』（もしサンドラ・ブロックがバスのスピードを落とす前に爆弾を除去しないと、乗客全員が吹き飛ばされてしまう）と混同しないように。

1898年から2016年までのダウ工業株30種平均
人に資するイノベーションはいつでも恐れに勝る

図2-6

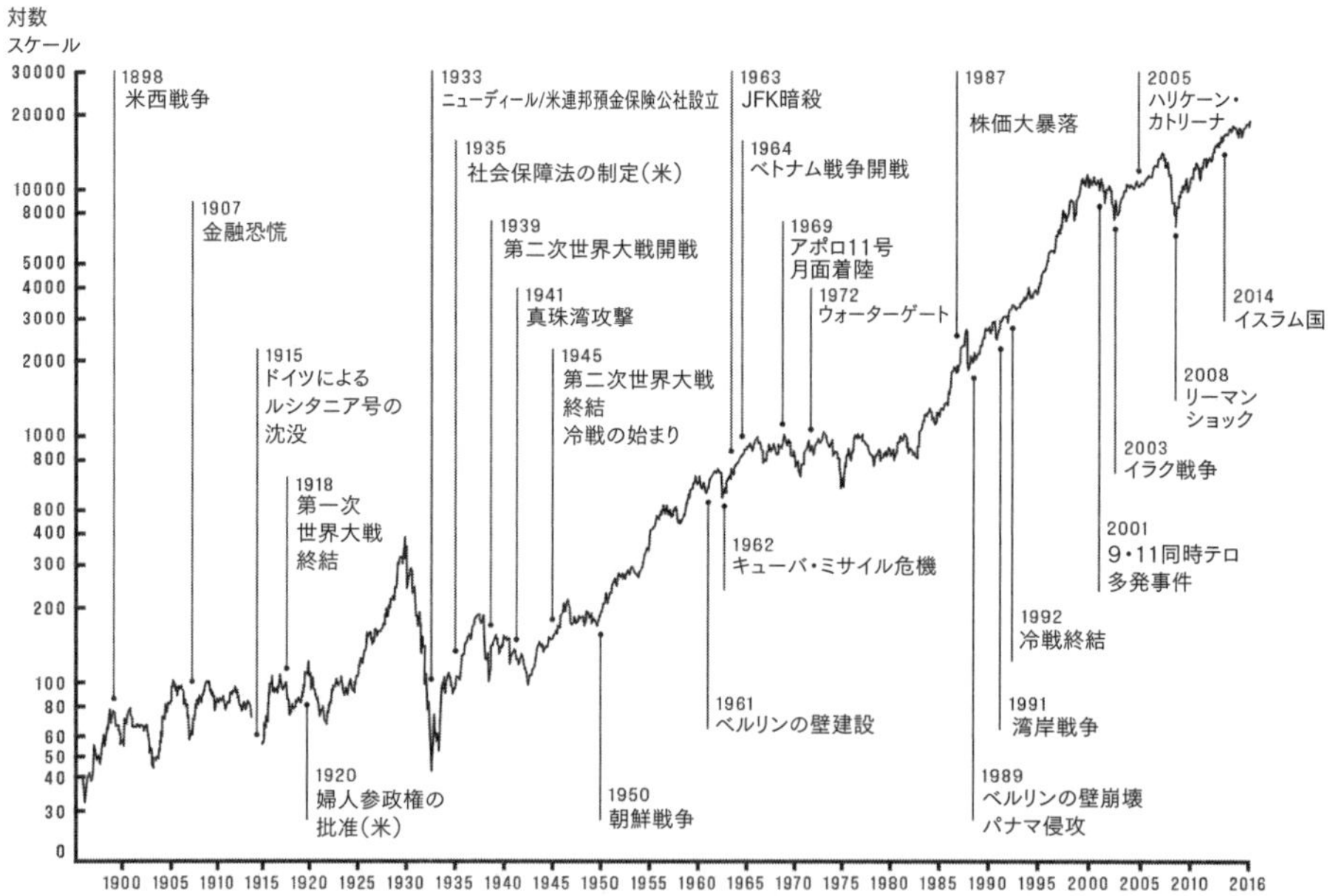

対数
スケール
30000
20000
10000
8000
5000
4000
3000
2000
1000
800
800
400
300
200
100
80
60
50
40
30
0
1900 1905 1910 1915 1920 1925 1930 1935 1940 1945 1950 1955 1960 1965 1970 1975 1980 1985 1990 1995 2000 2005 2010 2016
1898
米西戦争
1907
金融恐慌
1915
ドイツによる
ルシタニア号の
沈没
1918
第一次
世界大戦
終結
1920
婦人参政権の
批准（米）
1933
ニューディール/米連邦預金保険公社設立
1935
社会保障法の制定（米）
1939
第二次世界大戦開戦
1941
真珠湾攻撃
1945
第二次世界大戦
終結
冷戦の始まり
1950
朝鮮戦争
1961
ベルリンの壁建設
1962
キューバ・ミサイル危機
1963
JFK暗殺
1964
ベトナム戦争開戦
1969
アポロ11号
月面着陸
1972
ウォーターゲート
1987
株価大暴落
1989
ベルリンの壁崩壊
パナマ侵攻
1991
湾岸戦争
1992
冷戦終結
2001
9・11同時テロ
多発事件
2003
イラク戦争
2005
ハリケーン・
カトリーナ
2008
リーマン
ショック
2014
イスラム国

株価を決定づける唯一のものとは

ときどき忘れそうになるが、株は宝くじではない。ビジネスの共同所有権だ。
——ピーター・リンチ（投資家）

企業がうまくやっていれば、株価もそれを反映するものだ。
——ウォーレン・バフェット（投資家）

なにが株価を上げたり下げたりするのか？　これはよくある質問だ。その答えを知っていると自信満々に話す人は、ほぼいつも間違っている。

失業率、住宅事情、経済政策、金融政策、ドル高、消費意欲、小売販売、金利——これらが株価を左右する主要因であると、多くの投資家が思っている。すべて通俗的な意見だ。しかし実際、株式市場はまったく別の、ただ一つの要素を重要視している。すなわち企業の収益見通し（将来の利益など）だ。もし企業の業績が良ければ、企業価値が上がり、株価もいずれ上昇する。株価は企業の収益力をそのまま反映しているのだ。それ以外は、取るに足らない。

こう仮定してみよう。あなたがサンドイッチ店を購入するとして、なにを重要と考えるだろうか？そう、新米の小事業主として、あなたがもっとも重視すべきは将来の収益だ。サンドイッチ店を買うのは、その収益が店舗購入価格を上回り、いずれ大きな利益をもたらすと確信するからだろう。この結論に達するには、あなたの事業の発展を妨げるものがないか、収益を圧迫するものがないかなど、マイナスの要因となりうるものをすべて吟味しなければならない。たとえば、もし金利が低ければ、ローンの返済額が少なくなり、事業の収益性が高くなる。したがって、金利はあなたの期待収益に影響を与えるため、重要になる。

コモディティ（商品）の価格も重視すべきだろう。というのも、原油やチーズ、ハム、パンは価格変動する製品だからだ。オイルの価格が上がれば、毎日店へ配送される材料の仕入額が増える。つまり食料価格の上昇に伴い、支出が増加する。低金利により純利益が増加したとしても、コモディティの価格が上昇すれば、それにより純利益が食いつぶされてしまうだろう。したがって、金利とコモディティの双方が将来の収益と密接に関係している。消費者の購買意欲も考慮しなくてはならない。もし、消費者が経済危機を懸念すれば、子どものために8ドルのサンドイッチを買うかわりに自宅でピーナッツバターとジャムのサンドイッチをつくるだろう。すると店の売上が減少し、収益も下がる。これであなたはもう理解できただろう。

しかし、ここで留意してもらいたいのは、「将来的な」というキーワードだ。過去ではなく将来的に期待できる収益が大事なのだ。

先ほどのサンドイッチ店の話に戻ろう。あなたは店の財務状況を調べるために現在のオーナーから話を聞いている。過去3年間で、毎年2万個のサンドイッチを売り、年間10万ドルの収益があったという。店の経営はまずまず安定していたようだ。そこであなたは、オーナーに店舗購入価格として20万ドルを提示することを考える。毎年10万ドルの収益があれば、まずローンを返済し、3年目には黒字になるだろう。

しかし、賢いあなたはオーナーの話を鵜呑みにしない。さらに調べてみると、年間販売したサンドイッチのうち5000個は得意先の大手企業に売っていたが、その企業はすでに倒産したことがわかった。その5000個分を売上から差し引くと、さほどの利益にはならない。店の期待収益は当初の見込みよりも少なくなる。抜け目なく交渉するには、提示額を当初より低くしなければならない。もう一度言及するが、肝心なのはただ一つ、将来的に期待できる収益である。

要するに、他の経済的要因を考慮する必要があるのは、ある企業の株を売買する人びとが、さまざまな経済指標（たとえば失業率や金利）の変化がどのように該当企業の収益に影響するのか見極めなくてはならないときだ。

たとえば、ヘルスケア企業に投資するとき、大事なのは企業の過去の収益よりも、成立したばかりの医療制度改革法が企業の将来の収益にどのような影響をもたらすかである。同じように、スターバックスの昨年の営業利益が100万ドルだろうが10億ドルだろうが、どうでもいいことだ。むしろ同社の収益が、マクドナルドの新発売のコーヒーによって圧迫されるかを投資家は知りたがっている。

ゼネラル・ダイナミックスが過去にどれだけの軍事用重機を政府に売って利益を得たかは、考慮しなくていい。むしろ将来、世界のどこかで紛争が続き、さらなる収益が見込めるかが焦点となる。

多くの投資家は、2008年に米市場が低迷していた際にウォルマートの株を買った。消費者が家計の支出を最小限度に抑えるために低価格の生活用品を求めるとしたら、ウォルマートの将来の収益が上がるだろうとふんだからだ。同様の理由から、高級百貨店ノードストロームの株価は値下がりした。消費者が安価のレストランを好むようになるとの見込みから、マクドナルドの株価は続伸した。逆に、ハイエンドレストランのチーズケーキファクトリーの株価は下落した。そして、想像に難くないが、人は気が滅入るときに(そしてハッピーなときにも)飲酒する傾向があるため、アルコール飲料セクターの株価は堅調だった(つまり、アルコールの売上は不況知らずということだ)。

興味深い事実はまだある。株式市場は、不景気が終わるか終わらないかのうちに回復に向かう傾向が強い。市場にしてみれば、今日の出来事などどうでもいいことだ。むしろ重視すべきは、企業の将来的な収益力である。上場企業の将来の収益が悪化すると投資家が確信すれば、株価も下落する。経済情勢が変わり、近い将来、企業により多くの収益がもたらされると投資家が確信すれば、株価も上昇する(*5)。

むろん、あまりにも多くの可変要因があるため、短期的に株価が下振れすることもある(とはいえ、長期的には右肩上がりに伸びている)。たとえば、最良の状況下で最適なサンドイッチ店を購入したとしても、近所での犯罪が増加する、突然の道路工事で店舗入口が塞がれてしまう、パン抜きダイエットが流行するなど、多くの予測不可能な要因により、期待していた収益が得られないこともあるだろう。あるいは、最高の経済情勢にあっても、旅客機がビルに突っ込み、一夜ですべてが激変する場合もある。しかし、そのような困難に直面したとき、サンドイッチ店はすべての価値を失うかもしれないが、株式市場そのものは立ち直る強さを持っている。

過去のどの時点を見ても、情勢がいかに悪くとも、アメリカのトップ企業（S&P500）は最終的には経営を立て直し、業績をいっそう向上させる道を見つけてきた。そしてどんなときでも、株式市場は将来の収益を追い続けている。

＊5　もちろん、実際はもっと複雑だ。というのも、投資家はいつも自分の期待収益と、他で得られる収益を比較するからだ。たとえば、10年の米国国債による収益が10パーセントであれば、株式から債券へ即座に資金がシフトするだろう。

人類の最盛期はこれからやってくる

人類の最盛期はこれからやってくる。これは私の、そして多数の専門家の見解だ。本章ですでに述べたが、人類は着実に進歩している。この観点からすると、資産形成には現在が史上で絶好のときであるかもしれない。

人類の進歩は誰にも止めることができない。われわれの未来は直線ではなく、飛躍的に伸びる曲線だ。例をあげよう。

1975年、スティーブン・サッソンという24歳のエンジニアが世界初の自己完結型電子カメラを開発した。彼がコダックの従業員だったころだ。重さ3・6キロ、0・01メガピクセルの画像を撮るのに23秒かかり、撮影した画像を映すには大きなテレビが要る。コダックの上司たちは歯牙にもかけなかった。

「自分の顔を大きいスクリーンで見たいやつなどいるものか、と上司は断言しましたよ」と、のちにサッソンは『ニューヨーク・タイムズ』紙に語っている。

それでもサッソンは努力を重ね、毎年、画像の鮮明度は倍増した。ぼやけていた画像が少しずつ鮮明度を増したが、経営陣らは依然として興味を示さなかった。複利の効果を理解しようとしなかったのだ。

10回、Aを倍増する　↓　1000倍よくなる
その値を20回、倍増する　↓　100万倍よくなる
その値を30回、倍増する　↓　10億倍よくなる

テクノロジーはこのように躍進していく。このようにして、あなたの携帯電話でプロ顔負けの写真も撮れるようになった。

ようやくアナログからデジタルカメラへの転機がきたのは、コダックでサッソンがデジタル技術を開発してから18年後のことだ。だが、その時点でコダックはすでに出遅れていた。ソニーやアップルなどの企業が技術開発を進めて斬新な商品を発売し、ライバルを蹴落とした。そこから先はご存じのとおりだ。

現在、世界は飛躍的に発展している、さまざまなテクノロジーの最前線にいる。これらのテクノロジーは、素人目には初期のデジタルカメラのように映るかもしれない。しかし投資家にとっては、まさにゲームチェンジャー、つまり形勢を一変するものだ。いや、人類のありかたを変えるものと言っても過言ではないだろう。

たとえば、私たちはここわずか20年間で、人体について史上かつてないほど膨大な知識を蓄えた。この知識は、医薬や機器の開発・革新に活用され、病気の拡大防止やヘルスケアの改革に大きく貢献した。遺伝子編集技術の進歩によって、マラリアなどの感染症を撲滅する可能性も高まった。マラリアが根絶されれば、年間100万人（うち大半は乳幼児）の命が救われ、少なくとも3億もの新規感染を防ぐことができる。

同様に著しい進歩を遂げている幹細胞研究の分野も、再生医療に寄与している。ヒトの体の幹細胞を増殖し、病気や事故で失われた体の組織を再生することにより、寿命の延伸も生活の質の向上も可能になる。

食品や飲料水の入手方法を改善すると同時に、地球環境への負担を軽減するという画期的なイノベーションもある。

アメリカ人は1年間で、260億ポンド（約118キログラム）の肉を消費している。牛一頭はおよそ5万リットルの水を摂取するため、畜牛の温室効果ガス排出量は地球全体の15パーセントを占める。家畜は世界の農地の約8割を使用しているが、肉と乳製品は世界の供給カロリーの2割にも満たない。ステーキ好きの私から見ても、こんにちの消費モデルが、70億人の（そして増加しつづける）地球人口を支えるには経済的にも環境的にも持続可能でないのは明らかだ。

そのため、多くの企業が「培養肉」の開発に乗り出した（マーケティング部門がおいしそうなネーミングを考え出すことを祈ろう）。肉の幹細胞を摂取して培養する技術により、栄養価に優れ、歯応えも味も良い肉が無制限に供給されるようになる。人道的で持続可能な食物連鎖が可能になる日も近いだろう。

同様のイノベーションが生鮮食料品市場にも影響を与えている。

地域のスーパーマーケットやレストランに供給される野菜や果物の多くは、数百あるいは数千キロもの道のりを運ばれ、最終的にあなたの食卓に上がる。推定では、レストランでの料金のほぼ半分が運送料だ。

想像してほしい。もし、年間を通して地産地消が可能なら、そして居住地域に関係なく（最北端や最南端に住んでいても）、いつでもなんでも地元で生産された旬のものを入手できるなら、どんなにすばらしいことだろう。

複数の企業がこれを現実化するために新技術を用い、30エーカー（約12万平方メートル）分の野菜や果物を、1エーカー（約4000平方メートル）の敷地に建設した、気候耐性のある完全自立型の倉庫で生産している。

さらに驚くことに、これらの「農場」は、通常の農作で必要とする水の5パーセントしか使用しない。この技術の目的は、単に先進国に多様性や利便性を提供するためだけではない。この種のイノベーションは、世界の、とりわけ過酷な気候のため従来の農法で作物が育たない地域における食糧問題の解決策にもなる。

世界の大部分が直面している問題は、食糧不足だけではない。著しい技術進歩にもかかわらず、10億人以上の人びとがいまだ安全な水を入手できず、毎年何百万人もが汚染水による感染症で亡くなっている。

衛生的な水の確保は、生活のあらゆる面で波及効果をもたらす。衛生的な水により健康が改善され、教育を受ける時間や他の活動のための時間ができる。アフリカ大陸だけでも、女性が水汲みに費やす時間は、年間400億時間にものぼる。もし、清潔な水が4時間ではなく4分で行ける場所にあったなら、どれほど生産性が上がることだろう？

多数の企業が衛生的な水を確保するために、従来の井戸掘りや濾過システムの改善という手法をやめ、空気中の水蒸気を使うという画期的な方法を試行している。こんにち、最新技術により身の回りの空気がなんと毎日2000リットルもの水に変えられているのだ。

それでは、人が清潔な水を入手できるようになると、具体的になにが変わるだろうか？　人びとは自由になる。学校へ行く、働く、水洗トイレを使用する、そして会社を設立する自由が生まれ、病気や死と隣り合わせの生活からも解放される。もちろん、世界経済に貢献する自由も獲得できるだろう（これにより生産性を向上し、富を築くことができる）。


5Gテクノロジーの提供が開始されるとともに、高速化が進むモバイルデータ通信についての話題が絶えない。これらのワイヤレス通信システムは、携帯電話などのモバイル端末に家庭やオフィスに配線されたDSLやケーブルよりも格段に速いスピードをもたらす。

このテクノロジーからの恩恵は、旅行中にストリーミング配信で『フレンズ』を視聴できるようになったことだけではない。国際標準の移動通信システムのおかげで、どの大陸にいても即時に高速インターネットにアクセスできるし、なかにはこれまで以上の通信能力を持つものもある。今後、子どもたちはあらゆる情報や教材などにさらに速く容易にアクセスできるようになるだろう。起業家は、さまざまな市場やデジタルツールにアクセスできるようになり、世界市場への参入の障壁を取り除く術を見つけることができるに違いない。

さらには、高速通信の普及によって、拡張現実（AR）や仮想現実（VR）、4Kストリーミングをはじめとする新しい技術の促進が可能になる。人工知能（AI）の活用の拡大や、マシーンラーニングを用いて私たちの生活の質を向上させることも期待できそうだ。「AIは、人類が取り組んできた中でもっとも重要だ。電気の発明や火の利用よりも、人類に与える影響は大きい」と、グーグルのCEO、サンダー・ピチャイは述べている。

現在、私たちは、サイエンス・フィクションを現実化する時代に生きている。SFの父と称されるジュール・ヴェルヌの小説を思い浮かべてほしい。19世紀、ヴェルヌはすでに作品の中で、潜水艦やニュース放送、太陽帆による航海、月着陸船、飛行機による空中文字、ビデオ会話、スタンガン、飛行機の海上着陸などを描いている。これらすべてが、現実のものとなった。

本章で、私は近年のイノベーションの上っ面をなでたにすぎない。さらなる、すばらしい飛躍的な進歩が私たちを待ち受けている。

ロボット工学、自動運転車、有人ドローン、3Dプリンティング、ブロックチェーンなど、その他数々のテクノロジーも人類社会に大きく貢献している。端的に言えば、あなたとあなたの子孫の前途は明るく、希望に満ちているということだ。

技術革新は、人類史上かつてないほど急速に進んでいる。

もし、あなたがこの分野に興味があるなら、マット・リドレーの『繁栄――明日を切り拓くための人類10万年史』をお勧めする。「これらのイノベーションが、経済的自由といったいどんな関係があるというんだ？」と、あなたはこの時点で思っているかもしれない。実は、イノベーションは経済的自由と密接に関わっているのだ。

ここで復習しよう。市場にとって、もっとも重要なことはなんだろうか？　そう、企業の収益見通しだ。

推定では、いずれ世界人口のうち12億人が貧困から抜け出し、中産階級に入るという。インターネットユーザーの30億人が、将来、固定回線から高速モバイル通信に移行すると見込まれている。市場には新規消費者の波が押し寄せ、現在最高潮に達している。

消費者はiPhoneを求め、ナイキのシューズを履き、マクドナルドで食事をし、ギャップで買い物し、フォルクスワーゲンに乗り、インスタグラムに投稿し、ネットフリックスを観て、ウーバーで移動する。やがて、まだ存在しない製品やサービスを探し求めるようになるに違いない。第二のグーグル、第二のアップル、第二のフェイスブックが開発され、人類発展の進路を決定する日も近いだろう。

これらの驚異的な人口動態上の傾向と、先述の飛躍的な技術革新を足し合わせたなら、どうなるか？　答えは「現在が投資に最適の時期」である。現在が、長期的な国際分散投資を行なうのに絶好の時期なのだ。

なにも「ユニコーン企業」（創業から10年以内に評価額が10億ドルを超える未上場のベンチャー企業）を手探りで探せとは言わない。だが、おのずからトップに浮上する有力企業すべての株を所有することはできる。

ただし、未来への不安や恐怖にけっして翻弄されてはならない。未知に怯えていては、なにも始まらないし、とりわけあなたのためにはならない。

さあ、経済的自由へ向かって進路を決め、最初の一歩を踏み出そう。未来への期待を原動力に、いざ前進しよう。

第3章

決断へと突き動かす力

by

アンソニー・ロビンズ

心には己の心がある。

——古いことわざ

最高潮から急落した友人ジェイソン（ここでは仮にそう呼ぼう）の体験談をお話ししよう。この話が皆さんのお役に立てればと、本人も協力することに同意してくれた。

ジェイソンは非常に頭が切れる。２０００年代前半、彼は広告会社を立ち上げ、大きな成功を収めた。自分が築き上げたキャリアと実績に大きな誇りを感じ、企業のトップとして明確なビジョンを持ち、自分の能力をはっきりと認識していた。別の言いかたをすれば、彼は経営を舵取る者として、揺るぎない確信を持ち、従業員も彼に厚い信頼を寄せていた。２００４年、ジェイソンは会社をおよそ1億２５００万ドルで売却する。その額は、彼のビジネスセンスと手腕が高く評価された証といえよう。まだ40歳という若さでだ。

大金持ちになれたのはむろん喜ばしいことであったが、彼にそれ以上の意味をもたらしたのは、売却そのものだった。ライバルを蹴落として頂点に到達し、己が描いたとおりの価値ある人物であることを自分自身に（そして世に）証明したからだ。それから間もなく、ジェイソンはニューヨークから、若い富豪にぴったりの街、ラスベガスへ引っ越す。どこへ行っても大歓迎され、とうとう行き着くべきところに「到達した」と悦に入った。

そうこうするうち、ジェイソンの起業意欲に再び火がついた。今度は不動産事業をやってみようかと、彼は思い立つ。ところが、邸宅数件に投資するのではなく、全財産をつぎ込み、一棟や二棟どころか、三棟もの最高級コンドミニアムを開発しようと決心した。自分には不動産での経験はないが、そんなことはさして大事ではない。自分は実業界の大物だし、大物はいつも成功するものだ、という過信もあった。

最初の年、開発は順調に進み、彼の頭金不要のコンドミニアムは次から次へと買い手が見つかった。宣伝目的の豪勢なローンチパーティに招待された大物セレブたちは、数百万ドルものペントハウスを即座に購入した。ときは2006年、アメリカ経済は好景気に沸き、ジェイソンの純資産も約8億ドルにまで膨らんだ……ただし書類上では、だが。

私が主催したイベントで彼に会う機会に恵まれたとき、私は彼と一緒に座り、資産を分散して安全策をとるように彼に懇願したのを覚えている。だが残念にも、彼は私の意見には興味を示さず、逆に私に「間違いなく価値が上がる」物件を購入するように持ちかけてきた。

「金の一部を残して、まさかのときのために備えるべきだ。一つのことにすべてを賭けるな」。私は言葉を尽くして説得したが、ジェイソンは聞く耳を持たなかった。彼は明らかに病みつきになっていた。アルコールや薬物にではなく、「自己重要感のニーズ」を満たすことにだ。彼には、もはや恐れるものはなにもなかった。

なにしろ、いまや10億ドル近くを稼ぐ男になったのだ。究極のゴール、まるで成層圏のマイルストーンに達したような気分だった。「毎日がとてつもない興奮に満ちていた。新しい選択、新しい経験、有名人との新しい出会い、新しいセールス、新しいチャンス。すべてが事業を成長させ、拡張するための機会だった」とジェイソンはのちに語っている。


結末がどうなったか、おそらく想像がつくだろう。2008年の不動産バブル崩壊とそれに続く金融危機によって、ラスベガスの不動産市場はアメリカのどの都市よりも打撃を受けた。2010年までに、65パーセントの住宅の市場価値が残債を下回った。まさにタイタニック号規模の塩漬け状態だった。大不況により、ジェイソンの顧客のほぼすべてが去り、工事半ばの空のコンドミニアムタワーだけが残された。その時点で、彼の純資産はマイナス5億ドル。つまり、ジェイソンは5億ドルの借金を抱え、多数の銀行が狂乱したサメのように彼を追い立てた。

ジェイソンの体験談は、資産分散の大事さを示す教訓だ。しかしそれ以上のことを私たちに教えてくれる。とりわけ重要なのは、人の脳がどのように働き、そして感情的ニーズがどのように判断を鈍らせて経済的自由の獲得を妨げるか、ということだ。優秀なビジネスマンであるジェイソンの意思決定力をどのように彼の感情的ニーズがハイジャックしたのか、振り返るとより明確に見えてくる（本人もそう証言するだろう）。ジェイソンは欲に目がくらんだと、簡単に結論づけることもできるが、人の心というのは、それよりもはるかに複雑だ。もちろん、あなたや私の心も同様である。己の感情的ニーズがどのように働くか理解しなければ、われわれは一生、後席に座ったままで、人生の舵を自分で操ることはないだろう。

あなたが潜在的に持つニーズ

私が人びとの人生を変える手助けをする、というミッションを始めて、かれこれ40年になる。世界中でイベントを開催し、400万人もの人びとと仕事をする機会に恵まれた。私が関わってきた人びとの地位や経歴はさまざまだ。社長やプロのアスリート、子育て中の専業主婦、はたまた業界の大物や、あるプロジェクトで生計を立てているティーンエイジャーもいた。私がこのユニークな職業を通じてわかったことは、年齢や居住地、文化、社会経済的地位が異なっても、人の行動パターンというのはさほど変わらないということだ。

端的に言えば、われわれ人類は皆、同じソフトウェアによって動いている。確かに、人はそれぞれユニークで、異なる欲望やストーリーを持っている。だが、なにが人を駆り立てるか、なにが人を突き動かすか、なにが人を決断へと導くかは、「人間の六つのニーズ」の一つないし二つ以上を満たそうとする脳の仕業だ。私の友人で共著者のピーター・マロークは、クライアントに助言する際、彼らがモチベーションや決断の理由を正しく見定めることができるように、これらのニーズについて言及することが多いという。

人間の六つのニーズが、私たちを動かす。これらは普遍的で、私たちの行動や衝動の原動力となり、さらには依存的行動へと駆り立てることもある。良いこと・価値あることを追い求める力にも、破壊する力にもなりうる。人は皆、同じ六つのニーズを持っているが、その優先順位はそれぞれ異なる。また、各ニーズの対処法も人それぞれだ。つまり、どのようにそれらのニーズに応えるかが、あなたが充実した人生を送れるかどうかを決定する鍵となる。

本章を読んで、あなたがこのシンプルだが奥深い概念について理解を深めてくれれば、とても嬉しい。そうすれば、あなたの人生にとってどのニーズがより重要か、そして効率よく成果を上げるために、どのようにニーズに応じればいいかを見極めることができる。

あなたの六つのニーズが、どのように経済的自由の追求を後押しするか、あるいは妨げるかについても、本章で説明するつもりだ。

お金がすべてと言うのは、心の貧しい人

「感情的なニーズが経済的自由にどう関係しているんだ？　さっさと金儲けの方法を教えてくれ」と思っている人もいるだろう。では次の質問に答えてほしい。あなたはなぜ富を築きたいのか？　富を築くというのは、単に国王や著名人の顔が描かれた紙切れ（札束）を積み重ねることではない、というのはおわかりだろう。お金によって安定感や安心を得たいからだろうか？　やりたいことをやりたいときに気の向くままにやりたいから？　大金があれば、自分が特別で類い稀な存在に思えるから？　それとも、困った人を助け、社会が持続的に発展するよう貢献したいからだろうか？　おそらく、これらすべてが動機だろう。これらすべてが、心の奥に秘めた感情だ。そして、六つのニーズがこれらの感情をかき立てている。

あなたが経済的自由へ向かって進歩していくには、人間の六つのニーズがどのように感情に作用するのかを、さらに理解する必要がある。そしてニーズとうまく向き合うことができれば、目標の達成も夢ではない。これから人間の六つのニーズについて説明するが、私が仕事で関わってきた人びとのエピソードも紹介するつもりだ。それらの話から、ニーズが資産運用の決定に（良くも悪くも）どのように影響するかがわかるだろう。

人間の六つのニーズ

1 安定・確実性のニーズ

他になに一つ確信が持てないが、これだけははっきりわかる。
星の輝きが私に夢を見させてくれるのだ、と。

——フィンセント・ファン・ゴッホ

安定・確実性に対する人間のニーズは、おそらく私たちの脳の中にもっとも深く根づいているサバイバルメカニズムだろう。自己防衛は本能的な欲動で、不必要なリスクを回避するのは、古代人類が生き残るうえで最優先事項だった。しかし投資には、ある程度のリスクがつきものだ。この観点から見ると、どのように安定・確実性に対するニーズがあなたを圧倒し、短絡的な選択（貯金すべてをマットレスの下に隠す、下落の最初の兆候ですべての株を売却するなど）へと導くか想像できるだろう。

経済的自由を追求する道のりで、安定・確実性のニーズが主導権を握ると、すべてをコントロールしすぎるきらいがある。すべてのリスクを避けることを最優先し、成功のチャンスを失うこともある。

だが、バランスと状況が正しければ、安定・確実性のニーズはゲームチェンジャーとなりうる。市場はどのように動くか、上昇軌道に乗り続けるためにはなにをすべきかを、あなたが把握し確信を持てるようになれば、目標への道のりで、そして目標を達成したあとも真の自由を味わうことができるだろう。

次のシナリオで、安定・確実性へのニーズが、どのように人びとに影響を与えているか見てみよう。

●ある60代の女性は2009年、市場の変動に怖気づいて株をすべて売却した。市場に復帰したいと思っているものの、いまだ現金を抱えて「安定した時期」がくるのを待っている。すでに史上最長の強気相場を見逃し、長く安定した老後生活を送るための資金もいまや危うくなった。

●賢く将来設計をする新婚カップルがいる。完全積立式の退職金口座に貯蓄し、子どもの大学費用のためにも貯金し、金融投資からも不動産投資からも安定した収入を得ている。友人の多くがすべての収入を使い込み、将来設計をしていない一方で、カップルは精神的にも安定した生活を送っている。

●「確実性」に執着する男性が、資産運用の方法として定期預金と国債の二つのみを選択した。皮肉にも、ハイリスクを負わなければハイリターンは望めないため、老後資金の目標額に達する見込みは薄い。心理的なニーズが、現実の経済的ニーズを上回った。

●ある中産階級の夫婦は贅沢をしない。買い物でも節約し、就職してからというもの年収入の四分の一を貯蓄してきた（夫は保証された年金を確保するために、公務員になった）。退職後の現在、年金のポートフォリオは7桁台だ。

●ある夫婦は、老後の生活で使いきれないほどの多額の蓄えがある。それでも倹約し、旅行もせず、4ドルのコーヒー代も惜しみ、以前から欲しかった高級車も諦めた。皮肉にも、彼らの死後に財産を相続するのは、浪費癖のある子どもたちだ。

さて、安定・確実性は、あなたの経済的自由の追求において、どのような影響を及ぼすだろうか？あなたの安定・確実性に対するニーズの度合いはどのくらいだろうか？　ほどよい、弱い、それとも強すぎる？

人生のアドバイス　適切な「度合い」の安定・確実性は健全であるが、安定・確実性に対するニーズがあまりにも強すぎると、人は人生で立ち往生してしまう。なぜかというと、人生は不確実なものだからだ（これは確実だ）。

2 多様性・自発性のニーズ

多様性こそが人生を味わい深いものにする。

——ウィリアム・クーパー（詩人）

変化に富んだ人生ほど、豊かで楽しいものになる。さまざまな経験を積めば精神力が養われ、人生でどんな困難に直面しても乗り越えることができるだろう。このニーズの別の側面には、「自発性（奔放さ）」もある。自発性は、不思議・神秘さに対する感性や冒険心を豊かにする。

前に述べたように、人は皆、六つすべてのニーズを持っているが、度合いや優先順位は人それぞれだ。あなたは「安定・確実性」志向だろうか、それとも「多様性」志向だろうか？　あなたは一定の場所にとどまらない、放浪を好むタイプだろうか？　やることリストやスケジュールを嫌うタイプだろうか？　それとも、あなたは仕切りたがり屋で、体系や予測可能性や戦略を求めるタイプだろうか？　次の状況で、どのように多様性・自発性へのニーズが主な原動力となっているか、考えてみよう。

- ある男性は、まだ知られていない「魅力的な」投資先を常に探している。そうすれば、ディナーパーティで人びとに延々と語って聞かせることができるからだ。新しい情報を得るために、あらゆる関連記事を読み、リサーチを欠かさない。

●ある夫婦は、次のバケーションや週末旅行の計画に無数の時間を費やしているが、財産管理や貯蓄について考えることはほとんどない。クレジットカードの利息を支払い、401kプラン（米国の確定拠出型年金制度）に微々たる額を預け入れている。貯蓄よりも現在の楽しみのために金を使いたい。

●ある投機家は、経済的な自由を得るために、衝動的に大きな賭けに出ることが多い。すばやく勝負を決めるために、不必要に大きなリスクを負う。

人生のアドバイス　多様性に対するニーズが強すぎて、日常生活でめまぐるしい変化を常に求めていると、情熱を注げるものが見つからない、人との大切な関係を築けないなど、深みのある人生を送れないこともある。

3 自己重要感のニーズ

人生で重要なのは、単に生きることではなく、他者の人生にどれほどの影響を与えたかである。それによって、われわれの人生の価値が決まるのだ。

——ネルソン・マンデラ

誰もが自分は重要であると感じたい。ユニークな存在でありたい。自分は価値ある人間で、良い影響を与えていると思いたい。このような感情は、数々の美しい形で表われる。パートナーや友人たちが、自分を大切な人間のような気分にさせてくれることもあるだろう。人は、責任を伴う任務で、志望した職業で、あるいは理想の地位で、自己重要感を認識する。また、すばらしい親として、愛するパートナーとして、かけがえのない友人として、あるいは創造主の子として、人は自己重要感を覚える。

人は、露骨に自己重要感を主張することもある（しかし、たいていの場合、さほど心を豊かにしてくれない）。その最たる例は、私たちが購入する物品だ。

オレンジ色のランボルギーニを買い、赤信号で止まるたびにエンジンをふかす人もいれば、よりエコロジー意識の高いトヨタ・プリウスを買う人もいる（両者ともそれぞれ、自分の選択や車の外見・性能により個人の重要性を誇示する）。また、タトゥーや多数のピアスによって自己顕示する者もいれば、レッドソールのハイヒールや２５００ドルのモノグラム付バッグによって自分をアピールする者もいる。

人によっては、もっと陰湿で破壊的な方法で自己重要感を示す。たとえば、いつも人一倍問題を抱えているかのように振る舞う、いわゆる「被害者意識」の強い人がそうだ。私が思うに、われわれの社会を蝕んでいるのは、薬物ではなく、われわれの精神的な問題だ。

自分の資質を見落とし、いかに自分の人生が惨めかを我先に話す人が、あなたの身の回りにもいるだろう。そのような人たちは被害者意識にとらわれ、権利意識が強く、他人を批評する。そしてソーシャルメディアがこの、精神的に病んだ特性を増幅している。残念なことに、そのような人の多くが、傷を癒して、有意義で前向きな人生を歩もうと努力していない。人は皆、一つや二つの傷を抱えているものだ。

しかし、誰よりも魅力的でバイタリティあふれる人は、「人生はつくられるものではなく、つくるもの」を信条にしている。傷や失敗は彼らのアイデンティティではなく、成長の糧なのだ。

ここでの要点は、自己重要感へのニーズは慎重に対処しなければならないということだ。どのように自己の重要性を示すかが、長期的な充足感、人間関係、そして経済的な成功で極めて重要になる。

次の状況で、自己重要感がどのように個々の経済面に影響しているか、考えてみよう。

- 誰よりも賢くありたいと願う男性が、ストックピッカーになることを夢見て、金融メディアから膨大な量の情報を消費している（このような方法で銘柄を選択するのは、ほぼすべての個人および特定投資家にとって、危険だ）。彼はゴルフ仲間に勝ちを自慢するが、負けに関しては話さない。
- あるミレニアル世代の若い男性は、株に手は出さないと決めている。金融業界を「資本主義のブタ」と毛嫌いしており、経済的な将来設計を怠っている。

●ある女性は、スピリチュアリティと経済観念を融合させ、その結果、お金は諸悪の根源だという結論に至った（したがって、金持ちは悪人だと思っている）。お金の心配は無用だと信じることにしたものの、結局は生活費がなくなり心配している。諸悪の根源はお金に対する強欲であって、お金そのものではない。

●ある男性は、社会全体を「能なしの一群」と忌み嫌い、誰もが政府にだまされていると信じている。すべての貯金を仮想通貨につぎ込んだ。仮想通貨が「分散型社会の未来の形」であると信じ、友人たちをひっきりなしに説得している。

人生のアドバイス　自己重要感への一時的で不適切なアプローチは意味がない。強い欲望はそれで抑え切れないだろう。他のニーズと同様に、健全な方法で対処しなければ、自己重要感はあなたを圧倒する可能性がある。放っておくと、自己重要感に対するニーズは、人をうぬぼれの強いエゴイストに変えてしまう。あまりにも自己中心的だと、他者を思いやることができず、長期的な人間関係を築くのは難しい。

4 愛・つながりのニーズ

この世でもっともすばらしく、もっとも美しいことは、見ることはおろか、聞くことさえもできません。それは心で感じなければならないのです。

——ヘレン・ケラー

愛は、心の酸素だ。誰もが心の底から望み、必要としているものだ。人は無償の、見返りを求めない愛によって育まれる。そのような愛を、私たちは直感的に理解している（だからラブソングやロマンチックな映画の需要が絶えない）。それはパートナー、家族、あるいは親友の愛かもしれない。また、愛と微妙に異なる感情に「つながり」がある。自然、感動する映画、お気に入りの歌などが心とつながり、世界をすばらしいものと感じさせてくれることもある。もっとも重要なつながりは、もちろん、自分自身とのものだ。自分のニーズを理解し、同調することは、心の管理者としてのあなたの義務である。

それでは、愛やつながりが、どのように財政面に関与するのだろう？　次を見てみよう。

●大の仲良しの女性二人は、いつも一緒にショッピングし、オートクチュールブティックでの買い物から莫大な借金を抱え込んでいる。二人の共依存関係は、出費がかさむ、危険なものになった。また、自分たちのクレジットカードの色を誇らしく思っている。その色が他の買い物中毒者よりも自分が優位であることを示すからだ（ここでは自己重要感へのニーズもはっきり現れている）。

●経済的自由を達成するために資産形成を行なうカップルは、マイルストーンに達するごとに旅行や楽しいラグジュアリー体験を互いに贈り合っている。

●ある男性は、大学時代の友人を自分のブローカーに選んだ。だが、その友人が金融商品を自分に売りつけて、かなりのコミッションを得ていることを知った。「フィデューシャリー（依頼主の利益を最大化するよう努める信認義務を負う）」アドバイザーに乗り換えたいが、友情を壊すのを恐れて躊躇《ちゅうちょ》している。

人生のアドバイス　愛は人がもっとも熱望するものだが、その愛を手に入れるために、われわれはしばしば非常にユニークな方法を講じる。本当の自分を知られたり、愛されたりするのを怖がる人もいる。ソーシャルメディア上での「友だち」や、初対面の人との肉体関係など、見せかけのつながりに甘んずる人も少なくない。

これまでに述べた四つのニーズは、私が「パーソナルニーズ」と呼ぶものだ。最後の二つは魂のニーズ、いわば人として進化していくこと、満ち足りた人生を追求することに焦点を合わせるニーズである。

5 成長のニーズ

人は、自分の弱さを受け入れたときに、はじめて成長する。

——ジャン・ヴァニエ（思想家）

生命の法則では、人は成長しなければ、死んだに等しいとされる。もし人生で自分の成長を実感できなければ、経済的な自由も無意味だ。他者との関係も、ビジネスも、精神も、信念も、心も、そして富も、すべて大きく成長しなければならない。私たちが人として成長し、なにかを育て大きくすれば、他の人に分け与えることができるようになる。たとえば、富がそうだ。また、私たちが蓄えた知識、育んだ愛、そしてその他多くのものも与えることができる。

好例として、私自身の経験からあるエピソードをお話ししよう。ご存じのとおり、私は比較的貧しい家庭で育った。私が11歳のとき、サンクスギビング（感謝祭）の日のことだ。祝日だというのに、棚の中には食べるものがまったくなかった。私たちはお腹をすかせて、両親はいらだちを隠しきれないでいた。そんなとき、誰かが玄関をノックした。そこにいたのは天使だった——ありとあらゆる食料品を詰めた袋をいくつも抱えた男性が戸口に立っていたのだ。ある友人からの贈りものを届けにきたと言う。私と弟や妹は狂喜したが、父は「他人からの情けはいらない」と渋った。しかし、男性は引き下がらない。結局、父は根負けして、しかたなく袋を受けとった。その夜、見知らぬ人の心配りのおかげで、私たち家族は温かい、すばらしい食事を楽しむことができた。

そのとき私が学んだことはこうだ。もし見知らぬ人が私に親切にしてくれるなら、私も親切を返そう。それから数年後の、18歳の年のサンクスギビングのとき、私は地元の貧しい二家庭に同様の贈りものを届けた。彼らの喜びようといったらなかった。私はただの配達人ですよと言っても、ハグはいつまでもやまなかった。

最後の届けものが終わって、借りてきたバンに乗り込むと、私は泣き崩れた。11歳のサンクスギビングを思い出したのだ。子ども時代の最悪の日となったかもしれないのに、今では私の人生で最高の日となり、現在の私の基盤となっている。

人生はつくられるものではなく、自分でつくるものだ。あなたも、自分の人生で同じように思うことがあるだろう。

その後、私は、毎年より多くの生活困窮者にサンクスギビングの贈りものを届ける活動を始め、やがて人手が必要になると、友人らとともに食品や生活必需品をバスケットに詰めて届けるようになった。私たちはこの活動を「バスケット・ブリゲード」と名づけ、いまや年間数百万もの人びとが、私の財団法人を通じて食料品を受け取っている。

2014年、私は政府がフードスタンプ（正式名称はSNAP補助的栄養支援プログラム）への支援金を削減することを耳にした。その削減によって、ひと月ごとに四人家族の21回分の食事が減ることになる。つまり、一般市民やフードバンクや非営利団体からの援助がなければ、一世帯が毎月、1週間食事なしで暮らさなくてはならないということだ。今こそ、善意を育てて広げるときだ、と思った。そこで、私はフィーディング・アメリカと提携し、「1億食を供給するチャレンジ」という大きな目標を掲げた。

自書2冊からの利益と個人資産の一部を寄付することによって、私たちは当初の目標を打ち破り、今では4億食以上の供給が可能になった。現在、「10億食チャレンジ」という目標に向かって努力を続けている。これは社会貢献だが、私にとってはむしろ、人として自分の幅を広げる機会でもある。自分の視野を広げ、目標をさらに大きくし、善意のためにできることや可能性を広げる。成長すること、広げることは、無限にあるはずだ。

人生のアドバイス　巨万の富を築いた知人の中には、頂点に達したあとに、成長しなくなった人も多い。望んだものすべてを手に入れて追い求めるものがなくなり、精神的に満たされない日々を送っている。

6 貢献のニーズ

われわれは得ることで生計を立て、与えることで人生を築くのだ。

――ウィンストン・チャーチル

すでに述べたように、充実した人生を送る秘訣は与えることだ、と私は心から信じている。人は自我を超えたところに、生きがいを見つけることができる。

こう考えてみるといい。あなたの人生の意味は、あなたがつくるものなのだ。あなたの人生が有意義なものなら、銀行口座の残高にかかわらず、あなたの心は満たされるはずだ。しかし、人生の意味というのは、じっくり考えれば見つかるというものではない。与えること、しかもふんだんに与えることが、人生に意味をもたらすのだ。

あなたの時間を、愛を、そして知恵を他の人に与える。だが見返りを期待してはならない。それができれば、あなたは周囲の人たちにとって意味ある存在となり、それがまた、あなたの人生に意味をもたらしてくれる。

貢献の力がもたらす、すてきなエピソードを紹介しよう。

●賢く計画し倹約して、こつこつと資産を増やした老夫婦がいる。経済的な自由を得て、今では教会に寄付したり、孫の大学進学費用のために貯蓄したり、地元の小児病院でボランティア活動をしたりしている。彼らの老後生活は有意義で、満ち足りている。

●ある四人家族が、今年の寄付先について各々の意見を出し合っている。子どもたちはそれぞれチャリティを選び、寄付によってどのような援助ができるかをまとめて、家族会議で報告しなければならない。子どもたちはこのように社会への貢献を学ぶ。思いやりの心は世代を超えて受け継がれていくだろう。

●ある高齢の男性は、自分の死後に遺産を寄付しようと決めていた。しかし「善行を施すなら、生きているうちがいいですよ」とピーターに説得され、地元のチャリティに寄付するようになった。寄付先を訪問したとき、自分の善意が人びとに与えた影響を見て深く感動し、他者に手を差し伸べることによって、いかに自分の人生が満たされるかを悟った。

人生のアドバイス　与えることは自律だ。もし今、財布の中の硬貨一枚たりとも与えることができなければ、将来、1万ドルの中から1000ドル、ましてや1000万ドルの中から100万ドルも出すことはできないだろう。今から己を律し、前向きで寛容な精神を養おう。

ジェイソンから学ぶべきこと

ラスベガスのジェイソンを覚えているだろうか？　そう、あの、5億ドルの負債を抱えているジェイソンだ。彼を批判する前に、人間の六つのニーズが彼の心にどのように作用したかを考えてみよう。ジェイソンは、**自己重要感のニーズ**に動かされていただろうか？　それは間違いない。自分の重要性をアピールするには、ギャンブルの街でセクシーな若手デベロッパーになるのが一番良い方法だ。そして、自分の会社を9桁台で売却したことにより、己のビジネスの才能を確信した**（確実性のニーズ）**（とはいえ、まったく経験のない不動産開発で勝負しようとしたため、その才能が発揮されることはなかった）。ラスベガスという新しい活動の場、デベロッパーとしての興奮と新しいチャレンジ、そしてパーティや販売促進イベントなど、彼の生活は変化に富んでいた**（多様性のニーズ）**。また、潜在的購入者との交流や活気的な社交界を通じて、つながりもあった**（つながりのニーズ）**。

一度に三つないしそれ以上のニーズが合わさって（良くも悪くも）依存症を引き起こすケースを、私はしばしば目にする。本章で紹介したエピソードの一つひとつにも、一つのみならず二つ以上のニーズがはっきりとうかがえる。これらのニーズがどのような相互関係をなし、時間の経過とともに、人生のさまざまなステージでどのように姿を変えていくのかを詳細に説明すれば、おそらく一冊の本ができあがるだろう。私たちのニーズがどのように私たちを形成しているか、例をあげればきりがない。むしろ、もっと大事なのは、これらがどのようにあなたを形成しているかだ。

あなたが経済的自由を求めるとき、なにがあなたの欲望を喚起するのだろう？　なにがあなたを思いとどまらせるのだろう？　あなたはどのニーズを優先するだろうか？　もっとも優先順位が低いニーズはどれだろうか？

あなたの原動力になるものを理解すれば、自分がつくりあげた障害を取り除き、あなたのニーズを合理的かつ効率的に利用することができるようになる。私が自分の経験から学んだのは、真の自由は、個々のニーズ（確実性、多様性、自己重要感、つながり）を超え、成長と貢献といった高位のニーズを満たすことにより獲得できる、ということだ。確かに、富のステータス（車、家など）は一時的に心を満たしてくれるだろう。だが私は、より大きな課題の克服に尽力するとき、自分に無限の活力や新たな能力が生まれるのを感じる。そしてこれこそが真の喜びを私にもたらしてくれるのだ。

生活に困窮する人びとのために「10億食チャレンジ」（現在は4億食を達成）を始めたとき、それは気の遠くなるような目標で、莫大な努力を要することを意味していた。25万人に清潔な水を一生にわたり供給するプロジェクトに従事したときもそうだ。私の援助がなければ多くの子どもが死ぬかもしれない、という重苦しい現実を受け止めなくてはならなかった。社会に貢献するためにこれらの大胆な目標を持つことで、私は自分の財産や投資を新たな視点から見るようになった。私にとって投資や資産は、もはや単なる数字ではない。むしろ、誰かに施し、援助し、そして食糧や安全な水を与える可能性を意味している。そして、人びとに対する私の愛や、かけがえのない人生への深い感謝の念を、率直に表わしているのだ。

なぜあなたは経済的な自由を追求するのか、その動機をけっして忘れてはならない。そして、自分の精神的・心理的な衝動とうまく向き合うよう努力しなければならないのだ。経済的に安定していても、経済的に自由ではない人はごまんといる。金銭的には恵まれているが、飢えた心を抱えて生きている。真の喜びも成長もなく、貢献もしない。物理的には豊かだが、精神的に満たされていない。

重要なのは、あなたが自分に適した経済的目標を設定するにあたり、その目標へ向かう過程でどんな感情（感謝の念、興奮、寛大さ、情熱）を味わいたいかを思い定めることだ。そして、それらの感情を、数字で定義された目標に到達したときではなく、到達する前に享受してほしい。

経済的自由というのは、単に金銭的なものではない。それは心の状態やありかたでもあり、貯金額にかかわらず、いつでも手に入れることができるのだ。もちろん、そのためには相応のストラテジーが必要だ（それを紹介するのが、本書の目的でもある）。あなたが強い意志を持ち、決意を固めて、感情的なニーズをコントロールできるようになれば、いずれ真の自由を味わうこともできるだろう。

Part 2

起点

第4章

市場の仕組み

by ピーター・マローク

リスクが生じるのは、自分がなにをしているかわからないからだ。

——ウォーレン・バフェット

本書は表向きには投資に関する本のため、利益をもたらす情報を公開するとともに本章を始めることにしよう。ここで紹介する投資は、長期にわたって年10パーセントの利益を生んでおり、継続的な上昇トレンドにある。図4-1を見れば、驚くだろう。

一般的なアメリカ人なら、このような継続的に儲かる話は非現実的だと思うだろう。だがもし、これが現実の話だとしたら？　そう、本当に、しかも（信じ難いかもしれないが）誰でもこのような収益を手に入れることができるのだ。

このすばらしい、夢のような投資の正体は？　もちろん、株式投資だ。

図4-1

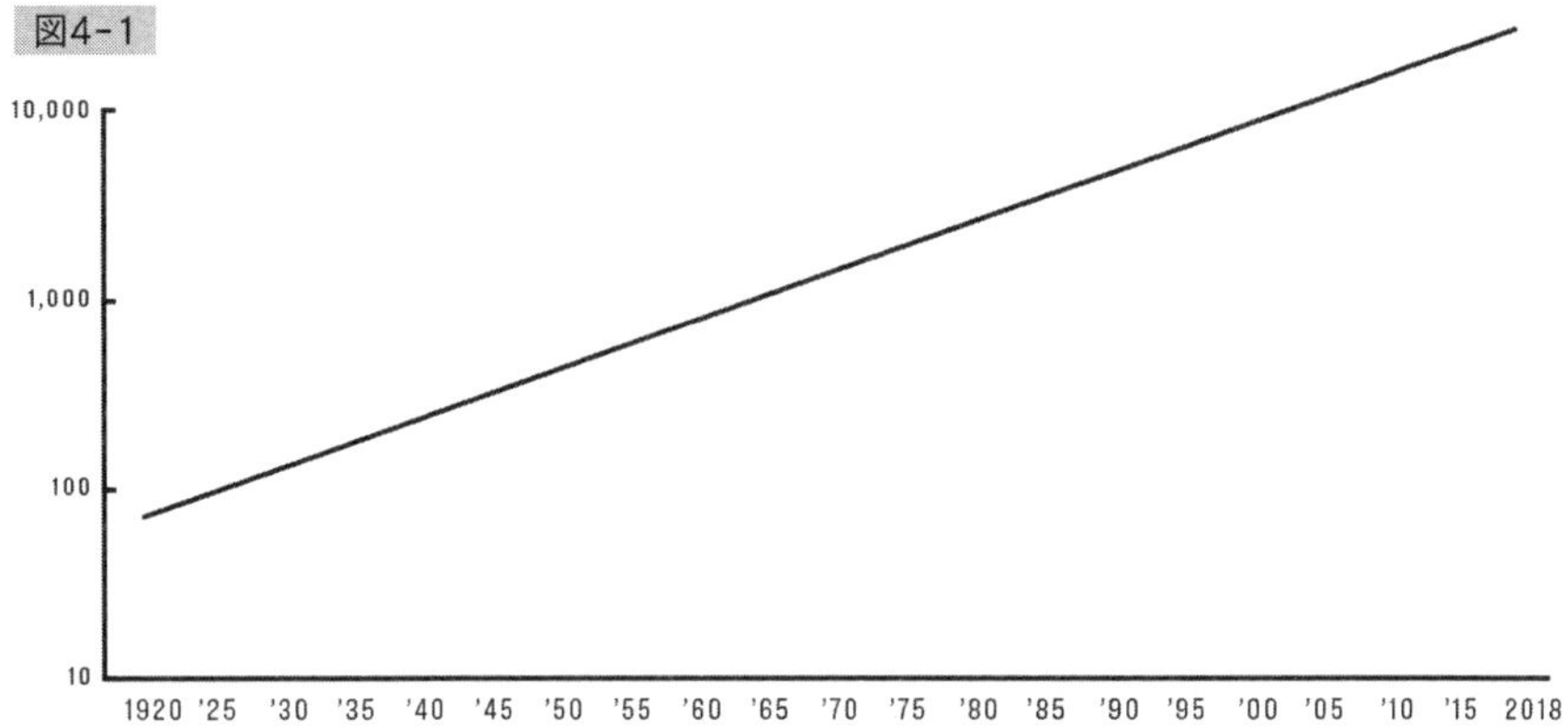

マーケットタイミングの矛盾

個人投資家のパフォーマンスを、Ｓ＆Ｐ５００やダウ平均株価などの主要株価指数のパフォーマンスと比較するといった大規模な調査は数多い。これらすべての調査が一様に、個人投資家のパフォーマンスは代表的な株価指数よりも劣っていることを明らかにしている。年間リターンの差が数パーセントポイントになることもあるという。なぜ、個人投資家の収益率は市場平均を下回るのだろうか？　その理由の一つとして、投資家が用いる「マーケットタイミング」戦略があげられる。

マーケットタイミングは、市場の動向を見計らい、株を購入あるいは売却することをいう。一見、理に適っているように思えるだろう。相場が値下がりしているときに、市場に参入したがる人などそうそういない。しかし、のちほどくわしく説明するが、株価の上昇や下落を、ある程度の一貫性を持って予測することなど不可能だ。そして、世の中の多くのことに当てはまるように、一貫性こそが利益をもたらす鍵である（＊6）。

誤解を招かぬよう、先に結論をはっきり述べよう。マーケットタイミング戦略は、役に立たない。残念だが、これが事実だ。とはいえ、投資のタイミングを読もうと試みたことのない投資家はいないだろう。現に皆、次のようなことを言ったり、考えたりしたことがあるはずだ。

「資金はあるが、今は市況が安定するのを待っている」
「会社からの賞与で投資を始めたいが、株式市場が上昇に転じるのを待っている」
「投資するのは、〜が終わってからにしよう（〜には、たとえば「選挙」「正月休み」「株価の調整局面」「債務危機」「政府の予算決定」「ブレクジット」などの言いわけが入る）

これらはすべてマーケットタイミングだ。

継続的にすばらしいリターンをもたらす投資チャンスを誰もが求めている。マーケットタイミングは確かに、合理的な戦略に思えるだろう。しかし実際は、われわれが期待するほどの成果は得られない。なぜかというと、株価というのは完全な直線上を伸展するものではないからだ。

実際に利益をもたらす場合、相場は図4-2のグラフのように推移している。過去を振り返ると、相場は一時的な下落を幾度も経験しているが、継続的な上昇傾向にあることがわかるだろう。暴落を体験したことがある人は、それがまるで世の末のように思えたかもしれない。世界大恐慌や1970年代の高インフレによる景気後退での社会の狼狽ぶりは、容易に想像できるだろう。

ダウ工業株30種平均　非線形推移

図4-2

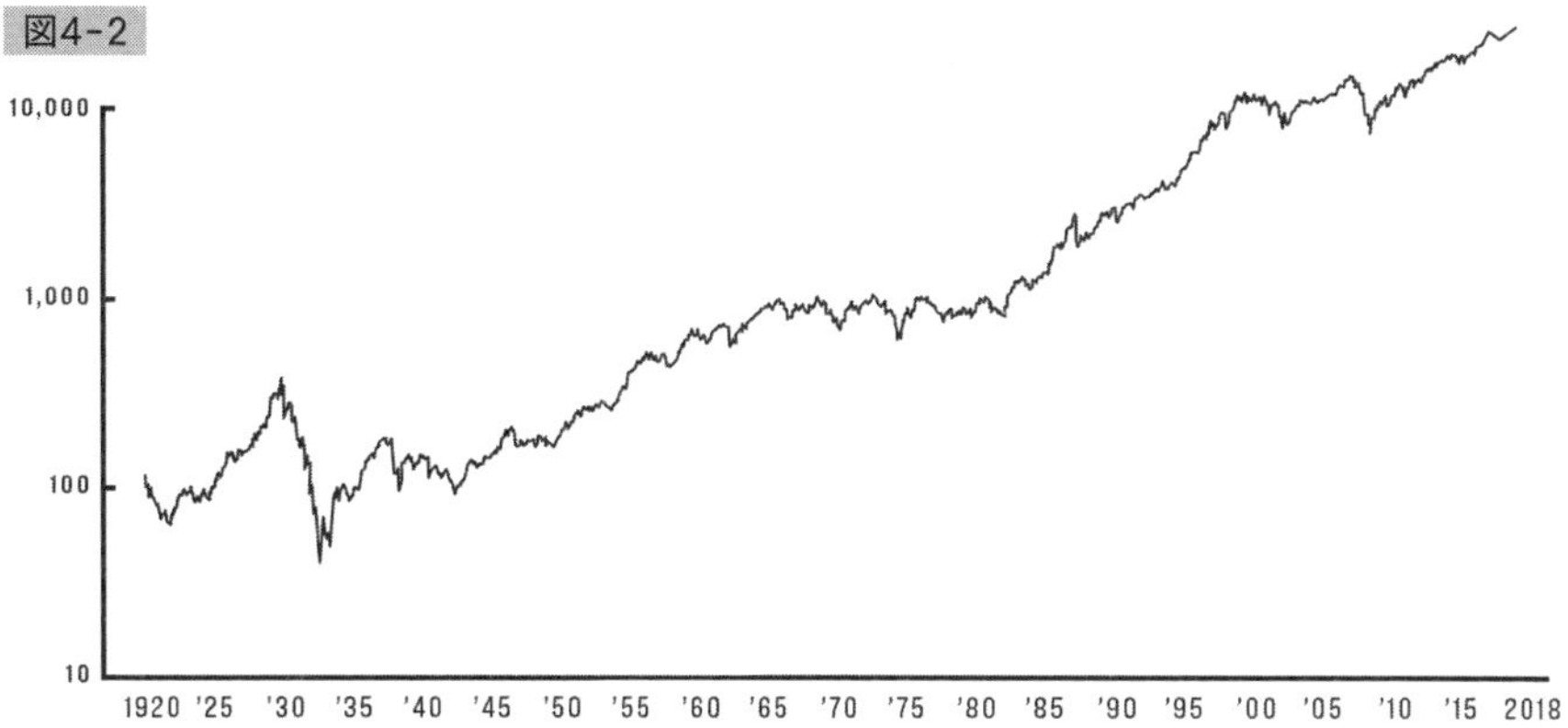

近年では、２００８年の米国の住宅バブル崩壊が引き金となり、世界経済がパニックに陥ったことは記憶に新しい。とりわけ投資家は、株価の低迷がほんの２週間であっても、永遠のように感じるはずだ。

さらには、スマートフォンの進化と普及に伴い、最新情報が昼夜を分かたず配信されるせいで、われわれは市場の微々たる動きにも過敏に反応するようになった。このような状況では、人びとは下降トレンドを避けようとする傾向が強くなる。しかし、株価の一時的な下落はまったく正常だ。狼狽して株を即座に手放せば、その結果として、長期投資からの利益を得るチャンスを失ってしまう。

情報を正しく把握し、投資についての正しい判断を下すための第一歩は、株式相場についての誤った認識を正すことだ。どのような株価の動きが正常であるのかを認識すれば、投資運用成績を著しく向上させることができる。そのメリットは運用成績だけにとどまらない。ストレス値が低下し、投資目標を達成する可能性が上がり、そして生活のクオリティも向上するはずだ。

株式とひと口に言っても、その種類は多い。ダウ・ジョーンズ工業株価平均はアメリカ各業種の代表的な30銘柄を対象にした平均株価指数で、前述のグラフでは過去100年の推移を評価することができる。S&P500はもう一つのアメリカを代表する株価指数だ。マイクロソフトやグーグル、プロクター・アンド・ギャンブル（P&G）、マクドナルドなどの大型銘柄が組み入れられている。アメリカで上場されている銘柄は数千もあるが、S&P500は世界レベルで有名な大企業（たとえばマクドナルドは、チーズケーキファクトリーのような会社と比べると50〜100倍大きい（＊7））を中心に構成されているため、米国株式市場のマーケットキャップ、すなわち時価総額の約80パーセントをカバーしている（＊8）。

私が代表的な株価指数を特別扱いしていると思われないために付け加えて言うが、上昇傾向にあるのは、米小型株や外国株、新興株も同様だ。要するに、活発な市場はすべて右肩上がりに大きく成長している。

将来の見通しが明るいことはこれでおわかりだろう。しかし、これらから利益を得るには、まず、誰でも陥りがちな落とし穴、マーケットタイミングを回避しなければならない。そうは言っても、実行するのは難しい。というのも、多くの人びとがマーケットタイミングを推奨するからだ。「多くの人びと」というのは、たとえばテレビキャスターやコメンテーター、職場の同僚、親族（「先日、値

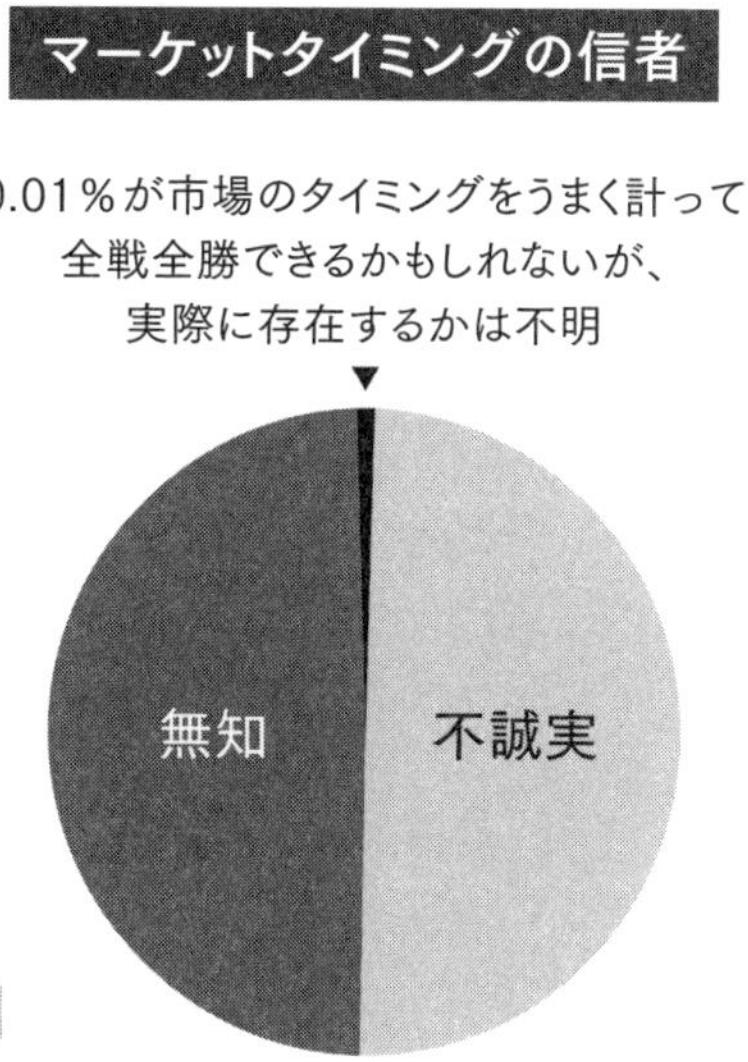
マーケットタイミングの信者
0.01％が市場のタイミングをうまく計って
全戦全勝できるかもしれないが、
実際に存在するかは不明
無知
不誠実
図4-3

下がりする直前に急いで株を売却したよ」（＊9）と語る義理の兄とか）などだ。金融サービス業界の大半もマーケットタイミングを勧めている。

マーケットタイミング支持者たちは、二つのグループに大きく分けられる。図4-3を見てみよう。

この図は科学的見解に基づいていない。無知な人びとや不誠実な人びとの正確な数や割合も、私ははっきり知らない。それでも、マーケットタイミングの信者には二通りあり、どちらも危険である、と私は信じている。それぞれのグループをくわしく見てみよう。

＊6　その他、税金や手数料も考慮しなければならない。
＊7　明らかに、時価総額はデザートの味覚の良さに反映していない。本書ですでに2回もチーズケーキファクトリーを言及したので、それが私のお気に入りの店だとおわかりだろう。
＊8　時価総額は、ある上場企業の株価に発行済株式数を掛けて求められた数値。
＊9　同様に、ビッグ・フットやネス湖の怪獣を見たと主張する人も多い。

●人は都合の悪いことは忘れる

株価が下がったらどうすればいいか？　ウォール・ストリート・ジャーナル紙に引用されている金融界の大物の見解を読んでみるといい。そして笑い飛ばせ。識者でも一時的な値動きを予測できないことは周知の事実だ。それでも、彼らはもっともらしく聞こえるようにご大層な言葉を並べたてる。自分でもまったくわかっていないのに、だ。

――ジョナサン・クレメンツ（金融ライター）

自分こそは市場のベストタイミングを読むことができると心から信じている、誠実な投資家やアドバイザーはいる。彼らは他者が知らないことを自分は知っている、あるいは他者が見えないことが自分には見えると信じて疑わない。そして自分の予測や見解が正しかったとき（おそらく一度）の話を自慢げに語って聞かせるかもしれない。

だが彼らが言うことは、ラスベガスのギャンブルで「大当たりしたぜ」と豪語する（そして勝つ前に5回負けたことは都合よく忘れてしまう）友人とさほど変わらない。これらの投資家やアドバイザーは過去の誤った判断を忘れ、良かったものだけを覚えている。彼らに悪気はないかもしれない。だが、最終的には彼ら自身のポートフォリオ、あるいは彼らに信用を寄せているクライアントの投資ポートフォリオに負の影響をもたらす危険性がある。

不誠実なアドバイザー

株価の値動きを予想する人びとには三通りがある。無知な人、自分が無知であることを知らない人、そして自分が無知であることを知りながら有識者のように振る舞う人だ。

――バートン・マルキール（経済学者）（＊10）

マーケットタイミングを計るのは不可能だと知っているファイナンシャルアドバイザーもいる。それでいて、万が一に備えるようにダウンサイドプロテクション（下振れリスク防止策）をクライアントに巧みに勧める。ダウンサイドプロテクションは、金融アドバイザー業界で一番売れる商品なのだ。上昇トレンドに乗り、しかも短期的な下落すべてを回避できるなど、夢のような話だ。賢い投資家はこれが不可能であることを知っているのだが、世の中には夢のような話を信じたがる人も必ずいる。このような買い手が存在する限り、あやしい万能薬を売る人もあとを絶たない。

また、マーケットタイミングのリスクを示す情報が目の前にあるにもかかわらず、自分の見解を改めることができない、高収入を損なうことを恐れて真実を受け入れることができない、ファイナンシャルアドバイザーもいる。教祖がうそつきだという絶対的証拠を突きつけられても信じようとするカルト信者のように、事実を見据えることができず、事実を曲げたり、事実から目を背けたりする。「人は、己の利益を阻害する意見を理解することはできない」とデカルトも言ったが、まったくそのとおりだ（*11）。

*10 バートン・マルキールは投資に関する革新的な本、『ウォール街のランダム・ウォーカー』を上梓した。彼は投資のコアでインデックスファンドを用いる方法と、有利になりそうな銘柄の厳選によるアクティブ運用手法を支持している。私もこれに賛成だ。

*11 デカルトはすばらしい哲学者だが、投資については教えてくれない。

なぜ株式市場にいることがそれほど難しいのか

効率的市場では、どんなときでも、実際の証券価格は本質的価値を適切に推定した値だ。

——ユージン・ファーマ（経済学者）

マーケットタイミングは役に立たないという理由はたくさんある。それに反論するファンドマネージャーもまた、あなたを説得しようと多くの理由をあげるだろう。ここで、ものごとを大局的な視点から考察しよう。そのあとに業界の第一人者や専門家、そして彼らが実際にもたらす結果に着目する。

効率的市場

ノーベル経済学賞を受賞したユージン・ファーマが提唱する「効率的市場仮説」によると、市場価格には常に最新の情報が反映されているため、市場は効率的であり、誰も市場平均以上の運用成績をあげることができないという。つまり、市場には賢い人は（そしてさほど賢くない人も）多数おり、株や債券についての知識は皆同じなため、あなたが特定の戦略を用いて持続的に市場平均に勝つことは不可能だというわけだ。

これが現実面でどのような意味をもたらすかというと、市場には非常に多くの参加者（個人、企業、高速コンピュータなど）がおり、皆が常に同様に同じ証券を買ったり売ったりするため、新しい情報がほぼ即座に株価に反映される。なにか良いこと、あるいは悪いことが起こると、それが企業や市場全体の期待利益を変えるため、売買活動での一連の興奮や混乱が株価を乱高下させ、その状態は再び最新情報の経済的価値に株価が反映されるまで続く。そして平均的な投資家が取引を行なう前に、有利な状況はすでに遠のいてしまっているのである。

市場平均を上回る利益をあげることが可能なのは、十中八九、投資家が人一倍大きなリスクを負っている場合である。たとえば、大型株よりも小型株のパフォーマンスのほうが長期的に見れば優れていることを示す証拠があるが、その傾向が強いのは、小型株がより多くのリスク伴っている（価格が変動しやすい）からだ。

●投資家の度重なるミス

1年後に株式市場や金利や事業活動がどのようになっているか、誰にもわからない。株価予測は、占いにも劣る。短期的な値動きの予測は有害であり、子どもの、そして市場で子どものように振る舞う大人の手の届かない、安全な場所に閉じ込めておくべきだ。

――ウォーレン・バフェット

一般投資家は常に、しかも見事に、マーケットタイミングを見誤る。2001年の弱気相場が深まったとき、当時としては記録的な量の株が売却、現金化された。投資家たちは市場が回復すると再び株を買った。そして2008年～2009年の金融危機の際、またしても大量の株が売却・現金化され、記録を塗り替えた。これは究極の群集心理である。こんにち、当時と比べると、市場は何倍にも成長している。2001年も2008年も、投資家はタイミングを見事に見誤り、まさに間違った時期に、間違った対応をしたわけだ。

メディアの度重なるミス

未来の予測は偽りである。たとえ予測者が真実を言っているとしてもだ。

——アラビアの格言

典型的な投資家は、メディアから金融情報を得ている。ここで一つ明確にしておこう。メディアが提供する市場の値動きに関する情報の総価値は、ゼロだ。いや、ゼロ以下である。というのも、メディアの言うことを額面通りに受け取ると、あなたの運用成績がマイナスになりかねないからだ。

メディアの予言者は、大胆で大げさな株式市場報告をしたがる。私はCNBCやFOXニュース（どちらも米大手ニュース専門放送局）などの全国版ビジネスニュースチャンネルに出演したことが幾度かあるのだが、プロデューサーが収録に先駆けて「金融市場はどこへ向かっているか」を知りたがることが多い。短期的な動向はわからないと私が告げると、彼らは失望を隠さない。「短期的な動向はわからないが、長期的な行方については自信を持って言える」と何度も繰り返した私を、「タイムマシーン」アドバイザーと名づけた全国放送のテレビ局もあった（＊12）。

マーケットタイミングを推奨したほうが儲かると、多くのファイナンシャルアドバイザーは考える。ニュース制作側も疑問を呈しない。専門家であるゲストスピーカーがワイルドな予測をすれば、視聴率が上がるからだ。

メディアに登場する専門家の予測に従うことがいかに愚策であるか、次に説明しよう。

＊12 イラストに描かれた私は、なかなか愉快なものだった。電話ボックスのようなタイムマシーンの側面に私の顔が突き出ていた。義理の兄は今でもたびたび私をからかう。

●経済専門家の度重なるミス

予測は予測者について多くを教えてくれるが、未来に関してはなにも教えてくれない。

――ウォーレン・バフェット

経済学者は、経済の行方を予測する能力を持たない。既知の可変要素も多いが未知の可変要素もあり、不確定なことがあまりにも多すぎて正確な予測など誰にもできやしない。歴史が、これを証明してくれる。二つの好例をあげよう。

1929年10月15日、経済学者ミルトン・フリードマンに「米国が誇る最高の経済学者」と称えられたアーヴィング・フィッシャーは、「株価は恒久的に高いプラトーのようなものに達した」と公言した。その翌週にウォール街は大暴落、これを機に世界は恐慌に突入した。急速な下落に伴い、ダウ平均株価指数は価値の80パーセントを失った。

それからおよそ80年後、株式市場は再び同様の、衝撃的な大暴落に見舞われた。もちろんこのときも、別の著名な経済学者が激変の直前に大胆な予測を行なっている。2008年1月10日、当時の連邦準備制度理事会議長であったベン・バーナンキは「連邦準備制度は現在、景気後退を見込んでいない」と発言(*13)。経済はこれに反し、その数か月後に大恐慌以来の最悪の不況へと突入し、株価は50パーセント以上下落した。

「二人の経済学者が予測を外したのはわかった。でも他の経済者は、もっとマシな予測ができるはずだ」とあなたは思っているだろうか？　それでは経済界全体を視野に入れ、予測者が公言した予測とその結果に着目しよう。

幸運にも、私がリサーチせずとも、経済予測の不正確さを示す研究がある。経済学者のジャーカー・デンレルとクリスティーナ・ファングは、ウォール・ストリート・ジャーナル紙が行なった経済予測調査の中から、2002年7月から2005年までの予測すべてをまとめた。さらに彼らはリサーチの的を絞り、起こりそうにない結果の予測において、的中率がもっとも高かった経済専門家数名を割り出した。このために、まずは平均的予測よりも20パーセント高かった、あるいは20パーセント低かった専門家の見通しを「極端な予測」として分類した。

さらにデンレルとファングは、これらの専門家たちが行なった他の予測にも着目したところ、ある事実を発見した。極端な予測が当たった経済専門家らは、全体的な予測の的中率が平均よりもはるかに悪かったのである。

つまり、突拍子もない予測をした経済学者は、ときどきホームランを打つ可能性があるものの、空振りの確率は平均以上、というわけだ。このような経済学者から、あなたは投資アドバイスを授かりたいだろうか？

単刀直入に言おう。予測者が自分の予測について確信すればするほど、予測が的中する確率は低く、予測が演出である可能性が高い。投資に関して言えば、予測が大胆であるほど、その根拠は薄弱だ。前述のデータが示すように、もしあなたが経済的に安定していたいなら、予測にはけっして耳を貸さないことが得策だろう。

ノーベル経済学賞を授与したジョゼフ・スティグリッツ（＊14）は、「経済学者の予測が当たるのは、10回のうちせいぜい3～4回ほど」だと言った。この確率なら、私は賭け

歴史から学ぶべき経済予測の不正確さ

図4-4

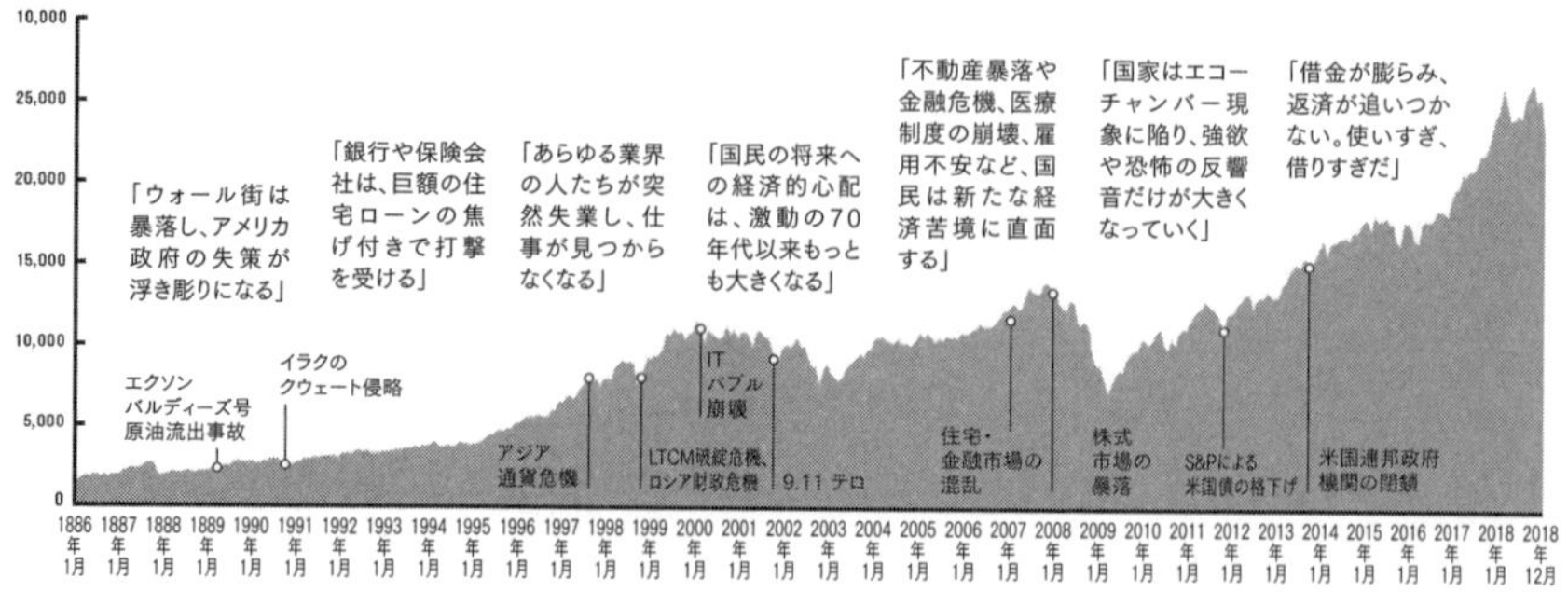

ない。そしてあなたにもお勧めしない（＊15）。

＊13 しばし考えてみよう。連邦準備制度は世界屈指の経済学者チームで運営されている。彼らが経済の行方を予測できず、将来に起こりうることの一因となる金利を操作できなかったら、いったい他に誰ができるのだろう？
＊14 またしてもノーベル賞受賞者だ。
＊15 大胆な株価予測や経済予測は毎回、聞き流そう。

●ファンドマネージャーの度重なるミス

もちろん、高値で売って安値で買うのが理想ではある。だが、私はこの業界に55年いるが、この実践法を知っている者にいまだ出会ったことがないし、実践法を知っているという人に会ったことがある人にも出会ったことはない。

——ウォーレン・バフェット

投資タイミングを判断する「市場の指標」がわれわれにはある、と主張するファンドマネージャーは星の数ほどいる。しかし、モーニングスターのマネジングダイレクターであるドン・フィリップスはこう述べている。

「主な投資手法としてマーケットタイミングを用い、長期的に優れた成績をもたらす投資信託は世界中どこを探しても見つからない」

この言述は非常に説得力がある。投資信託評価においては一流の企業の最高経営者が、マーケットタイミングは役に立たないと断言しているのだ。もし、あなたが全財産をマーケットタイミングに賭けるなら、その前にこのアドバイスに耳を傾けるべきだろう。

要するに、ファンドマネージャーがマーケットタイミングを効率的かつ継続的に見極めることができるという保証はどこにもない。長期的に的中する確率は極めて低く、そのような賭けに全財産をつぎ込むのは愚か者のすることだ。ましてや誰かに金を支払って、そのような賭けをやってもらうのは、愚鈍極まりない。連勝を狙って大きく賭けるギャンブラーを見たら、その人が本当に勝ち続けることができると、あなたは思うだろうか？

ラスベガスでもそうだが、マーケットタイミングで継続的な好結果をもたらすどころか、（わずかであろうが壊滅的であろうが）損失を出す可能性は避けられない（＊16）。これは私からのアドバイスだ。あなたの株価が値下がりする前に売却しますよ、と言うファンドマネージャーがいれば、もっとマシな者に乗り換えたほうがいいだろう。

＊16　巨大なミスを避けること。これは投資でもっとも大事なことだ。

●投資ニュースレターの度重なるミス

投資ニュースレターによって金儲けをする方法はただ一つ、それを売ることだ。
――マルコム・フォーブス(米実業家・政治家)

数万ものアメリカ人はマーケットタイミングに関するニュースレターを購読している。市場平均を上回る確率を上げるために、投資ニュースレターの最新情報に細心の注意を払う。

1994年、経済学者のジョン・グラハムとキャンベル・ハーヴィーはマーク・ハルバート(*17)から提供されたデータを分析し、ニュースレターの予測能力についての包括的な研究を行なった。二人は13年間のニュースレター237部から、1万5000件のマーケットタイミング予測を検証し、そこから衝撃的な結果を得た。ニュースレターの75パーセントが、マイナスの異常リターンを出していたのだ。つまり、大半のニュースレターの予測は不正確で、これらのアドバイスに従った人は損失を被った。

一時期は人気を博した『グランビル・マーケットレター』は年率平均リターンがマイナス5・4パーセント、そして『ザ・エリオット・ウェーブ・セオリスト』は年率平均リターンがなんとマイナス14・8パーセントだった(*18)。同期間のS&P500は年平均15・9パーセントのリターンを記録し、ニュースレターの四分の三を上回った。

「ということは、残りの25パーセントは市場平均と対等、あるいは市場平均を上回ったのだろう？」とあなたは思うかもしれない。実のところ、この研究はニュースレターの成果を誇張している。というのも株式の取引で生じたコストが反映されていないのだ。手数料や税金も考慮に入れたなら、研究結果はベンチマークをさらに下回っていただろう。

最後に、両研究者は研究を掘り下げ、勝者がはたして勝ち続けているかを調べた。結果は明らかだった。

「勝者が連勝することは、ほぼない」

そして研究者は、手厳しく明確にこう結論づけた。

「投資ニュースレターがマーケットタイミングを予測できるという確かな証拠はない」

マーク・ハルバート独自のリサーチによると、市場平均を上回ったニュースレターはいくつかあったものの、どれもその後、継続して成果を上げることができなかった。また、マーケットタイミング戦略により、長期にわたって市場平均を上回ったニュースレターは、まったくなかったという。

＊17 マーク・ハルバートは、投資ニュースレターをランク付けする「ハルバート・レーティングス」を発表している。
＊18 このニュースレターは悲観主義者のお気に入りだ。彼らは懸命に財産を増やそうとしているわりには、結局、かなりを失っている。

賢明な投資家はマーケットタイミングをどう見るか

マーケットタイミングの殿堂は無人である。

――ジェーン・ブライアント・クイン（金融ジャーナリスト）

史上もっとも偉大な投資家の中で、マーケットタイミングを支持する者は一人もいない。

19世紀にアメリカ最大の財閥を築いたJ・P・モルガンは、かつて若い投資家から市場の将来の動向について尋ねられたとき、「変動する。いいか若者よ、市場は変動するんだよ」と言った。バリュー投資の父と呼ばれ、マーケットタイミングを批判したベンジャミン・グラハムは1976年にこう言っている。

「ウォール街での60年のキャリアの中で私が学んだのは、市場の行方を予測して金儲けなどできないということだ」

いまや世界最強の運用会社であるヴァンガードの創立者、ジョン・ボーグルも、マーケットタイミングは不可能であり、無益だと繰り返し述べている。現代の投資の神様ともいわれるウォーレン・バフェットは、「マーケットタイミングは投資戦略の中で、もっともばかげている」と何度もあざ笑った。

「投資予測者が存在するのは、占い師を体裁よく見せるためだ」「私は市場のタイミングをうまく言い当てる者にお目にかかったことがない」など、彼の名言は多い。

それでは、投資家はどうすべきだろう？　なんだかんだ言っても、メディアの注目を集めるのは、経済学者や市場予測者、投資アドバイザー、ニュースレターである。なぜなら、われこそは有利に立とうと、誰もが耳寄りな情報を探しているからだ。前述の者たちが頼りにならないなら、あなたはどのように己を守ることができるのだろう？　あなたがすべきことは、投資のために確固たる計画を立て、市場がぐらつく前に地盤を固めておくことだ。私は車の中に傘を置いている。いつか雨が降るだろうし、そのとき傘が必要になるからだ。同様に、株に投資するとき、そしてポートフォリオを作成するとき、ときおり雨が降ることをあらかじめ考慮する必要がある。株式市場の場合、それは調整局面（いわば、にわか雨）や弱気相場（集中豪雨）を含む。

株価の調整局面（短期的な下落）

景気後退もあれば、株式市場の下落もある。それらが起こることを理解していなければ、心の準備ができていないということだ。それでは、株式市場で勝つことはできないだろう。

——ピーター・リンチ

死。そして税金。この二つはこの世で避けられないものだと言われている。私は、もう一つここに属するものがあると見込んでいる。「株価の調整局面（短期的な下落）」だ。なぜかって？　株価の調整局面は日常茶飯事だからだ。雨の街シアトルで雨が降るだろうと見込むのと同じようなものなのだ。

株価の調整局面について説明しよう。調整局面とは、株価が直近の高値から10パーセント、もしくはそれ以上に下落することをいう。株価が20パーセント下落すると、調整局面は弱気相場に転ずる。では、どのくらいの頻度で調整局面が起こるのか？　１９００年以降、市場は1年に1回ほど調整局面に入っている。したがって、これを理解して、乗り切る準備が必要だ。もしあなたが50歳なら、少なくとも35回の調整局面を経験する心づもりをしておくといい。

「市場が10パーセント下落してから、弱気相場に変わる前に株を売ればいいじゃないか」という声もあるだろう。だがそれは不可能だ。というのも、ほとんどの場合、調整局面は弱気相場の領域に達しないからだ。歴史的に見て、調整局面での平均的な下落率は13・5パーセントだ。ほとんどは2か月も続かず、平均的な長さはほんの54日である。実際に弱気相場に転ずるのは、2割にも満たない。要するに、市場は8割がた、調整局面から回復する。

この観点からすると、調整局面のたびに株を手放して現金化するのは非合理的だ。多くの場合、株価が切り返す直前に売ることになる。そうすると、ほんの数回でも調整局面で株を売却すると、あなたのポートフォリオは多大なダメージを被るだろう。調整局面が頻繁に起こるということも、ほとんどの場合は弱気相場に転じないということも、私たちは知っている。そして、すべての調整局面が回復してきたことも過去のデータからわかっている。ならば、短期的な下落で狼狽売りするような、愚かなことをしてはいけない。

マーケットタイミングについて言えば、株価の調整局面を予測しようと試みるファイナンシャルアドバイザーもいる。兆しがあるときもあれば、ないときもある。いずれにせよ、専門家が調整局面を予測しようと必死になっている姿はなんとも滑稽だ。どれほど市場は負けん気が強いか、どれほど専門家が調整局面を誤って予測しているか、左の図4−5を見ればわかるだろう。

次の数字は、図中の予測の日付に相当している。

1 『ジョージ・ソロス「2008年の金融危機が再来する」』マット・クリンチ、CNBC、2016年1月7日
2 『2016年、世界は再び金融危機に突入するか？』ラリー・エリオット、ガーディアン紙、2016年1月9日
3 『RBSエコノミクス、暴落前にすべてを売却するように警告』ニック・フレッチャー、ガーディアン紙、2016年1月12日
4 『戦後最悪の暴落間近』クリス・マシューズ、フォーチュン誌、2016年1月13日
5 『弱気相場突入の兆候あり』アマンダ・ディアス、CNBC、2016年1月20日
6 『最初の大暴落は間近』ハリー・デント、エコノミー&マーケット、2016年3月14日

図4-5

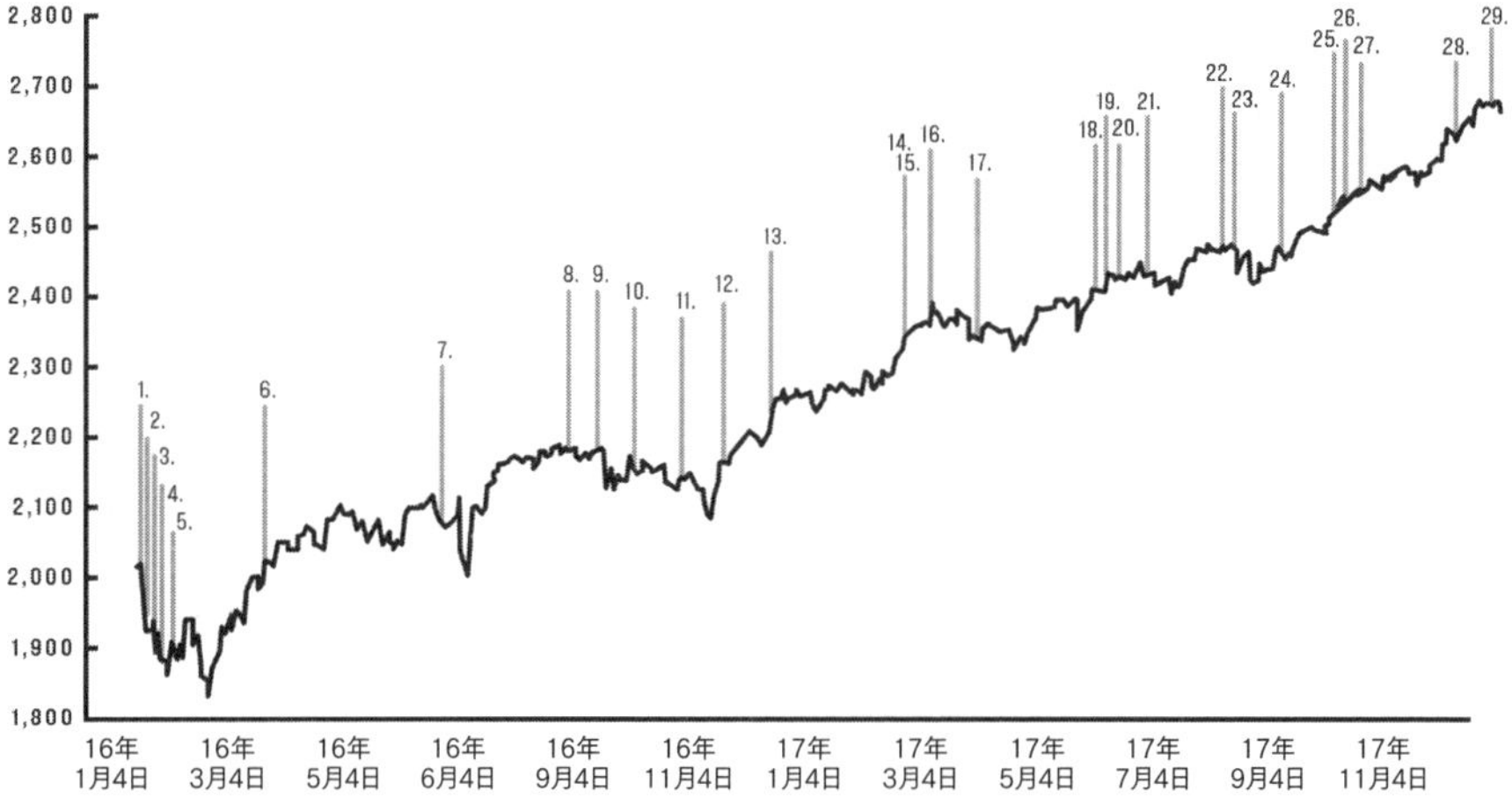

7　『世界金融危機はすでに始まっている』マイケル・T・スナイダー、シーキング・アルファ、２０１６年６月17日

8　『シティグループ「11月にトランプが勝利すれば世界的景気後退が起こりうる」』ルーク・カワ、ブルームバーグ、２０１６年８月25日

9　『株価続落、今年二度目の調整局面入りか』マイケル・A・ゲイド、マーケットウォッチ、２０１６年９月７日（15）

10　『２０１６年株価暴落の原因』、マネーモーニング、２０１６年９月26日

11　『経済学者、トランプ勝利の場合、市場は暴落すると予測』ベン・ホワイト、ポリティコ、２０１６年10月21日

12　『目前に迫る長期の世界大不況』ポール・クルーグマン、ニューヨーク・タイムズ紙、２０１６年11月８日

13　『経済学者ハリー・デント、「一生に一度」の大暴落

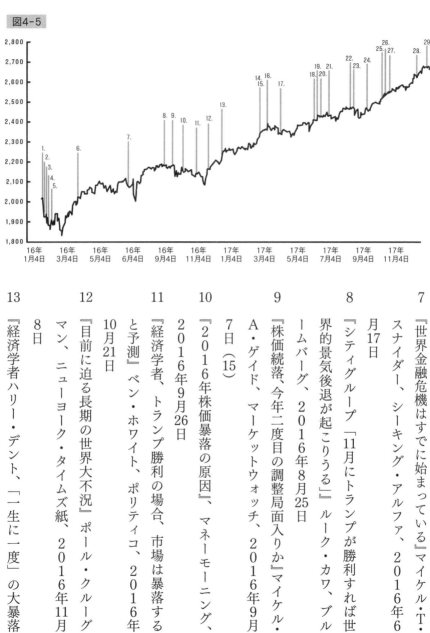

を予測。ＮＹダウは１７０００ポイントに急落する可能性も』ステファニー・ランズマン、CNBC.com、２０１６年12月10日

14 『株の売り時は今かもしれない』ローレンス・コトリコフ、シアトル・タイムズ紙、２０１７年2月12日

15 『迫りくる調整局面からあなたのポートフォリオを守る四つの方法』ジョン・ペルシノス、ストリート、２０１７年2月18日

16 『米株式相場の調整局面が不況を誘引する可能性大』アレサンドロ・ブルーノ、ロンバルディ・レター、２０１７年3月1日

17 『年内中に株価が暴落することを示す三つの兆候』マイケル・ロンバルディ、ロンバルディ・レター、２０１７年3月28日

18 『経済学者ハリー・デント、「ＮＹダウは６０００に暴落し、悪夢が始まる」と警告』ローラ・クリントン、エコノミー&マーケット、２０１７年3月30日

19 『２０１７年の株価暴落の可能性が高いと考えるべき理由』マネーモーニング、２０１７年6月2日

20 『史上最悪の暴落がくる』ジム・ロジャーズ、ヘンリー・ブロジェッドとのインタービューにて、ビジネスインサイダー、２０１７年6月9日

21 『株価は40パーセント以上急落し、「最悪の結末」になるとマーク・フェイバーが予言』ステファニー・ランズマン、ＣＮＢＣ、２０１７年6月24日

22 『夏の終わりか秋の初めに調整局面に入ると考える三つの理由』ハワード・ゴールド、マーケットウォッチ、2017年8月4日
23 『株式は深刻な調整局面に向かっている』マーク・ザンディ、フォーチュン誌、2017年8月10日
24 『覚悟せよ。調整局面入りは2か月内』シルビア・アマロ、CNBC、2017年9月5日
25 『ブラックマンデー再来か？ その四つの予兆とは』デビッド・ヨー・ウィリアムズ、ストリート、2017年10月2日
26 『株価暴落の警告、ブラックマンデーが再来する』ラナ・クレメンツ、エクスプレス、2017年10月7日
27 『モルガン・スタンレーが株価の調整局面入りを警告』ジョー・チョッリ、ビジネスインサイダー、2017年10月17日
28 『米株式市場が調整局面入りする可能性は70パーセントとヴァンガード・グループが予測』エリック・ローゼンバウム、CNBC、2017年11月29日
29 『株価の調整局面は目前に迫っている』アトラス・インベスター、シーキング・アルファ、2017年12月19日

結論はこうだ。調整局面は頻繁に起こっており、ほとんどは弱気相場に転ずることはない。過去のどの時点をとっても、株価は調整局面に入っても必ず回復している。したがって、パニックに陥らないこと、そして売却しないことだ。

S&P500の下落率（年次）と暦年リターンの比較

図4-6

下落率が年次平均で13.9%にもかかわらず、
トータルリターンは39年のうち29年がプラスである

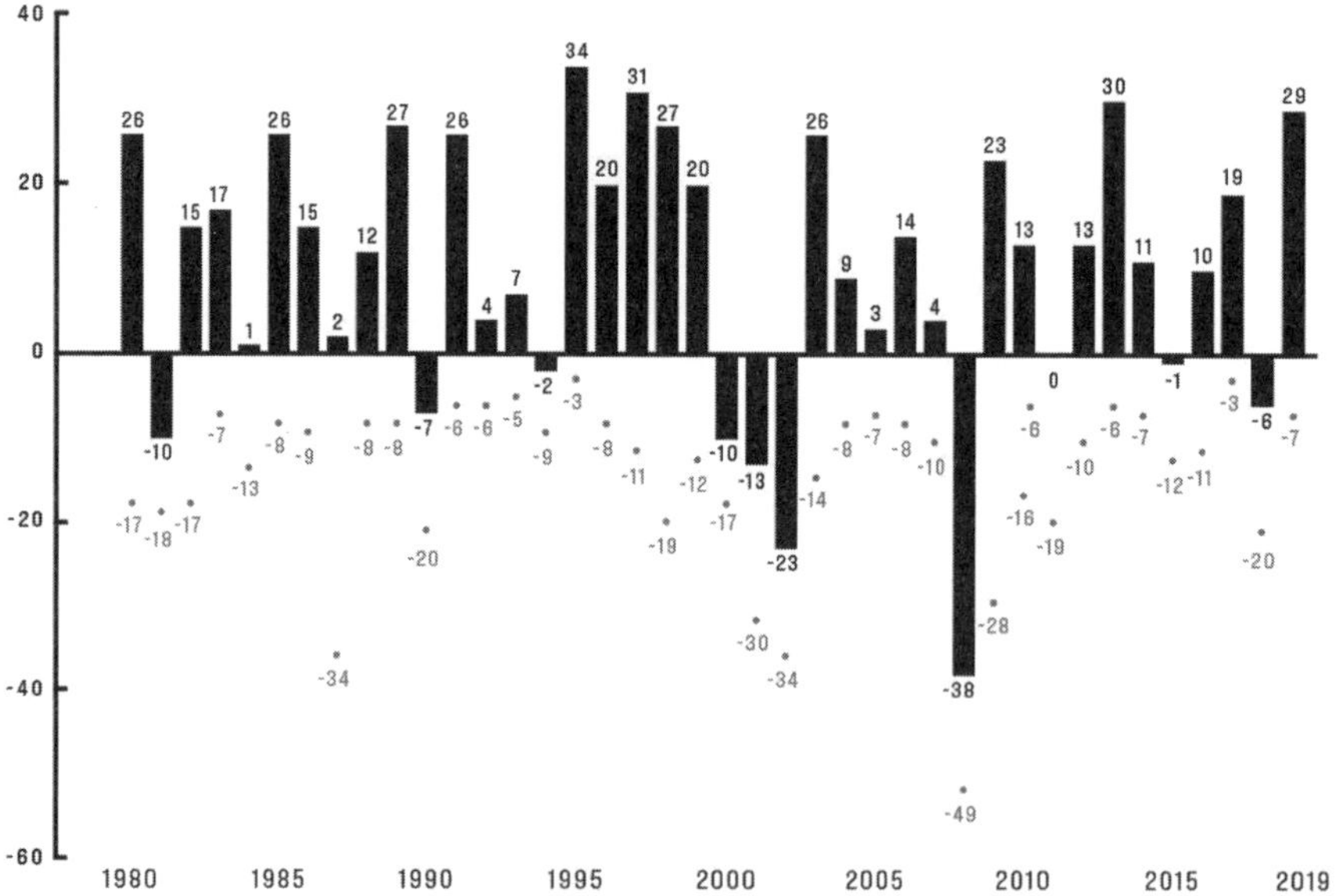

弱気相場とは

20パーセントの損失が耐え難いなら、株を買うべきじゃない
――ジョン・ボーグル

弱気相場は株価の調整局面ほど頻繁に起こらないが、それでも株式市場が弱気相場に転ずることはよくあることだ。

弱気相場とは、株価が直近の高値から20パーセント以上下落することをいい、通常3〜5年ごとに発生する。1900年以降に発生した弱気相場は35回だが、そのうち1946年以降のものは15回だ(＊19)。直近の4回は、数々の政治的・経済的危機に反映したもので、テロ事件、経済崩壊、欧州債務危機、10年の周期で発生するオイルショック(＊20)、そしてパンデミックを含む。弱気相場での平均的な下落率は33パーセント、そして三分の一以上が40パーセントに達する。

弱気相場の期間は平均でおよそ1年、そのほぼすべてが8か月から24か月以内で終わる。つまり、弱気相場は頻繁に発生するが、頻繁に終幕を迎えるということだ。

＊19　過去を美化する人たちは、歴史を知らない。暖房、冷房、室内トイレ、電話、インターネット、高度な医療システムのない古き時代に、本当に戻りたいと思っているのだろうか。
＊20　原油価格が下落すれば安すぎると不満を言い、価格が上昇すると高すぎるとまた愚痴をこぼす人たちがいる。

どんな弱気相場もいつかは上向く

投資でもっとも危険なのは、「今回は異例だ」という理由づけだ。

——ジョン・テンプルトン（投資家）

弱気相場がいずれ強気相場になるとわかっているなら、なぜ人びとは狼狽売りするのだろう？　弱気相場が起こるのは往々にして、市場の基盤を即座に劇的に揺るがすような、衝撃的な事象が起こったときだ。そして、たいがいの場合、そのような事象の背景や経緯は異なる。だから人びとは狼狽するのだ。

自由市場経済は、財やサービスを、人びとの要求に応じて供給する能力がある場合に機能する。需要と供給のバランスが良ければ、市場の均衡が保たれる（＊21）。需要と供給の釣り合いが、株価をはじめとした、世界中で売買されるすべての価格に影響を及ぼす。

弱気相場の頻度・期間・深刻度

図4-7

年	日数	S &P500の下落
1946-1947	353	-23.2%
1956-1957	564	-19.4%
1961-1962	195	-27.1%
1966	240	-25.2%
1968-1970	543	-35.9%
1973-1974	694	-45.1%
1976-1978	525	-26.6%
1981-1982	472	-24.1%
1987	101	-33.5%
1990	87	-21.2%
1998	45	-19.3%
2000-2001	546	-36.8%
2002	200	-32.0%
2007-2009	515	-57.6%

弱気相場では、需要と供給といった通常の力のバランスが大きく乱れる。たとえば、9・11同時多発テロ事件のあと、需要が減退したために、株価はこんにちのレベルを大きく下回るほど急落した。急落が止まるまでに、S&P500指数は44パーセントダウン、そしてナスダックは78パーセント下落した。テロ事件の数日後も数週間後も数か月後も、世界中の工場、各種企業やサービスは継続的に稼働しており、充分な供給力はあった。

しかし問題は、誰もが自宅に引きこもり、買い物などの社会経済を刺激する活動の多くに消極的になったことだった。他のテロ事件が起きるのではないか。政府がさらなるテロへの緊急対策を講じるのではないか。安全な生活はいつ戻るのか。当時のアメリカ国民はさまざまな心配を抱えていた。だがやがて、人びとが普段の生活を取り戻すと、需要も戻り、市場は回復して上昇軌道に乗った。

いわゆるリーマン・ショックに端を発した2008年と2009年の世界金融危機は、それとは対照的だ。その背景は誰もが知っているだろう。大手金融機関のずさんな経営と信託財産管理が発端となり、金融システムは供給不足により麻痺した。融資は凍結し、ローンを組むことも、ローンの返済を継続することも困難になった。資金の供給がないために企業が相次いで破綻し、あらゆる物品やサービスの供給を圧迫。これらによってアメリカ国民は経済的に不安定になり、大きな不安に駆られるようになった。その結果、購買意欲が激減。2009年3月9日、株価は最安値を記録し、直近の高値から53パーセント下落した。

しかし、金融機関に対する援助（公的資本の供給）、消費者への減税、貸出金利の引き下げや消費者保護対策などの連邦政府の介入が始まり、厳しい状況は徐々に緩和されていった。政府の援助やあらゆる措置が、ようやく金融システムを安定させ、国民の購買意欲を刺激した（需要の増加）。そうして、少しずつ生活は平常に戻り、株式市場は回復して、再び成長軌道に乗った。

２０２０年1月初旬、のちにＣＯＶＩＤ-19と呼ばれるようになった新型コロナウイルスが世界を襲った。新型コロナウイルスは伝染力が強いだけではなく、肺などの臓器に深刻なダメージを与え、短期間に感染者を死に至らしめることもある。最初の数か月で世界中に拡大し、40万人が感染、２万人が命を失った。激増する感染者数や死者数、事業の閉鎖、隔離措置に関するニュースが来る日も来る日も第一面を埋めると、世界の株価は数週間で30パーセント以上、下落した。

このパンデミックにおいて、市場は深刻な打撃を受け、供給ショックと需要ショックが併発した。隔離措置が敷かれる前から、人びとは映画館やショッピングモールやスポーツイベントなどの人混みを避け、感染リスクを抑える努力をしてきた。それにより物品やサービスへの需要が喪失した。同時に、工場や商店は感染防止のために一時閉鎖され、旅行規制が敷かれると、航空便やクルーズ船、ホテル、テーマパークも営業停止を余儀なくされた。それにより供給もひっ迫した。混乱はどのくらい続くのか、回復までのどのくらいの時間を要するのか。社会の経済不安は募り、いっそう深刻な需要・供給ショックを招く結果となった。

その一方で、他の、新しい変化も現れはじめた。政府が経済活性化のために思い切った政策を打ち出した。国民は個人間の社会的距離を保ちつつも、生活に不可欠な物品やサービスを供給できるよう経済活動を再開した。医療機関や研究者たちによる治療法やワクチンの開発が進むにつれて、将来への展望も少しずつ開けてきた。徐々に、だが確実に、以前の強気相場と将来の繁栄の間の架け橋が構築されていった。

もちろん株式市場の歴史を知る人は、このサイクルを十分に理解している。われわれは過去にも、数々の弱気相場を経験し克服してきた。近年の株価大暴落を目の当たりにしてきた人は、当初の混乱や胸中にわき上がる激しい動揺も、そのあとに続いた景気回復や経済成長も、鮮明に覚えているはずだ。

株価の急落、そしてそれに続く弱気相場はいつのときでも、異なる状況下で発生する。そして「今回こそは異例の事態」と、投資家たちが信じてパニックに陥るのが、事態を悪化させる主要原因だ。それぞれの弱気相場の背景は異なる。たとえば、コンピュータ問題、インターネットバブル、テロ事件、紛争、流動性危機、パンデミック、病気の世界的蔓延など、急落の理由はいくらでもあるだろう。しかし、それでも結果はいつも同じだ。経済は必ず復活し、力強く着実に発展していく。

次回の弱気相場に遭遇したとき、過去80年間に近代社会が耐え忍んできた困難の数々を思い出してほしい。第二次世界大戦（１９４０年代）やベトナム戦争（60年・70年代）、超インフレ（70年・80年代）、オイルショック（70年・80年代）、不動産・金融機関破綻（米、80年代）、新興市場の金融危機（80年代）、ブラックマンデー（１９８７年）、アジア通貨危機（１９９０年代）、インターネットバブルの崩壊（２０００年代）、９・11同時多発テロ事件とアフガニスタン・イラク侵攻（２００１年）、そして世界金融危機（２００８年）がそうだ（＊22）。

もし経済がこれらの危機を克服してきたならば、次の弱気相場だって乗り越えることができるはずだ。そして前述のものは、歴史に残る緊急事態であった。だが、星の数ほどのピンチは、往々にして訪れる。米国内での信用格付けの引き下げであろうが、予算審議であろうが、選挙であろうが、あるいはその日のニュースヘッドラインであろうが、投資予測者はそれらを理由に弱気相場を予測する。たとえば、２０１８年12月、アメリカの株価は直近の高値から19・８パーセント下落し、弱気相場の領域に達する手前でとどまった。その要因は、中国との通商協議の一時的な行き詰まりだった。

弱気相場は避けようがなく、予測も不可能だ。調整局面と同様で、弱気相場に転じるタイミングを確実かつ継続的に読むなど、誰にもできない。

弱気相場に乗じて利益をあげたければ、売りと買いの絶好のタイミングを押さえ、百戦百勝するノウハウを身につける必要がある。それをマスターした人を見つけ出して伝授してもらうといいだろう。しかし、どこを探しても、そんな人物はいやしない。都市伝説の存在だからだ（＊23）。

そんな人物がいたっておかしくない、と信じたい気持ちはわかる。実在しないとわかりながらも、それを認めることができない人もいるだろう。だが、いずれは、事実を受け入れるべきだ。あなたがそのような人物を追い求める限り、そのような人物になりすます輩は多い。

「でも、先日のテレビ番組に、株価暴落を言い当てた専門家が出ていたぞ」とあなたは言うだろう。

だが、予測をする人たちのほとんどは、常になにか好ましくないことが起こると予測するものだ。そして、ヘタな鉄砲も数撃てば当たるように、いつか偶然に的を射ることもある。残念なことに、テレビに出演する有名投資家がマーケットタイミングを言い当てる確率は非常に低い。

＊21 これは世界で一番短いレクチャーだ。
＊22 アメリカとその経済は、パラシュートパンツやニーソックス（2回も）、ネオン色のベースボールキャップ、そしてカーダシアン・ファミリーにも耐えて生き延びてきた。われわれには行く手を遮るものは、もはやなにもない。
＊23 その人物はラ・ラ・ランド（至福の世界）に妖精や不思議の国の白ウサギとともに生きている。私たちはもちろん知識人であるから、それらが存在しないことは百も承知だろう。

弱気相場で傍観していると馬鹿を見る

株を買う、または売るべきタイミングを知らせる警笛を信用するな。常に正確に警笛を鳴らすことができる者を私は知らないし、そんな人物にお目にかかったことがある人にも会ったことがない。

——ジョン・ボーグル

マーケットタイミングを正確かつ連続的に計ることは不可能だと何度もお伝えしたが、あなたもこ

弱気相場から強気相場への移行

図4-8

年	その後12か月間の変動(S&P500)
1949年1月13日	42.07%
1957年10月22日	31.02%
1962年6月22日	32.66%
1970年3月26日	43.73%
1974年10月3日	37.96%
1982年8月12日	59.40%
1987年12月4日	22.40%
2001年9月11日	-12.50%
2002年7月23日	17.94%
2009年3月9日	69.49%

れに同意してくれることを願う。

しかし、あなたはまだこう思っていないだろうか？

「せめて状況が安定するまで現金として保管して、あとで様子を見て株を買い戻せばいいじゃないか。それで大した損はしないだろう」

残念ながら、そんなに都合よくはいかない。ある朝、「強気相場が今から始まりますよ」といったお知らせメールが届くことはないのだ。実際には、市場は幾度かフライングを繰り返したあと、突如ロケットのごとく勢いよくスタートを切り、上昇軌道に乗ることが多い（そしてマーケットタイミングを狙う人びとは、砂埃《すなぼこり》の中に取り残される羽目になる）。前ページの図4-8を見れば、それがよくわかるだろう。

変動は当たり前

株式市場は、辛抱できない者から忍耐強い者へ富を移すようにできている。その認識が、私たちの「慎重な」行動に反映されている。

――ウォーレン・バフェット

これまでに、株価の調整局面がまったくない年も、弱気相場に転じなかった年もあった。年の終わりに堅実なリターンがもたらされることもあった。振り返れば、なんと気楽だったのかと思える。とはいえ、そのような事例は極めて稀だ。
1980年以降、株価の下落率は年次平均13・9パーセントだが、過去39年間のうち29回は、プラス利益をもたらしている。株価は振れ幅が大きく、変動を繰り返している。だから、あなたも変動に慣れるべきだ。いやむしろ、それを嬉々として受け入れて、享受すべきだろう（*24）。

すでに繰り返し述べたように、弱気相場はけっして珍しい現象ではない。もしあなたが55歳ならば、この先、少なくとも7回の弱気相場を経験するだろう。そのたびに、あなたはパニックに陥るだろうか？　あなたは毎回株を売り、のちに買い戻すだろうか？　いや、賢いあなたは、そんなことはしないはずだ。株価が調整局面から必ず回復するように、弱気相場もいつかは底を打つ。ならば、なぜ非常に多くの投資家が狼狽売りするのか？

それは、ほとんどの場合、投資の判断は合理的な思考プロセスを経て導かれるのではなく、感情に左右されているからだ。

*24　人は株価の調整局面や弱気相場をチャンス（または思いがけないプレゼント）として享受できるようになったら、ベテランの域に達する。

景気に対する消費者の信頼感

消費者信頼感指数が役に立たないのは明白だ。
――ディーン・クローショア(米リッチモンド大学経済学教授)

弱気相場のさなか、金融メディアのコメンテーターは「消費者信頼感指数」(消費者が米国経済の健全性についてどう考えているかを反映した指数)をよく口にする。消費があってこそ経済が回るのだから、当然だろう。

経済の現状を悲観的に考えている消費者は、お金を使いたがらない。消費者の財布の紐が堅いと、企業の収益が下がる。企業の収益が下がると、市況は回復しない――といった一連の考えは筋が通っている。ただし、そこには一つ盲点がある。というのも、市場のフォーカスは、現在ではないからだ。市場は、いつも将来を見据えている。市場の観点からすると、現在の経済状態や消費者の気分などは、将来に待ち受ける可能性と比べると、さほど重要ではない。実のところ、強気市場は、投資家が将来をもっとも悲観的に考えているときに生まれる傾向が強いのだ。図4-9は、消費者信頼感が60パーセント未満の時点から12か月の間の、株式市場の動向を表わしている。

消費者信頼感指数は必要か？

図4-9

消費者信頼感 ＜ 60％	その後12か月間の騰落率（S&P 500）
1974	+37%
1980	+32%
1990	+30%
2008	+60%
2011	+15%

自分に最適な投資法を見つけるための心得

汝自身を知れ

――ソクラテス

私には三人の子どもがいる。一緒に遊園地に行くたびに、子どもたちはさまざまなローラーコースターを品定めする。年下の子が退屈するローラーコースターもあれば、年上の子が興奮するものもある。長男はまだ幼かったとき、「今回はやめておく」という眼差しで、上下逆さまにスピンする絶叫マシンを眺めていたものだ。毎回、どのローラーコースターなら自分に適していて楽しめるのか、子どもそれぞれが自問するプロセスがあった。

これまで、子どもたちがどんなローラーコースターを選択しようと、私はいつも一緒に乗っていた。それが最近では、乗っている最中に後悔することが多くなった。とりわけ、信じられないほどの高さをジリジリとマシンが昇っていくとき、そしてそのあとに続く、吐き気を催すような急降下のときがそうだ。そんなときでも、動いているローラーコースターから飛び降りるのは得策ではないと私は理解している。むしろ、こう思う。最後まで手すりをしっかりと握っていたら、無事ゴールにたどり着く確率は高い、と。

市場もこれと同じだ。債券市場は、どちらかというとレゴランドの幼児向けアトラクションのようなもので、ほぼ誰でも乗り切ることができる。株式市場は、シックス・フラッグス（北米各地にある遊園地）の絶叫マシンみたいで、ツイストやターンがあって興奮度が高い。不動産市場は、ディズニーワールドのスペースマウンテンのように、速くて暗い。そして、商品市場はというと、垂直のドロップタワーに近く、いつ落下するかわからない。上下する激しい動きがスリリングでたまらないと言う人もいれば、気持ち悪くてダメと言う人もいる。だが、いずれの場合にも共通しているのは、なんでこんなローラーコースターに乗ってしまったのかと後悔する人にでさえ、いつかは平穏がやってくるという点だ。

自分に最適なローラーコースターを見つけるには、地上に立っているとき（つまり、市場が比較的安定しているとき）に吟味するのが一番良い方法だろう。そのほうが、ローラーコースターが動き出してからよりも、はるかに判断しやすい。

とはいえ、言うは易しく、行なうは難しい。アメリカ人は忘れることに関しては卓越しており、この対処メカニズムは気持ちを切り替える際に大いに役立つ。かくいう私も、息子とローラーコースターを降りてから、もう二度と乗るまいと自分に誓ったことが何度もある。しかし、また息子と遊園地に行くと、前回の誓いを忘れてローラーコースターに一緒に乗ることを承知し、内臓が浮くような感覚を再び味わう羽目になるのだ。今では私は忘れ癖を改め、息子の友人を必ず一緒に連れていくようにしている。

賢い投資家は、自分のローラーコースター（投資）をカスタマイズし、さまざまなマシン（金融商品）を組み合わせて、短期、中期、長期的なニーズに応じるポートフォリオを作成している。個人の目標を達成するために、ポートフォリオはツイストやターンなどの急変にも応じる柔軟性・耐久性がある一方で、投資家自身が対応できる範囲で作成される必要がある。多くの人にとって、最適なポートフォリオは、目標に到達するまでに変動がもっとも少ないものだ。変動があなたの許容範囲を超えるものであれば、あなたの目標あるいは貯蓄プランを調整する必要がある。

マーケットタイミングの危険性を過小評価するな

株で金儲けをしようとしたことは一度もない。しかし株式市場が明日にも閉鎖し、向こう5年間再開しない可能性も想定して、私は株を買っている。

——ウォーレン・バフェット

マーケットタイミングが非効果的な戦略であることを、これまでにお話ししてきた。「それがどうしたっていうんだ？　少しくらい損しても、現金が無事に手元にあったほうがマシだろう」と思っている人はまだいるだろうか。だが、株価が下落しても、売らずにとどまるべきだ。その理由はいたってシンプルである。市場から離れるリスクのほうが、市場に残るリスクよりもはるかに大きいからだ。

こう仮定してみよう。あなたは大金を受け取った（たとえばボーナスや遺産など）。そこで、今投資するか、それとも安心して資金を投入できるような、偶発的な機会を待つかを決めようとしている。今すぐ投資するなら、起こりうる結果は三つある。

①株価が上がる(ベストの結果)。②横ばい状態のまま(それでも配当金をもらえるので不服はない)。あるいは、③株価が下がる（起こりうるが、いつまでも続かない)。

たとえ株価が下落したとしても、次の二つを思い出してほしい。①あなたはまだ配当金を受け取っている。②株価はいずれ、再び上昇する。

つまり、投資しつづけていても、失うものはなにもないということだ。そして、いかなる株価の下落も一時的で、長期投資では取るに足らない変動である。

それでは、現金を手元に持ちつづけるとしたら？　そこでも同じく三つの可能性があるが、起こりうる結果は異なる。

①価値が上がる（しかし運用益はない)。②横ばい状態のまま（預金口座の利息は0・006パーセント)。③価値が下がる（以前に投資を尻込みしていたあなたは、株の値下がりが売却のタイミングだとまだ思っているだろうか？　答えは当然ながらノーだろう)。

ほとんどの人が見落としているのは、株価が上向きになったときにまだ現金を持っているなら、利益を得る機会を永遠に失った可能性がある、ということだ。確かに、近い将来に株価が再び下がる可能性はある。しかし、その下落は以前ほど深刻でないだろう。以前のレベルまで株価が下がらないとしたら、株をすでに現金化した投資家たちは、もはや損失を取り戻すことはできない。2008年の金融危機の際に、周囲の悲観的思考に感化されて株を現金化した人びとに聞いてみるといい。その後、株式市場は急騰した。

傍観席から眺めているだけであれば、上昇傾向からの利益を得ることは永久にない。一方で、現在も投資する人たちに起こりうる最悪の事態は、株価の一時的な下落だ。その差は大きい。

自分こそは完璧な人間だ（*25）

苦境のときに「離れ」、楽境のときに「加わる」のは、不誠実な人のみだ。

——バーナード・バルーク（政治家・投資家）

反証があるにもかかわらず、自分が「ミスター・パーフェクト」だと信じて疑わない人はいる。自分こそは投資のパーフェクトタイミングを知っている、自分は特別だ、私が提示したすべてのデータは自分に当てはまらない、と断固主張する人だ。そのような人たちが本当に完璧に投資できるのかを

マーケットタイミングさえ惰性に勝つ
マーケットタイミングの効果調査（1993年〜2012年）

図4-10

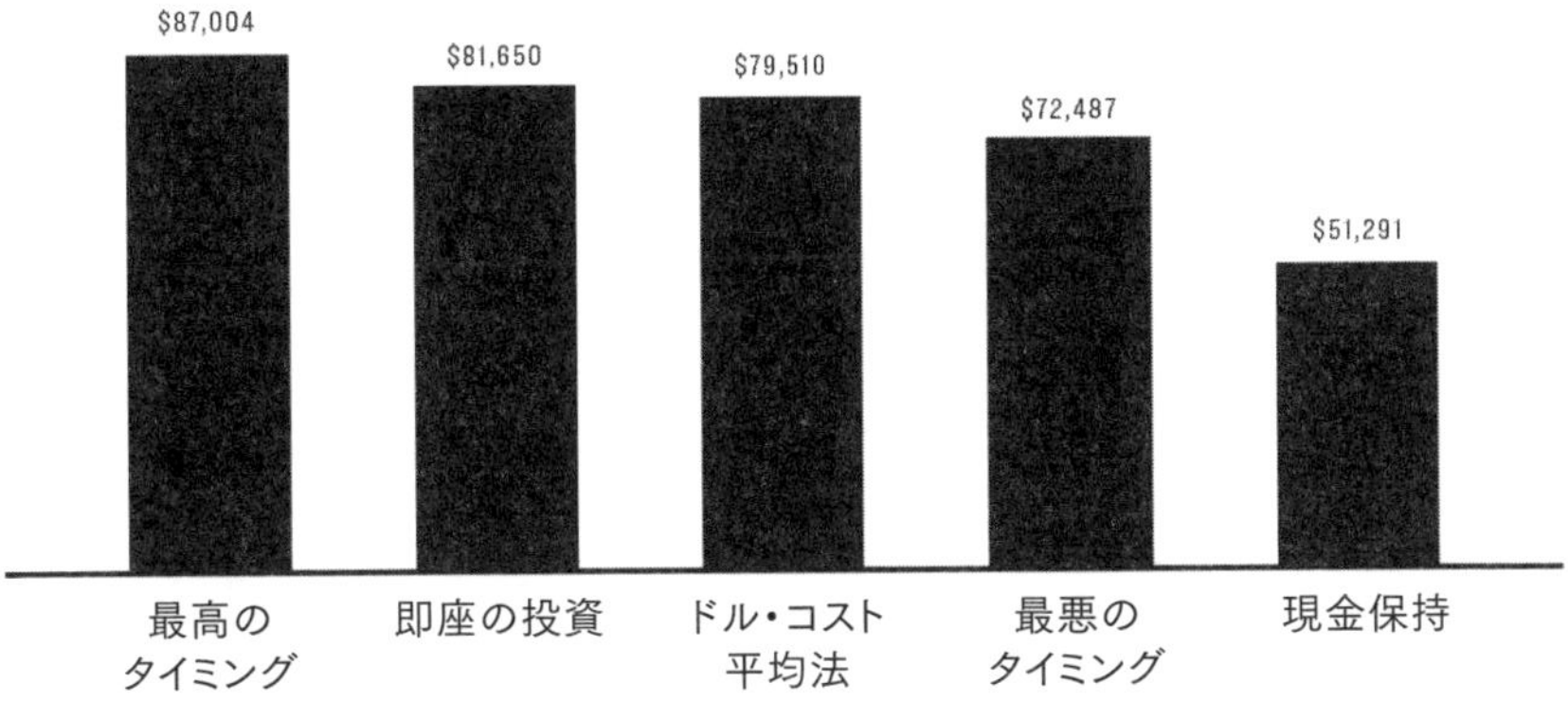

調査した専門家がいる。シュワブ金融調査センターは、被験者の投資家に20年間にわたり毎年、現金2000ドルを手渡して、次の五つの中から一つを選択してもらい、その結果を評価した。

1．現金をそのまま残しておく。
2．毎年、全額を即座に投資する。
3．ドル・コスト平均法（＊26）**（＝定額購入法。一度に金融商品を購入せず、資金を分割して均等額ずつ定期的に継続して積立投資をする方法）で投資する。**
4．毎年すべてを株価が最安値のときに無作為に投資する（最悪のタイミング）。
5．毎年すべてを株価が最高値のときに無作為に投資する（最高のタイミング）。

結果は予想を反し、驚くべきものだった。最高のタイミングで投資した被験者は、最終的に8万7004

ドルを手に入れ、毎回全額を即座に投資した者は、8万1650ドルと二番手に甘んじた。もしあなたが、持ち金すべてを20年間にわたり毎年完璧な日に投資するといった技を極めていないとしたら、すべてを即座に投資するのが合理的な妥協案、ということになる。両者の利益には6000ドルほどの差があるが、取るに足らないほどだ。また、最悪のタイミングで投資した者でさえ、現金を保持した者よりも2000ドルほど多く利益を生んだのは、注目に値する。要するに、結論はまたしてもこうだ。投資するほうが、なにもしないより得である。

＊25 母親の言ったことすべてを鵜呑みにしてはいけない。
＊26 ドル・コスト平均法とは、常に一定金額を定期的に投資する方法だ。

飛躍するための学び

俺は翼を持たない。それでも飛び立とうと努力している。

——トム・ペティ

どの若鳥にも巣立ちのときがやってくる——安全な場所から飛び出し、未知の世界へと舞い立つときが。これを試み、しくじり、地面に真っ逆さまに落ちた投資家は数多い。巣に戻り、再び飛び立つタイミングをうかがっている。

過去のどの時点を見ても、株式市場が誰かから1ドルでも奪い取った例はない。投資知識に乏しくても、S&P500の株を買い、過去10年や20年、あるいは30年にわたって大きな収益を上げた人はたくさんいる。

一方で、ポートフォリオが不適切だった、あるいは雇ったアドバイザーがマーケットタイミングや銘柄の選択でミスをおかしたことが原因で、大損を被った投資家は多い。だが、最大の損をしているのは、理論的に見て、現金を保持している者や投資自体を拒む人びとだ。現在、過去のいずれかの時点で株を買った人のほうが、現金のまま保管していた人よりも、利益を得る可能性が高い。俗にいう「もっとも運の悪い」投資家の例を見てよう。

1987年の大暴落直前に株を買った人　S&P500指数　334
1990年代前半の景気後退直前に株を買った人　S&P500指数　664
9・11テロ事件前日に株を買った人　S&P500指数　1096
2007年の高値で株を買った人　S&P500指数　1526

前述の人たちは非常に悪いタイミングで投資したわけだが、巣の中で飛び立つタイミングをうかがっていた鳥よりも、良い結果を得ている。本書執筆時点で、S&P500の株価指数は2830だ。

大局的に見た株式市場の変動

一時的な変動は熟練の投資家にとっても試練だ。
株価の変動は、長期的な収益を得るための代償であると歴史が教えてくれる

図4-11

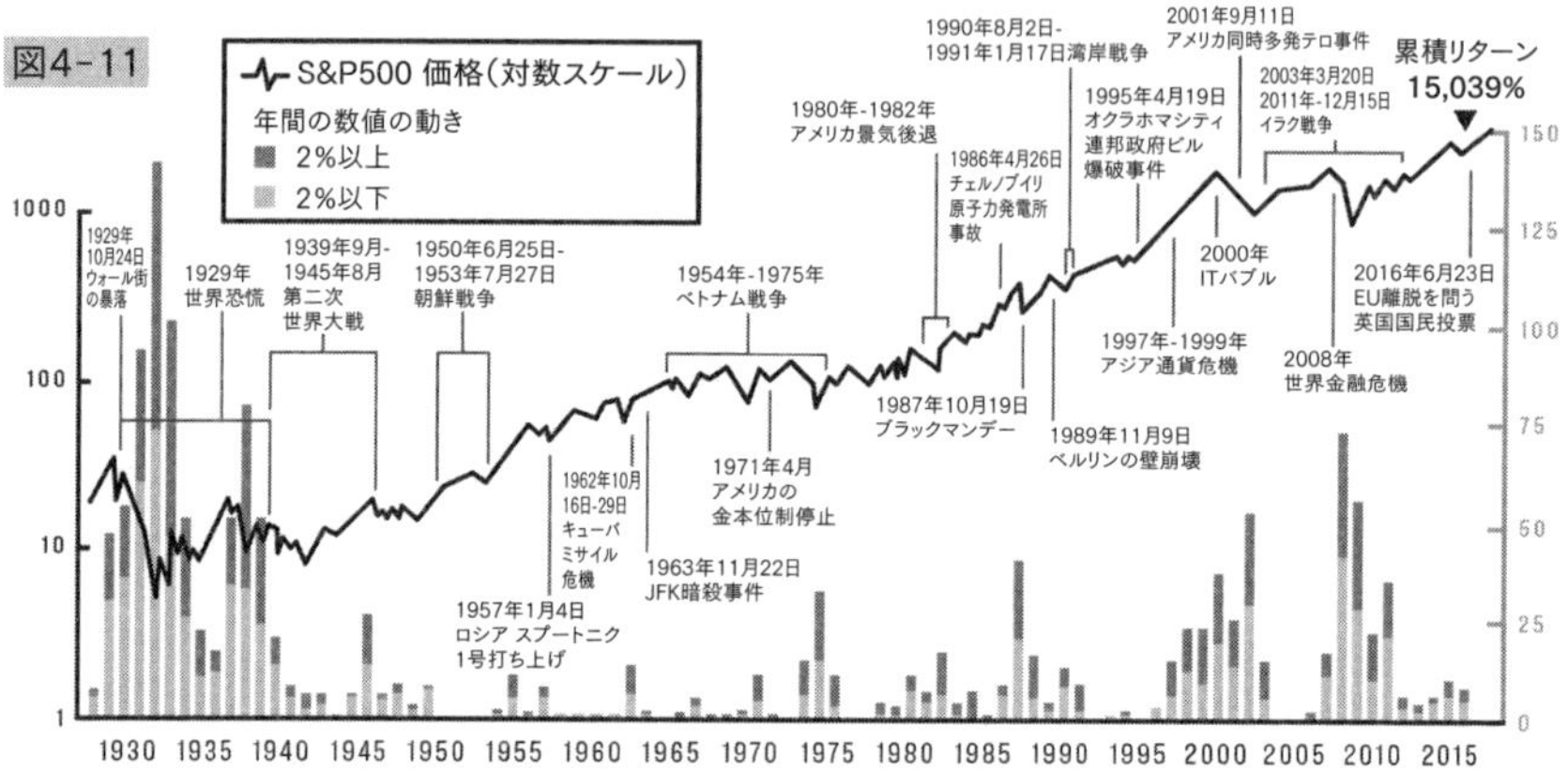

しかし平均2パーセント以上の配当金（2007年以降の460ポイント増加に相当）はこれに含まれていない。要するに、現在、最悪のタイミングで株を買った人でさえ、現金を抱えながら安定期を待っていた人よりも、資産構築において大きくリードしている。

「過去最大の下落率」といったメディアのヘッドラインに怯える人は多い。その気持ちはよくわかる。だが、下落はありがちなものだ。下落のニュースを耳にするたびに怯えていると、株式市場で始終不安を抱えることになるだろう。

それじゃあ、いつも調整局面や急落が終わったあとに株を買えばいいじゃないか、といった対策法を思いつく人もいるだろう。しかし、調整局面や急落がいつ起こるか、とりわけ、その前に株価がどれほど上昇するかは誰にもわからない。ダウ

平均株価が2万5000ドルから2万6000ドルに上がり、再び2万5000ドルに戻った場合でも、札束の上にあぐらをかいているだけでは配当金は得られない。また、ダウ平均株価が2万5000ドルのときにすでに動揺し、2万3000ドルで嬉々として投資する人もいないはずだ。展望の良いときにすでに神経をとがらせているなら、見通しが少し悪くなったときはもっと悲観的になるだろう。

どんな緊急事態や危機が起ころうとも、株式市場は間違いなく生き延び、苦境を克服する方法を見つけるだろう。実際に、いつもそうしてきた。図4-11がそれを明確に表わしている。

市場はいつも、市場の役割を果たす。調整局面も弱気市場も頻繁に、当たり前のように発生する。そしてどんなファンドマネージャーも、経済学者も、予測者も、売買のベストタイミングを計ることはできない。これら二つを理解することが、どのように株式市場が機能するかを真に理解するための、最初の大きな一歩である。熟練した投資家にとっても、投資の適切な時期は、常に「今」だ。過ぎ去った日は、もはや選択肢ではない。

さあ、市場とともに飛躍しよう。ここで集めた知識が、あなたの翼となってくれるはずだ。

第5章 成功を阻む心理

by ピーター・マローク

投資家にとって最重要な資質は、知性よりも気性だ。

——ウォーレン・バフェット

人間には生来、優秀な投資家になる適性がない。もともと、そのように私たちはつくられていないのだ。変化に対して用心深く、そのくせ衝動的になりやすい。事実よりも、感情や「直感」に頼って決断を下すことが多い。

誰もが潜在的に持っているバイアスは、育つ過程で知らず知らずのうちに脳に刻みこまれていく。バイアスが私たちを誤った道へ導くこともある。厳選したルートをたどっていても、バイアスで目が曇り、崖っぷちから足を踏み外すかもしれない。ゴールを見失わずに正しい道を進むには、バイアスを認識し、バイアスが掛からないように身を守る必要がある。

入念なリサーチを行なう、マーケットタイミングや注目銘柄に関するニュースレターを読みあさる、オンラインサービスを利用する、頻繁に金融ニュースを観る——これらは、投資に関心のある人の大方がやっていることだ。情報を得れば得るほど博識になり、過ちをおかす可能性が少なくなる、と思うわけだ。だがご存じのように、投資はそんなものではない。ある程度の知識があり、本書で述べる基本原則を理解している人なら、おそらく大半の投資家よりも良い成績をあげることができるだろう。重要なのは、パニックに陥らないことだ。

とはいえ、残念ながら、あなたを失敗に導く要素は非常に多い。前章で、ブローカーを使う、マーケットタイミングを計るなど、利益よりも害をもたらす可能性のある戦略に着目した。しかし、私の経験から言うと、投資においてもっとも危険なのは、一時の感情に流されることだ。したがって、あなたを操る内的な力を認識することが、意識的に自分を守り、失敗を回避する鍵となる。では、人の心の奥底をのぞいてみよう。

恐れ・強欲とハーディング

> 他の人びとが強欲なときに恐れ、他の人びとが恐れているときに強欲になるがいい
>
> ――ウォーレン・バフェット

2014年のインタビューで、連邦制度準備理事会の前議長であったアラン・グリーンスパンは過

去を振り返って、経験から学んだことを詳細に語った。興味深いことに、そこで彼が述べたのは経済的・歴史的解析ではなく、人間の習性に関する自身の見解だった。

歯を食いしばり、株価の短期的な下落を、そして長期的な下落さえも無視できる人なら、利益をあげることができるだろう。全財産をつぎ込んで株を買い、家に戻ってからはポートフォリオをいっさい見てはいけない。そうすれば、トレードを試みるよりも、利益はぐんと増える。なぜかというと、恐れと高揚感は非対称的なものだからだ(*27)。もっとも成功している投資家というのは、恐れと高揚感は取引可能な概念だと理解しているため、失敗することがない。確かに安定性は重要だが、それがあまりにも重視されるために、役に立たない統計や分析や、許し難いほど質の悪いニュースレターがさらに増えている。まったくナンセンスだ。

グリーンスパンが長年の経験から学んだのは、情報の大部分が無益であること、そして一流の投資家はけっして恐怖心から株を売却せず、他の人たちが動揺しているときを買いのチャンスとして利用する、ということだ。つまり、グリーンスパンからの究極のアドバイスは「己の恐れと強欲をコントロールせよ」。自分の感情に流されず、ハーディング(非合理的であっても、群衆の動きに追随して行動する現象)を避けると、すべてが正しい方向へと進んでいく。これは、在任中に世界経済でもっとも影響力があるといわれた人物からの、なかなか興味深い洞察である。

図5-1

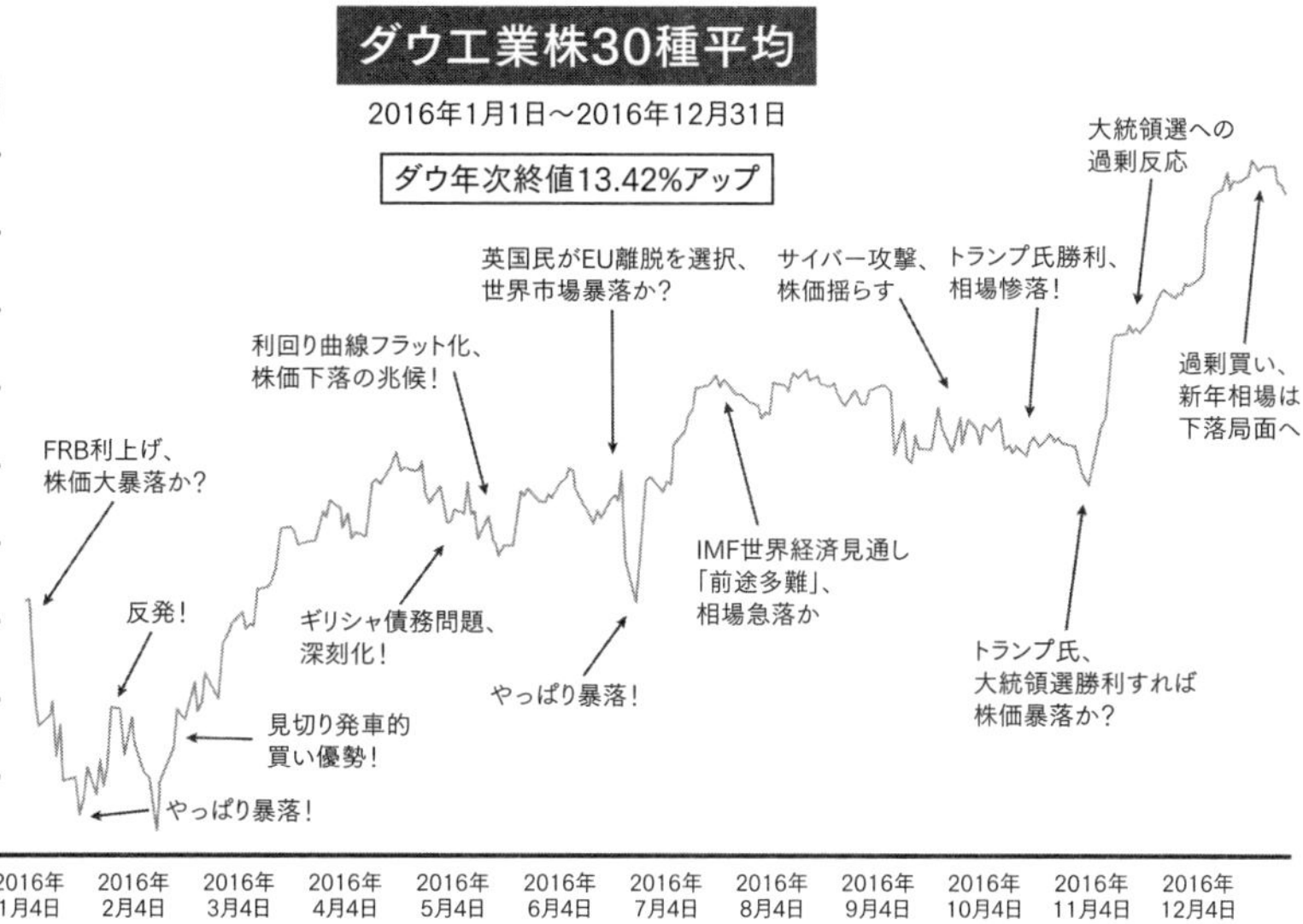

図5–1は、2016年の株式市場の値動きを、解説とともに表わしている。これらの解説に見覚えがあるだろう。人びとの恐れと強欲を反映しており、投資での最悪な決断の多くがそれらの感情に起因する。

恐れと強欲は、私たちの人生における脅威（そして人の醜い側面）だ。日々の生活に影響を与え、投資家に悲惨な結果をもたらすこともある。投資界の偉人は己の恐怖心と強欲をコントロールする術を身につけているわけだが、未熟な投資家は、とりわけ主要金融メディアやカリスマ的専門家や投資予測者が混乱をあおる状況下では、これらの感情の犠牲になる可能性が高い。恐れと強欲に、さらにハーディング効果（大多数の人と同じ行動をとることで安心感を得ようとする心理現象）が加わったとき、火に油を注ぐ結果となることが多

投資家のキャッシュフロー

図5-2

	日付	株式組入率	2年間の投資家キャッシュフロー（単位 百万ドル） 株式ファンド	債券ファンド	株式市場動向（累計） 以前2年間	以降2年間
90年代初期の強気相場	1993年1月31日	34%	–	–	–	–
強気相場ピーク	2000年3月31日	62%	$393,225	$5,100	41%	-23%
弱気相場大底	2003年2月28日	40%	$71,815	$221,475	-29%	53%
強気相場ピーク	2007年10月31日	62%	$424,193	$173,907	34%	-29%
弱気相場大底	2009年2月28日	37%	-49,942	-83,921	-51%	94%

い。

人は、本能的に群集の中で動き、大勢の行動に追随し同調することで安心感を得ている。株価が下がり、メディアから友人に至るまでの周囲の人びとが「売れ！」と叫んでいると、集団本能（＋恐れという不可抗力）が群衆の声に従うように私たちを導く。株価が上がり、「さあ買うぞ！」という声が周囲から一斉に上がれば、集団本能（＋強欲という不可抗力）が、群衆に加わるように私たちの背中を押す。

周りの人と同じ行動をとる本能は、原始時代のマンモス狩りでは大いに役立ったが、現代の投資においては破滅的だ。株価が下落すると、損失を恐れる投資家たちが売りを急ぎ、株価が上昇すると、投資家たちは強欲になり買いに走る。そうして、人びとは群を成して、「悪い」タイミングで「悪い」方向へと一斉に動くわけだ。この現象は図5-2が示すように、ほぼいつも、強気相場および弱気相場で起こる。

株式市場が持続的に成長しているのにもかかわらず、投資家は常に恐怖・強欲に駆られ、自分のポートフォリオに回復困難な損失を与えている。弱気相場のとき、投資家は売り越す（売りつづける）ことが多い。もし、なにもしなかったならば、相応の利益を得ることができるはずだ。

それとは対照的に、賢い投資家は、弱気相場をチャンスと捉えて、より多くを買う。これは「オポチュニスティック・リバランス（機に乗じたバランス修正）」と呼ばれる手法だ。大きな下落は、欲しかった資産・銘柄を値下がりに便乗して買い増す機会である。たとえば、債券の一部を売り、値下がりした株を買う。ポートフォリオの回復が不可欠なとき、この手法はとても有効だ。

このアプローチは必ず成果をもたらすが、成果が現れるまでに時間を要することが唯一の問題である。伝説的なキャリアを持つウォーレン・バフェットは、他の投資家がパニックに陥った時期でも、積極的に買い増して、常に最適なポートフォリオを維持してきた。バフェットいわく、投資家は「他の人が強欲なときに恐れ、他の人が恐れているときに強欲になるべし」。恐れや強欲、そしてハーディングの落とし穴を回避しようと励む投資家に対する、貴重なアドバイスだ（*28）。

「投資には多大なストレスがつきもので、そのストレスこそ、われわれが困難な局面で感情的になり――多くの場合、恐怖心にとらわれて――間違った決断を下す原因なのです」と、マーケットサイク

（行動経済学の観点から市場を分析する企業）の共同創立者フランク・マーサ博士は述べている。マーサ博士によると、恐怖心による決断は、経済的な目標の達成を妨げる。それら決断の核にあるのが経済的なニーズではなく、感情的なニーズであり、とりわけ「事態を再び掌握したい」という欲望だからだ。投資で成功したければ、経済的な決断を下す際に自分の感情を取り除くこと。これによりパニックや軽はずみな決断を防ぐのはもとより、株価の変動がもたらす機会をうまく利用できるようになる。変動を破壊的要素として見るより、成長を促進させるツールとして認識すべきだ。

＊27 グリーンスパンは、「強欲」のかわりに「高揚感」という言葉を使っている。
＊28 バフェットの投資アドバイスは有益だが、彼の食事習慣はあまりいい手本ではない。彼が毎日マクドナルドの朝食をとり、好んでチェリーコーラを飲むのは有名な話だ。健康には良くない。

確証バイアスが経済的自由の邪魔をする

確証バイアスは、人類の永遠の敵だ。私たちの意見も見識も、すべてが私たちの長年にわたる偏見に基づいている。私たちは、狭い視野でものごとを捉え、己の固定観念を裏付ける情報だけを無意識に選び、受け入れる。

——イナ・カトリネスク（セラピスト、作家）

ニューヨークでクライアントとの話し合いを終えたあと、現地スタッフを夕食に誘ったことがある。彼らが私に強く勧めたのは、地元のステーキハウスだった。カンザスの田舎から来ているから、基本的になんでも歓迎するけど、ステーキとバーベキューは食べ飽きているよ、と私が言うと、でもニューヨークのステーキは最高ですから、と彼らは言い張った。

すったもんだの挙句、彼らのお勧めのステーキハウスへと足を向けた。注文の際、赤身のステーキカットを美しく並べたワゴンが私たちのテーブルに運ばれてきた。ウエイターが一つひとつを丁寧に説明し、最後にストリップステーキ（ショートロインの部位）を指さした。このステーキは私どもが一押しする最上質です、とウエイターは言った。

「実は今日、カンザスシティから届いたばかりなんですよ」

このとき、もちろん、私の確信はいっそう強まった。やはりカンザスシティのステーキがベストなのだ。「つまり、ニューヨークではいつでもなんでも最高のものが食べられるってことですよ」と同僚は主張した。これは明らかに、職場における確証バイアスだ（＊29）。

確証バイアスとは、己の信念や見解を支持する情報を無意識に選りすぐって過大評価し、己の信念を否定する情報を過小評価したり軽視したりすることをいう。

政治を例にとろう。保守的な人はおそらく『ウォール・ストリート・ジャーナル』（ダウ・ジョーンズ社が発行する日刊経済新聞）、『ウィークリー・スタンダード』（米保守派メディアをリードしたオピニオン誌。2018年に廃刊）、『ナショナル・レビュー』（米保守派雑誌）、あるいは『ドラッジ・

リポート』（保守系のオンラインニュースサイト）を読み、「ラッシュ・リンボー・ショー」や、ショーン・ハニティーやグレン・ベックなどのラジオトーク番組を聴き、FOXニュースを観ているだろう。

対照的に、リベラル派は『ニューヨーク・タイムズ』紙、オンラインニュースの『ハフポスト』や『サロン・ドット・コム』を読み、NPR米国公共ラジオを聴き、ジョン・オリバーやビル・マーのトーク番組、あるいはニュース専門放送局MSNBCを観る。

どちらの派にしても、自分の見解を支持してくれる情報を選りすぐり、自分の見解を否定する情報を避けている。あなたはどうだろう？　どのくらい頻繁に、自分の信念にそぐわないニュース番組や政治コメンテーターに耳を傾けたり、ウェブサイトを読んだりするだろうか？　もしあなたが大半の人と同じなら、莫大な時間を費やして、自分が真実だと信じることを確証してくれる情報を探し求めているはずだ。

誰もが、財政政策からトイレットペーパーの正しい掛けかたに至るまで（＊30）、なににおいても自分が正しいと思い込み、自分の観念が正しいと示す証を常に探している。われわれの頭脳は、自分の認識（または認識していると信じているもの）に矛盾する新しい概念を受け入れることができない。この現象を心理学では「認知的不協和」という。その一方で、自分の観念に合致する情報は喜んで受け入れる。おそらく驚くことではないが、知性の高い人は正反対である。聡明な人は、自分の見解に対抗する意見をあえて探し求めて検証し、ときには自分の信念さえも見直し改める。賢明な投資家もそうだ。

確証バイアスは、ほとんどの投資家の決断に多大な影響を与えている。それを示す証拠は多い。たとえば、特定の銘柄に興味がある投資家は、自分の選択が正しいと示す情報を（オンライン掲示板などを利用して）探すことが多い。伝説の投資家と呼ばれるウォーレン・バフェットでさえ、確証バイアスに陥るときがあると自分で認めている。この対処策として、説得力を持って反論を述べることができる投資家を積極的に探しているという。

ある投資法への特別な思い入れがある場合、それが自分に適しているか徹底的に検証しよう。その投資法には、どのようなデメリットがあるだろうか？　その投資法で損をするとしたら、それはどのような状況下だろう？　その投資法にはどのようなリスクがあるだろうか？　思い入れのある戦略の潜在的な欠点を探して認識することで、自分の視野を広げ、自分の見解とは異なる新しいアイディアや意見を得ることができる。これが、良い投資家になるための秘訣だ。

＊29　確かに、カンザスシティから直送されたステーキは最高においしかった。
＊30　この道の「専門家」に言わせると、表向き（引く紙面が壁側でなく、手前に向いている）が正しい。私のように妙なこだわりがある人は、今すぐトイレに行って、直してきてほしい。

自信過剰効果

この世での問題は、賢い人ほど懐疑に満ち、無知な人ほど自信に満ちていることだ。
――チャールズ・ブコウスキー(作家・詩人)

ごく最近、あるオルタナティブ投資ファンドを提供する会社がわれわれのオフィスを訪れ、投資戦略についてプレゼンテーションを行なった。彼らが自信たっぷりな口調で、「確実に」とか「リスクフリーの」という言葉を連発したとき、私は即座に眉をひそめた。まともな投資アドバイザーなら、投資の世界には多くの未知があり、「確実」なことや「リスクフリー」はないに等しいことを知っている。この会社の代表者たちは、金融市場というものをまったく理解しておらず、無知ゆえに過信している。あるいは、金融市場を理解しているが、リスクを隠している。きっとその二つのどちらかだろうと私たちは確信した。いずれにしても、私たちの興味は即座に失せた。彼らの自信過剰がすべてを語っていたからだ。私たちはすべてのオファーを丁重に断り、足を運んでくれたことに礼を述べた。

自信過剰効果の定義では、自分の判断に対する主観的な自信は、とりわけ自信レベルが比較的高いとき、客観的な正確さをはるかに上回る。端的に言えば、人は自分が実際の能力よりも優れていて、正しいと思う傾向にある。だがこれは、自分の能力を信じ、自分に対して適度の自信を持つこととは違う。適度の自信というのは、自分の能力が自分自身を向上させ、他者以上に優れた人間になれると信じることだ。

スコット・プラウスは著書『判断力――判断と意思決定のメカニズム』（マグロウヒル・エデュケーション、浦谷計子訳）の中で、こう述べている。

「自信過剰は、誰もが陥る認知バイアスの中で『もっとも蔓延し、潜在的な危険性がある』と言われてきた。訴訟、ストライキ、紛争、そして株式市場のバブルや暴落などの原因とされている」

これは言いすぎではない。数え切れないほどの研究が、自信過剰効果が及ぼす甚大な影響を示唆している。たとえば、仮免許運転者の93パーセントが、自分は平均的な運転者よりも優れていると信じている。94パーセントの大学教授が自分は平均よりも優れた教育者だと思っている。また、自分が並よりも優れた恋人だと思わない人はいない（＊31）。

学生の素行調査は、いつも私のお気に入りだ。79パーセントの学生は、自分の素行は並よりも良いと答えた。そのうちの27パーセントが過去に万引きした経験があり、なんと60パーセントが前年にカンニングしたことがあると自ら認めたにもかかわらずだ（＊32）。

自信過剰効果は投資の世界でも多々見られ、資産形成に負の影響を与えている。経済学教授のブラッド・バーバーとテレンス・オディーンは、女性と男性の投資家の間にパフォーマンスの違いがあるかどうかを調査した。5年間にわたり3万5000世帯の投資パターンを観察したところ、男性は自分の能力を過大評価し、その結果、女性よりも45パーセント頻繁にトレードしていることがわかった。男性の過剰な売買が運用成績に影響し、男性の年率平均リターンは女性よりも2・65パーセント下回った。それればかりか、手数料や税金を女性よりも多く支払う結果となった。自信過剰は高くつくのだ。

ではプロの投資家はどうだろうか？　プロは、上場企業に関する情報をより多く入手でき、最新の分析ソフトウェアを所有し、専門的なトレーニングを受けてきた。アマチュア投資家のあなたが自分の能力に自信がないとしたら、少なくともプロの腕を期待するだろう。

ある調査では、投資アナリストが株価は上がると80パーセントの自信を持って主張した際、彼らが正確だった確率はほんの40パーセントだったことがわかった。2006年、ジェームス・モンティエが300人のプロのファンドマネージャーに能力を自己評価してもらったところ、74パーセントが自分の職務遂行能力は平均以上だと答えた。経済学教授のアンドリュー・ザカラキスとディーン・シェパードの研究では、ベンチャーキャピタリストたちが投資先企業の成功の確率について尋ねられたとき、なんと彼らの96パーセントが自己能力を過大評価した。自信過剰に関する重大な研究をもう一つ紹介しよう。

『Psychology of Intelligence Analysis（情報分析の心理学）』の著者、リチャーズ・ヒューアーは、CIAアナリストの行動バイアスについて調査し、重大な発見をした。これによると、CIAアナリストが最小限の情報をもとに判断を下すように課された際、彼らの判断の精度は情報によって上がらず、それどころか自分の判断能力を過大評価したという。

この調査結果は、自信過剰バイアスという問題の根源を浮き彫りにしている。われわれ人間は、インフォメーション（付加情報・伝聞）をおまけのインテリジェンス（知見）として捉えているのだ。これは付加情報が見識を広げるのではなく、思い込みを強化し、確信をより確固たるものにしている。これは投資においては有害だ。リサーチをすればするほど、情報を集めれば集めるほど、投資家はより頻繁にトレードを行ない、より頻繁にベンチマークを下回る。究極的には、自信過剰な投資家は、不必要な努力を続けてストレスをため、さらには貴重な時間と富を無駄にしてしまう。

自分は自信過剰になるほど愚かではない、と思っているあなたのために（＊33）、プラウスの研究から導かれた結論の一片をここに記そう。

「正確さと自信との間の矛盾は、意思決定者の知性とは無関係である」

さらには、人はより多くの情報を得ると自信の度合いが増し、よって自信過剰になる可能性が高まることが、数々の研究で明らかになっている。情報摂取もほどほどに、がベストだろう。

＊31　自分が最高の恋人だと、誰だって思っているはずだ。
＊32　研究によると、99パーセント自信があると主張する人の実際の自信度は、80パーセントだという。自信があると主張する人があまりにも多すぎて、どこまで真剣に受け取ればいいのかわからなくなる。
＊33　あなたはまさしく自分を過大評価している。

あなたの判断を歪ませる〝アンカリング効果〟

アンカリング効果は、人間の決断プロセスにおいて頻繁に見られる。
——トッド・マッケロイ、キース・ドード(心理学者)

1970年代、心理学者のダニエル・カーネマンとエイモス・トベルスキーは、一連の研究で「アンカリング効果」を特定し、この認知バイアスがあらゆる意思決定を大きく左右することを広く世間に知らしめた。

心理学での「アンカリング」とは、結論に至るために無意識に近道を選ぶ脳の傾向をいう。言い換えれば、脳は、先に得た情報を基準とし、判断を歪めて基準値に近づこうとする傾向が強い。つまり、先に得た情報が「アンカー(錨)」である。脳にアンカーが下されると、結論に至るまでの思案はすべてアンカーを中心に展開し、合理的な思考が妨げられる。答えが正しいかどうか確信できないとき、人はアンカリングバイアスに陥り、最初の情報をもとに推量することが多い。たとえば、あなたはジンバブエの人口が2000万よりも多いか少ないかと尋ねられ、多い・少ないのどちらかを答える。そのあとに実際の人口がどのくらいかを聞かれると、あなたはおそらく2000万に近い数値を述べるだろう（＊34）。

素人であれベテランであれ、交渉人はアンカリング効果をよく理解している。交渉で最初に提示された金額が、将来の全交渉においてのアンカー（基準値）となる。マーケッターも同様にアンカリング効果を利用して、顧客の消費傾向に影響を与えようと試みる。興味深い実験を例としてあげよう（＊35）。

心理学者のブライアン・ワンシンク、ロバート・ケント、およびステファン・ホッチは、キャンベルスープのセール札を掲げた。価格は1缶につき77セントとし、お一人さま何個でもご購入いただけますと加えた。その後、同価格でお一人さま12個までと書かれた別の札を設置。その結果、個数制限なしの場合、買い物客は平均3・3個を購入した。

一方、一人12個限りの場合の平均購入数は7個であった。つまり、買い物客は無意識に基準値を12に設定し、その数値に意味を与えたわけだ（たとえば、「これはお買い得に違いない。店は損をしないように販売数を制限しているんだろう」というふうに）。

アンカリング効果に関する研究は他にも数々ある。これは非常に強力なバイアスで、何年もの間、知らぬうちにこの犠牲になっている人は多い。

さて、核心に迫ろう。投資の場合、アンカーは通常、株の買値だ。1株を50ドルで購入し、のちに株価が30ドルに値下がりしたら、あなたは買値の50ドルに戻るまで待つだろう（もしくは、株の価値は当初の価格の50ドルと思っているため、買い増すかもしれない）。もし、株価が50ドルから70ドルに値上がりしたら、当初の価格よりも高くなったため、あなたは株が過大評価されていると思って売却するかもしれない。こうした状況下で、あなたの判断はアンカーによって歪む。

投資家の多くがアンカリングバイアスに陥り、大幅に値下がりした株を購入したり（「やった、バーゲンだ」）、大幅に値上がりした株を購入しなかったりする（「価値に対して高すぎる」）。実際は、株価は本来あるべき価格に非常に近い価格になることが多い（バイヤーとセラーの数がほぼ等しい）。投資家が「大安売りだ」あるいは「高すぎだ」と思う理由は、アンカーとなる価格よりも上がったり下がったりしたからにすぎない。アンカリング効果を認識すれば、値下がり株をあまりにも長く保持したり、値上がり株をあまりにも早く売ったりすることを防げるだろう。おまけに、スーパーでの買い物でも、いくらか節約できるかもしれない。

＊34　２０１９年の現時点で、ジンバブエの人口は１４６５万人だ。
＊35　私はなんにでもすぐ興味を引かれる傾向にある。

「事態をコントロールできる」は幻想にすぎない

人は、自分がすべてを掌握していると思いたい。それが無理なら、せめて自分の思いどおりに行動したい。車の助手席に乗っていて緊張するタイプの人は、そんな気持ちが理解できるだろう。自分がハンドルを握り、ペダルを踏んでさえいれば、落ち着けるという人だ。車を運転していることで状況

図5-3

水が欲しいかい？
ここにたっぷりあるぞ
お前に水をやるのは、
ボクだ。お前の運命は
ボクが決める
ボクがいないとお前は
死ぬんだぞ。いいか、
よく聞け——
©1988 Universal Press Syndicate
7-30

を掌握している気分になる。

コントロール幻想とは、事態をコントロールする力を過大評価する傾向をいう。人は、自分の影響力が及ばない結果や状況でさえも、コントロールできると思い込む。

いつもの通勤路や、頻繁に通る道を想像してほしい。出発のタイミングが良く、最適のルートを選べば、早く目的地に到着できると思うだろう。しかし、速度制限や交通量、信号のタイミング、事故の発生、ガチョウの道路横断、道路工事の作業員の往来などは、目的地までの所要時間を左右する要因というだけでなく、自分でまったくコントロールできないことだ。平たく言えば、状況を変えるために多少自分の影響力を行使することができても、思いどおりに操ることはできない。

この効果は、人生の他の側面でも見られる（＊36）。

この効果の名付けの親である心理学者のエレン・レンジャーは、宝くじを用いて実験を行なった。被験者は、自分で数字を選択するグループと、乱数が書かれた宝くじを受けとるグループに分けられ、当たる見込みが高そうな宝くじ一枚と交換する機会をそれぞれ与えられた。すると、自分で数字を選択した被験者は、宝くじの交換を躊躇する傾向が一段と強かった。この結果は、宝くじは完全に無作為だったにもかかわらず、自分が選んだ数字は当たる可能性が高いと被験者が信じていることを示唆している。

多くの投資家においても、同様の行動が見られる。投資家は往々にして、自分が選んだ、あるいは思い入れのある持ち高を減らしたがらない。たとえ、ポートフォリオがより広く分散されれば、目標を達成する可能性が高くなるとしてもだ。資産運用パフォーマンスを左右するのは、投資家のコントロール力ではなく、市場の動きである。賢い投資家なら、それを心得ている。

＊36　コントロール幻想に陥っている親について書けば、一冊の本が仕上がるだろう。

損失回避と授かり効果

どうぞお気軽にお試しください。

——ジュエリーショップの販売員

ダニエル・カーネマンとエイモス・トベルスキーが提唱する「損失回避の原則」は広く知られるようになった。損失回避とは、利益を得るよりも損失を回避しようとする心理現象だ。失うことへの不安は、利益を得る喜びを上回る。両研究者が行なった広範囲な研究によると、損失を被る悲しみは、利益を得たときの喜びの2倍にもなるという。

カーネマンとトベルスキーは、一連の研究の一つで被験者を二つのグループに分けた。一つ目のグループに3・98ドルの値札がつけられたペンを与え、二つ目にはペンを与えなかった。そして、ペンなしのグループには、いくら支払ってペンを購入するか、ペンを持つグループには、いくらだったらペンを売るかを尋ねた。すると、ペンなしグループが提示したペンの価格は、ペン所有グループよりもはるかに低かった。なぜか？　その理由はいたってシンプルだ。ペン所有者たちは3・98ドルよりも安く売ったら損をすると思い、ペンを持たない者たちは3・98ドル以上で買うと損をすると思ったからだ。

あなたはジュエリーショップを訪れたことがあるだろうか？　触れたり試着したりするように、販売員はいつもあなたに勧めるだろう。損失回避の効果を用いて、あなたを購入に至るまで導こうとしているのだ。この手の損失回避は、授かり効果（保有効果）あるいは現状維持バイアスとも呼ばれる。人は、ペンやジュエリーや他のなんでも、一度触ったり身に付けたりすると、愛着がわいて価値が大きいと感じ、手放すことを恐れるようになる（＊37）。

損失回避バイアスは、とりわけ投資家に（おそらく他の人よりも一段と）多大なダメージを与える。投資家が、価値を失っていることをよくわかっていながら現金の上にあぐらをかくのは、これが理由だ。ここ何十年も、市場金利は下がりつづけている。それにもかかわらず、投資家は、積極的な投資はより大きい損失をもたらすと思い込み、日々少しずつ価値を失っても現状維持のほうがマシだと考える。この方法を続けていると、お金の価値は、わずか24年で半減するだろう。

15年前から穿《は》けなくなっているジーンズや2003年から着ていないセーターを手放せないのも、損失回避のせいだ。他にも家の隅で埃をかぶっているもの、長年使っていないもの、車庫に眠っているものが多くあるだろう。損失回避バイアスのせいで、株価が下がりつづけていても売ることができない。私たちは、ロスから目を逸らしている。損失を認めるのは、自分の過ちを認めるのと同じだからだ。

状況はいつか良くなるはずだ、それを待つほうがマシだ、とあなたは思っているだろう。状態が回復するまで売却しない姿勢のクライアントに、私は次のようなシンプルな質問を投げかけることにしている。

「もし現在、この株の代わりに現金をお持ちだと仮定するなら、ご自分の目標を達成するために、今日この株をお買い求めになりますか？」

すると回答は、ほぼいつもノーだ。そのような人たちは、損失回避バイアスに陥っている。優れた投資家になるには、己の決断力を鈍らせる損失回避バイアスを理解し、克服しなければならない（＊38）。

＊37 「ネックレスを着けてみられますか？」「このブラウスはきっとお似合いになると思います。お試しになりますか」「この車は走りが抜群です。どうぞ試乗してください」

＊38 そうすれば『Hoarders（溜め込み症候群）』（アメリカのテレビ番組）にかじりつくこともなくなるだろう。

メンタル・アカウンティング（心の会計）

人の意識は、一度にほんの二つ、三つの考えにしか対処できない。そのために、日常生活での複雑なことすべてを常に「ひとかたまり」にまとめ、少し扱いやすくしている。消費するお金を1ドルずつ数えるかわりに、お金を大ざっぱに分割して特定の購入品につぎ込む。計算能力に欠け、他の道を見つけられないため、誤った近道に頼ってしまう。

——ジョナ・レーラー（作家）

メンタル・アカウンティングは、行動経済学の権威でノーベル賞を受賞したリチャード・セイラーが特定し、定義した。これは、現在および将来の資産を、心理的に分類して別の勘定として扱うことをいう。

メンタル・アカウンティングの影響に関する研究で、被験者は次のシナリオを思い描くように求められた。

まず、映画館へ行き、10ドルのチケットを購入する。だが、入場するときに、チケットを紛失したことに気づく。残念ながら、チケットは再発行してもらえない。あなたはもう一度、10ドルのチケットを購入するだろうか？

この質問に対して、チケットを再購入すると答えたのは、被験者のほんの46パーセントだった。

その後、被験者は別のシナリオを想定した。まず、映画館へ行き、10ドルのチケットを購入しようとする。だが、10ドルをどこかで紛失したことに気づく。それでも、あなたは10ドルのチケットを購入するだろうか？

これに対し、なんと88パーセントが、10ドルのチケットを購入すると答えた。実際の損失の大きさは同じにもかかわらずだ。

両方のシナリオにおいて、被験者は本質的に10ドルを失い、それでも同額のチケットを購入するかと尋ねられた。そこで生じた回答の差異は、メンタル・アカウンティングによる絶大な影響を反映している。

つまり、被験者は映画チケットを購入したあと、その支出を「娯楽」という心の勘定科目に割り当てたのだ。娯楽の予算を使い切ってしまうと、予算を超過して、もう一枚チケットを購入することはしない。

それに対し、チケット購入前に現金10ドルを失った場合、10ドルは娯楽としてまだ勘定されていないため、再び10ドルを支払うことに躊躇しなくなる。この研究は、同額のものに対して経路や使い道によって見かたを変えるという、人間の偏った経済的思考を浮き彫りにしている。

心理学者のハル・アーケスの研究によると、人が税の還元や宝くじから得た富をすぐに散財する傾向は、メンタル・アカウンティングに起因するという。メンタル・アカウンティングがこれらを「自由に使えるお金」としてカテゴリー化するためだ。
社会学者のヴィヴィアナ・ゼライザーは、オスロの性産業を調査し、メンタル・アカウンティングは、世界最古の職業といわれる売春婦の収入の使いかたにおいても確認できると報告している。ゼライザーによれば、売春婦は、生活保護手当や医療補助金を家賃や生活で発生する費用の支払いにあて、売春行為から得た金を薬物やアルコールに費やすという。どうやら、メンタル・アカウンティングは人びとの頭に深く根づいているようだ。

メンタル・アカウンティングは、私たちの日常生活において、多くの意思決定の方法に作用する。しかし賢い投資家は、これに影響されてはいけない。それぞれの投資を個別に見る投資家は、それぞれの保有資産を心理的に分類している。あなたが複数の口座を持つ場合、それぞれを個別に判断するのではなく、それらがあなたの長期的な目標のために適切に寄与しているか自問すべきだ。視野を広げることで、あなたが長期的な目標の達成のために正しい方向に進んでいるか、判断しやすくなるだろう。

それぞれの保有資産あるいはサブアカウントを断片的に見てしまうとメンタル・アカウンティングを引き起こし、結果として、判断ミスをしかねない。投資しながらメンタル・アカウンティングをブロックする方法は、なるべく多くの金融商品を一つの口座に集めることだ。そうすれば、全体像を念頭においた賢明な決断が、より容易に下せるようになる。

直近効果というバイアス

投資家は、自分たちがごく最近見たことを未来に投影している。それが彼らの頑固な癖なんだ。

――ウォーレン・バフェット

直近効果とは、直近の経験や観測を将来に投影する心理現象をいう。このバイアスが掛かると、人はごく最近の出来事をもとに判断したり、将来に起こることを予想したりしがちだ（＊39）。

人は多くの驚くような精神的能力を持つ一方で、ものごとのパターンを特定し、意思判断プロセスの簡素化をはかる傾向がある。私たちの観察するパターンが役に立つこともたまにある。たとえば、数日連続して同じ場所でパトロールカーを見たら、その付近を運転するときに速度に注意するようになるだろう。しかし、これが投資となると、直近効果は危険で、あなたに大きな損失を与えることもある。

複数の研究によると、ブローカーは前年に良い成績をあげた注目銘柄を販売促進する傾向にあるという。そうして勧められるままに買った株式が翌年に市場平均を下回るということは多々ある。投資家は、直近の数か月間に継続的に成長している銘柄に引きつけられ、その勢いが続くと期待して便乗することが多い。しかし、その盛り上がりが急速にしぼみ、投資家はすべての利益を逃して、損失だけを抱え込むことになる。インターネットバブルと9・11テロ事件が連続的な弱気相場を誘発したあと、投資家の多くが、次の弱気相場の波が始まると予測して株を売った結果、後続の回復を見逃した。2008年〜2009年の金融危機のあと、すべての反落や一時的な下落を暴落の前兆として危険視した投資家は少なくない。

実際には、株式市場はこのように働かない。むしろ、どの年においても、前年の市況にかかわらず、株式市場は上向く可能性が非常に高い。そして、先週、先月もしくは先年の出来事とは関係なく、株価が調整局面に入る確率も高い。投資家は、過去10年間の値動きに関係なく、今後10年間におそらく2回の弱気相場を経験するだろう。コインを投げたときに3回連続して表が出たとしても、その次に再び表が出るとは限らない。それと同様に、直近の出来事は、未来の市場の方向性を的確に示すインジケーターではない。

直近効果に対抗する方法の一つは、資産運用のために統制のとれたシステムを構築することだ。たとえば、あなたのポートフォリオが60パーセントの株と40パーセントの債券から構成されているなら、5パーセント以上の崩れが生じた場合のみに、当初の比率に戻すためのリバランスを行なうという基準を設ける。投資への体系的なアプローチをとることにより、直近の市場動向があなたの目を曇らせ、あなたを誤った行動へと促すのを防ぐことができるだろう。

直近効果は、日常生活においてプラス要素にもマイナス要素にもなりうる。しかし投資においては、重々に気をつけないと、善よりも悪をもたらすことが多い。

＊39 このバイアスが理由で、私は、17歳の息子が学校主催のダンスパーティへ行くときの門限は夜中12時と決めている。一方、息子もこのバイアスのせいで、夜中前には絶対戻らないと言い張る。

短絡的で近視眼的な損失回避は悪手

われわれが穏やかで、心の準備ができているなら、どんな失望も埋め合わすことができるだろう。

――ヘンリー・デイヴィッド・ソロー（作家・思想家）

もっとも成功している人というのは、失敗しても目標や夢を見失わない人だ。人間は本能的に、困難に直面したときに再度チャレンジしたり別の戦略を講じたりするよりも、諦めたり逃げたりする。長期的な目標よりも、短期的な目標に焦点を合わせることが多い。とりわけ、ものごとが当初の期待ほどうまくいかないときは、その傾向が強い。この現象は、行動経済学の分野では「近視眼的損失回避」と呼ばれている。

子どもに自転車の乗りかたを教えるとき、10回転倒したとしても、もう一度トライするように親は子どもに促すだろう。これと同じように、私たちもコーチしてくれる人が必要だ。投資方法を理解し、それに賛同したとしても、すぐに成果をあげることができなければ、途中で投げ出したくなる。長期的には必ずうまくいくと、頭ではわかっていてもだ。投資家は、即時に利益を生まない金融資産を、手放したがる傾向が強い。

あなたのポートフォリオの中の金融資産とその投資目的を十分に理解することは、近視眼的損失回避からの影響を防止するために不可欠だ。われわれは現在のそれぞれの運用成績ばかりに注意を向け、それらのポートフォリオでの役割を熟考しないことがあまりにも多い。たくさんの投資家は、運用ストラテジーの効果の評価時期を無作為に設定していることが、複数の研究で明らかになっている。平均して、見直しや再評価が行なわれるのは、およそ1年ごとだという。だがそれが、特定の投資の評価のために適切な時点であるかどうかはあまり考慮されていない（＊40）。

賢く構築されたポートフォリオというのは、長い時間をかけて価値を増す金融資産を含んでいる。現時点からおよそ10年後（もしくはそれ以上）を見据えた長期の投資スタンスだ。もし今、資産の一部を売る必要がなければ、現時点の株価はさほど重要でない。

富裕層の投資家は、ポートフォリオにプライベートエクイティ（未公開株式）を加えていることが多い（これについては、次章でお話しする）。このような投資対象では、初期段階からマイナスリターンが見込まれているものもある。ほぼすべての投資タイプは、トレーディングレンジが広範で（つまり価格の変動が大きい）、短期的な運用ではそのパフォーマンスは予測不可能だ。しかし、同じ資産クラスでの長期的な運用実績は、比較的正確に予測できる。

近視眼的損失回避のバイアスに陥らないための、私からのアドバイスはこうだ。あなたのニーズが変わってないければ、そしてあなたのポートフォリオの構成とあなたの目標が一致しているならば、投資にたっぷりと時間をかけること。価値を創出するには時間が必要なのだ。

＊40 運用成果を毎時間チェックするのも、ポートフォリオを評価する有効な方法ではない。

ネガティビティ・バイアス

いつのときでも、心は良い情報よりも悪い情報にすばやく、強く、そして執拗に反応する。

——ジョナサン・ハイト（社会心理学者）

ネガティビティ・バイアスとは、ポジティブな経験よりもネガティブな経験をより鮮明に記憶する、人間の本能に基づいた傾向をいう。また、人はネガティブな結果を、意識的あるいは無意識的に回避しようとする。

損失回避バイアスと同様、ネガティビティ・バイアスは人の行動に多大な影響を与える。社会心理学者のテレサ・アマビールとスティーブン・クレイマーは、プロフェッショナルたちの幸福度の変化を調査した。その結果、平日の職場でのささいな失敗による幸福度の変動は、成功よりも2倍大きいことが明らかになった。

他の研究によると、正の強化（好ましい行動を誉め、同じ行動を繰り返させる）よりも負の強化（不快な刺激を取り除いて、ある行動を起こす可能性を高める）によって、人はものごとをより早く習得するという。言語を分析した研究者たちは、感情を表わす言葉の62パーセントが、そして性格特性を表わす言葉の74パーセントが、ネガティブなものであることを発見した（*41）。

また、ネガティビティ・バイアスは習得されるものではないらしい。研究では、幼児においてもこの心理現象が認められている。人の表情を良いか悪いかで判断するように求められたとき、幼児はポジティブな表情を良いと理解し、ネガティブとニュートラルな表情の両方を悪いと受けとった。乳児でさえネガティビティ・バイアスが掛かる可能性があるという。

人間はネガティブな出来事へより注意を向ける傾向があるのならば、毎日見聞きする報道もネガティビティ・バイアスが掛かっていることは、驚くことではない。ニュースでは犯罪の総数が減少していることよりも、地域で起こった最近の強盗が取り上げられることが多い。選挙シーズンにはほぼいつも、美徳を語るよりもライバルをこき下ろす候補者たちのコマーシャルが流れる。これらは、視聴者のネガティビティ・バイアスをうまく利用し、視聴者からネガティブな感情をさらに引き出そうとする露骨な試みだ。

ネガティビティ・バイアスは投資の世界でも顕著だ。投資家が調整局面や弱気相場のさなかに売りに走ってしまうのは、ネガティブなものにより注目する心的傾向によるものである。現金化を選択するのは、利益を損失した以前の苦い経験を繰り返さないためだ。とりわけ、最近の重大出来事が記憶に新しい場合（これは行動科学の分野で「ビビッドネス効果」と呼ばれる）、ネガティビティ・バイアスに圧倒されやすい。

たとえば、2008年～2009年の金融危機や、新型コロナのパンデミックなど、深刻な弱気相場を経験してネガティビティ・バイアスに陥った投資家たちは、微々たる下落でも過剰に反応し、いつ次の危機が迫りくるかと怯え、狼狽売りしがちだ。

他のどの認知バイアスでもそうだが、ネガティビティ・バイアスの効果を軽減する鍵は、その存在を認識することだ。そうすれば、あなたの心に入り込もうとするバイアスを早々に察知し、あなたやあなたのポートフォリオに損害を与える前に阻止することができるだろう。本書の第1章でも恐れや不安について述べたが、あなたが負の感情を克服してくれることを心から願っている。

＊41　ネガティビティ・バイアスの研究が、研究者をもっとも元気づけてくれる仕事でないことは確実だろう。

ホームラン・バイアス

すべてが欲しい、今すぐ欲しい

――フレディ・マーキュリー(クイーン)

最大かつ最良の結果が今すぐ欲しい。長期にわたる漸進的な進歩ではなく、できるだけ早く結果を見たい。誰にでもこのような傾向がある。いわゆる「ホームラン・バイアス」だ。即効で痩せると話題のダイエット法が、その典型的な例だ。持続的に減量する唯一の方法は、摂取カロリーを消費カロリーよりも減らし、同時に運動することだと誰もが知っているだろう。にもかかわらず、数えきれないほどの人びとが、錠剤やジュースクレンズ、極端な食事法などの近道を探している(＊42)。投資でも同様の現象が起こる。投資家が、「持続可能な」長期的リターンに焦点を絞るかわりに、ホームランのような大当たりを狙うときがそうだ。

即効性を求める投資家も、ホームランを狙う野球選手も、同じ欠点を持っている。つまり、両者とも大当たりをかっ飛ばすよりも、三振でバッターアウトになることが多い。その一方で、毎回の打席でクリーンヒットを狙う者は、長期的には良い成績をあげる(そして、いつかホームランを打つ)可能性が高い。あなたの投資哲学も同じアプローチをとるべきだろう。あなたの目標にもっとも適した金融資産を所有し、市場が提供する機会をうまく利用するのだ。そうすれば、目標までの道のりでホームランを打つこともあるだろう。そして、「勝負」（あなたの場合、経済的な自由の獲得）がかかっているときに、三振アウトを防ぐこともできる（＊43）。

＊42 私の友人は、キャロットダイエットでかなり減量した。一週間ニンジンだけを食べて激痩せしたものの、皮膚がオレンジ色に変わってしまった。

＊43 スポーツを例にするのは、これで最後にしよう。

投資家とギャンブラーの違い

ギャンブラーなら知るべきだ。いつ残すのか、いつ捨てるのか。
立ち去るも、逃げるも、時宜を得よ。

——ケニー・ロジャース

投資家の中には、株式市場をカジノのように見立てる人もいる。いわゆる「スペキュレーター（投機筋）」は、一握りの株やオプション取引に賭け、マーケットタイミング戦略を用いて大当たりやアウトパフォーマンスを狙う（＊44）。一方で、大半の人びとは「投資家」に徹し、反復可能で統制のとれた戦略に基づいて、長期的な成功の可能性を高めようと一意専心する。両タイプに属する人も多い。賭けは、人間の快楽への欲求から導かれる行為だ。ギャンブル産業は人間の生理と心理に基づいて築かれている。勝つと、脳内にエンドルフィン（興奮状態を高める物質）が分泌され、人を再びギャンブルへと向かわせる。負けると、脳はエンドルフィンを得るために、ギャンブルを続けよ、さらなる損失と精神的痛みを回避せよと人を駆り立てる（＊45）。カジノはこれを巧みに利用し、私利を図っている。室内に酸素を多く送り込んで客の注意力を高め、アルコールドリンクを無料提供して客の理性を失わせる。あなたが賭ければ賭けるほど、カジノは儲かる。これを彼らは熟知しているのだ。

すでに述べたが、短期間で利益を得ようと試みるアクティブトレーディングは、あなたの目標に適さない。その方法は、証券会社に利益をもたらすだけだ（いわば、投資業界のカジノである）。アクティブトレーディングで生じる手数料は、ブローカーの収入になる。証券会社の広告を思い出してほしい。プロモーションとして手数料無料または低料金を打ち出し、有望株を先取りするように勧め、凝ったツールへのアクセスや「お役立ち」資料を提供する。オンライン取引プラットフォームがまるでカジノのように見えるのは（赤と緑色、スクロールティッカー、フラッシュ画像など）、単なる偶然だろうか？

私たちの内に潜むギャンブラーをコントロールするのは困難だ。成功の確率を最大限まで上げるには、すべての資産を長期にわたって、総合的なストラテジーに合致した方法で運用すべきだ。だがもし、内在するギャンブラーを完全に封じ込められない場合、別途に口座を開設して、「遊ぶ」ための少額の資金を入れておくといいだろう。そうすれば、ギャンブルのスリルを楽しむことができ、経済的自由のための資産を損なうこともない。

＊44　ギャンブラーの最近のトレンドは暗号通貨だ。これにより、巨額の富を築いた者もいるが、大半は負けている。

＊45　カジノが抜け目なく大儲けできるのは、ギャンブルが本章で述べたバイアスの多くをあおるからだ。しかもカジノは、しばしば無料ビュッフェも提供している。

政治的バイアス

アメリカ社会は政治的に分断していると、おそらく聞いたことがあるだろう。視聴者の聞きたがることだけを報道するメディアに扇動されて、国民の分極化は年々深まっていった。近年、事態は悪化の一途をたどり、投資家たちも独自の政治的見解をもとにして、重要な投資決断を下すようになった。その結果、彼らは自分の資産に深刻なダメージを与えている。

2008年にオバマ大統領が就任したとき、金融メディアの大半がひどくヒステリックになり、市場は社会主義者に支配されて破滅するだろうと叫んだ。しかし、オバマの在任中の8年間は、株式市場にとって史上最良の期間だった。トランプ大統領が2016年に就任したときも、金融メディアは動揺し、予測不可能な政策に市場は振り回されるだろう、戦争の脅威が発生すれば市場は暴落するだろう、トランプ政権の迷走で市場は勢いを失うだろう、などと主張した。それでも株式市場は成長を続け、同年はそれまで以上に実りある年となった。実際に、トランプ政権誕生の1年目は、相場は史上初めて連続して安定した伸びを記録した。

結論を言おう。株式市場にとっては、誰が大統領執務室の主になろうが、どうでもいいことだ。最重要なのは、将来の収益（企業の利益）である。将来の収益に影響を与える要素は数多くあるが、その中で誰が大統領かに係るマイナス要素は二つや三つだ。これらの要素はもちろん重要であるものの、その他多くの要素に匹敵するほどではない。

たとえば、金利などは大統領が掌握できる範囲外の要素だ。あなたが政治的にどちらに傾いていようが、投資においては中道にとどまるほうがベターだろう。けっして、どの政党が政権の座にあるかに基づいて、投資に関わる決断を下してはならない。

心を解放せよ

本章ではファイナンシャルプランニングと投資の基本から少し脱線して心の話をしたが、これをちょっとした気分転換だとは、どうか思わないでほしい。認知バイアスが投資に与えるダメージは甚大だ。どんなにプランニングや投資に力を注いでも、バイアスに陥って（防止できたはずの）重大な過ちをおかしてしまうと、その埋め合わせは非常に難しい。1992年のヒット曲でアン・ヴォーグもこう歌っている。

「心を解放して。そうすれば、きっとうまくいくわ」

第6章

アセットクラス

by ピーター・マローク

収益のばらつきは、十中八九、資産配分が原因だ。

――ロジャー・G・イボットソン（経済学者）

これまでに、投資の全体像と大まかな重要点を取りあげた。まず、市場には短期的な浮き沈みがある（変動は当たり前である）こと、市場は全体的に成長しており、長期投資家に利益をもたらすことをあなたは学んだ。さらに、メンタルフィットネスについての知識を得て、強い精神力を維持して果敢に市場の混乱を乗り越えていく術を身につけた。メディアやブローカーに惑わされてはいけない、そして恐怖に駆られて行動してはいけないと、今のあなたは知っている。

それでは、全貌を把握したところで、投資そのものについて掘り下げていこう。まずは主要なアセットクラス（投資対象資産の分類）とその特徴、そして資産運用ポートフォリオでのそれぞれの役割について説明する。

現金が安全という錯覚

私が一つだけあなたに助言できるとしたら、こう言おう。現預金は最悪の投資法だ。「現金は王様」などと持ち上げられているが、現金の価値は時とともに下がっていく。一方で、優秀な企業は、時とともに価値が増していくだろう。

——ウォーレン・バフェット

リスクの高いアセットクラスはなにかと考えたとき、真っ先に頭に浮かぶのはコモディティ（たとえば金やオイル）や不動産、株式、さらには数種の債券だろう。現金はおそらくリストの最下位のはずだ。しかし、現金には多くの固有リスクがある。もっとも顕著なのは、過去のデータからわかるように、現金のパフォーマンスは主要アセットクラスの中で最悪だということだ（＊46）。

長期的に見ると、現金のパフォーマンスは、常にすべてのアセットクラスを下回っている。金融資産の大部分を現預金で持つ期間が長ければ長いほど、ポートフォリオが市場平均を下回る確率は高くなる（＊47）。

また、長期にわたって現金を保持していると、インフレを乗り切ることが難しく、購買力を失う可能性がある。つまり、年々コモディティの値段が上がると、相対的に現金価値は目減りする。想像してほしい。

あなたは10万ドル（およそ1350万円）を年率1パーセントの利息で銀行に預け入れるとする。10年後に口座を解約して、まとまった金を手にしたとき、一時的な満足感を覚えるかもしれない。しかし、年率1パーセントの利益は、郵便切手や服、お菓子、医療費、大学の授業料などの、物価の値上がりについていけるほど十分ではない。一見、資産が増えたようであっても、実のところ、あなたは購買する力を失っている。

多くの「投資家」が現金を保持する理由の一つは、市場のベストタイミングを待つためだ。手元にドライパウダー（待機資金）を持っていたいのだ。それが有効的だという確証がないにもかかわらず、その方法がベターだと信じている。頻繁な売却と購入を繰り返すことが効果的だと明確に示す研究や調査は、今のところない。

ベストタイミングをつかむには、売りと買いの最適な時期を確実に当てて、このプロセスを繰り返さなくてはならない。だが一度しくじると、ポートフォリオの成績が永久的に損なわれる可能性がある。これについては前章で述べたので、あなたはすでにわかっているだろう。

さらなる問題は、多数の投資家がアルマゲドン到来――株価がゼロになる、あるいはゼロに等しくなり、復帰不可能な事態――の備えとして現金を保持していることだ。

だが、現実的に考えてみてほしい。もし人類が、アマゾンやナイキ、マクドナルドなど、世界をリードする企業が次々に破綻して復活不可能になる事態に見舞われるとすれば、それに伴って米財務省の国債がデフォルトに陥る可能性が高い。

その場合、どのように米政府は国債の債務を支払うことができるだろうか？　税金が債務支払にあてられるだろう。そうすると、政府公社である連邦預金保険公社はあなたの銀行の預金を保護できなくなり、結果的にあなたの現金も失われる。もし、あなたが米主要企業の数々が破綻すると信じるなら、アメリカの経済システム全体も破綻すると考えるのが妥当だ。この観点からすると、現金はおそらく、もっとも価値のない資産だろう(＊48)。それにもかかわらず、現在、アメリカ国民の現預金は何兆ドルにものぼり、過去最高だ。

短期的であれば、緊急予備資金として現金を保持するのも一つの手段だ。しかし、長期的に現金をため込んでおくのは、得策ではない。投資ポートフォリオに現預金を組み込まないほうが賢明だ。

＊46　章のスタートとしては衝撃的かもしれない。
＊47　プロのポートフォリオ運用マネージャーはこれをよくわかっている。これを表わす「キャッシュドラッグ」という用語もある。
＊48　むしろ、貯蔵庫や乾燥非常食、緊急サバイバルキットなどに投資したほうがいいのではないだろうか？

債券

すべての債券を単に「ローン」だと呼べば、ずっとわかりやすくなるのに。

――金融のすべてが複雑になったと嘆く人のコメント(＊49)

債券を購入するということは、一企業、政府、あるいは公共団体に金を貸すということだ。つまり、債券は(購入者から発行人への)ローンである。いたってシンプルだ(＊50)。

政府に金を貸し付けた場合、これは**国債**と呼ばれる。州や地方政府への貸付は**地方債**という。ネットフリックスやマイクロソフトなどの民間企業に対するものは**社債**。そして、企業が発行する利回りの高い(よって人びとを引きつける)債券は、**高利回り債**(＊51)あるいは一般的に**ジャンク債**と呼ばれるものだ(＊52)。

組織や団体が民間から金を借りたいときに債券を発行し、あなたはその債券を購入することで、債権者になる。仮に、ターゲット(米ディスカウントスーパー)が1億ドルの融資を必要とするとしよう。おそらく、そのような高額融資をリスクをいとわず提供できる一個人ないし一企業はいないだろう。そこで、ターゲットは目標額に達するように、額面金額が2万5000ドルの債券を多数発行し、多数の投資家が貸付に参加できる機会をつくる。他の一般的なローンのように、投資家には一定期間分（**償還期間**）の金利（利回り）から算出された利息が支払われる。そして満期を迎えると（いわゆる**償還日**に）、元本（ここでは2万5000ドル）が投資家に返還される。

債券発行元の組織ないし団体によって、利回りは異なる。利回りに影響を与えるのは、貸付の信用度と期間の二つの要素だ。

まず、信用度がどのように利回りに関係するかを見てみよう。米財務省に金を貸す（米国債を買う）ことが一番安全な投資方法だと考える人は多い。国債は信用度が高い分、民間企業の債券よりも利回りが低くなる。民間企業が倒産して社債保有者に元本を返還できなくなる確率は、国債がデフォルト（債務不履行）になる確率よりも高い（＊53）。

市や州、外国、または民間企業は、それぞれが発行する債券を魅力的にするために、税引き後の利回りを国債よりも高く設定して提供せざるをえない。弱小企業の場合はリスクがいっそう高くなるため、利回りも相応に高くなければ、投資家は見向きもしない。要するに、利回りが高いほど、負うリスクは高くなるわけだ。これは一般的に、**信用リスク**と呼ばれている。

債券は、専門機関によって格付けされ、アルファベットによるスコアで評価される（米国のクレジットを評価するFICOスコアに似ている）。信用格付機関のフィッチならびにS&Pグローバル・レーティングは同じ評価スコアを用い（債務履行の確実性の高いものからAAA、AAプラス、AA、AAマイナスと続く）、ムーディーズは同じ情報に対して少し異なるスコア表記を用いている（高いものからAaa、Aa1、Aa2と続く)。フィッチ/S&PレーティングでBBBマイナス以上(ムーディーズでBaa3以上)に評価されている債券は投資適格債、そしてそれ以下の評価は**投機的格付け(ジャンク)債**とされる(*54)。

次に、償還期間がどのように利回りに影響するかを説明しよう。仮に、あなたは今日から米政府に金を貸すことにする。10年間の貸付に対する利率は非常に低いが、同額を30年間貸す場合は利率がより高くなる。この原理は地方債や社債にも当てはまる。償還期間が長ければ長いほど、利率は高くなる。その理由はシンプルだ。償還期間が長ければ、**金利リスク**が増すからだ(*55)。

債券の償還期間中に利息が支払われ、さらに償還日まで保有していれば、元本すべてが返還されるため、安全性は高いといえるかもしれない。しかし、次に述べる二点に気をつけてほしい。

第一に、債券を購入したあとに金利が上がる可能性は非常に高い。あなたが30年の米国債を利率2・6パーセントで購入したあと、景気が良くなり、連邦準備金制度は全体的に金利を上げたと想定しよう。すると、10年国債の利率が4パーセントに上昇した。しかし、そこで、あなたが30年国債を償還期日の前に売却したい場合、元本を下回る価格で売却しなければならなくなる。たとえば、20年後に売却したいとしよう。利率4パーセントの10年国債が買えるときに、誰が利率2・6パーセントの10年国債などを買いたがるだろうか?

第二に、あなたが償還期日まで債券を保有したとしても利率は2・6パーセントのままで、現在の債券の利率を大きく下回る。のちに高利回りの債券を購入していたなら、もっと多くの利益を得ていたはずだ。

信用度リスクと金利リスクを理解したところで、次は債券の価格について話そう。高利回りの債券がベターだと思う人は多い。だが実際は、利回りが高いほどリスクが高い。というのも、高利回りの債券は、信用格付レーティングが低いか、償還期間が長いかのどちらかだからだ。

株式に比べると、利払いや元本償還が保証されている債券は、リスクがはるかに低いといえよう。債券での利払いが契約上の義務である（つまり、債券発行体は支払いを義務付けられている）一方で、株の配当金は自由裁量、つまり企業の一存で支払われないこともある。これが理由で、債券を償還期日まで保有する場合、そして債務者が破産しない限り、金利と元本を確実に受け取ることができる。さらには、アセットクラスの一つである債券は、およそ85パーセントの確率でプラスの暦年リターンを生み出している。だが、債券にはさまざまな銘柄があり、金利も非常に幅広いことに留意してほしい。

それでは、ポートフォリオに債券をどのように組み込むのが、もっとも適切だろうか？　短期から中期で、高レーティングの多様な債券を、投資家のニーズに合わせて2年間から7年間の期間で運用するのが良いだろう。また、債券を「ドライパウダー」として保有し、株式市場で値下がりした銘柄を購入するための資金にすることも可能だ。債券の中でも流動性が比較的高いものを選べば、株式市場の機に応じて、債券を売却して株式を購入することもできる。あなたが市場の変動が我慢できないような保守的な投資家であれば、多様な債券をポートフォリオに組み込むことで、ほとんどのニーズを満たすことができるだろう。また、巨額の資金を投入すれば、債券からの収益のみでニーズを満たすことも可能だ。

＊49 出典　私自身。
＊50 債券は実際よりも複雑につくりあげられることが多い。それもこれも金融サービス業界の仕業だ。
＊51 業界用語である。
＊52 俗称。実際、そのとおりだ。
＊53 デフォルトと聞くと世の破滅を思い浮かべる人もいるかもしれない。だが、政府は債券の他に、紙幣も（しかも合法的に）発行できる機関だということをお忘れなく。
＊54 ジャンク債担当部署は、優秀なマーケッターチームを雇うべきだろう。
＊55 少し逸れるが、償還期間の短い証券の利回りが、償還期間の長い債券の利回りを上回るときもある（金利の逆イールドカーブ）。次の二つが理由として考えられる。①景気後退の予兆である。市場の見通しが良くないため、投資家は短期債券よりも低利回りの長期債券でも進んで買う。②金融メディアによる疑心暗鬼。

株式

株の背後には必ず企業がいる。

――ピーター・リンチ

株式を購入するということは、実在する企業の一部を所有するということだ。同時に、ステータスは消費者から株主へと変わる。この変換は、マインドセットでも重要な意味を持つ。株式がまるで宝くじかカジノであるような印象を、金融メディアから受けることは多い。だが、その見かたは間違っている。株式会社の株を購入した人は、自らが営利会社の所有者の一人となることを、しっかりと認識すべきだ。このようにマインドセットを整えることで、あなたはなにを（そしてなぜ）買うのかを検討する際に、適切な判断をできるようになるだろう。

あなたの株の価値は、企業実績とともに上がったり下がったりと変動する。また、株式会社の多くは、株主に年に4回の配当金（利益の一部の分配）を支払う（訳註：日本では、年に1～2回の配当が多い）。

過去のデータによると、株式の平均収益率は年間でおよそ9～10パーセントだが（訳註：米国の場合）、近未来に著しく低下するだろうと予測する経済評論家も多くいる。いずれにしても、投資の中でも株式の期待利益率はもっとも高い。一方で、変動も非常に激しく、株価が2～3年ごとに20～50パーセントまたはそれ以上、下落することはめずらしくない。そのため、心配性の人には株式投資は向かないだろう。

長期的な株式投資における期待リターン（予想される収益率）は、債券投資の場合よりも高い。というのは、これがリスクプレミアムの概念に基づいているためだ。つまり、リスクが高くなるほど、リターンも多くなる。株式の期待リターンが債券よりも低かったとしたら、誰も株式を買いはしないだろう。「債券のような収益が欲しいんです。でも、変動率が50パーセントくらいのものにしてください。この条件に適うものは見つかりますか？」などと、投資アドバイザーに注文する人などいるだろうか。

それでは、どのように株式を投資ポートフォリオに組み込めばいいだろうか? 長期的な枠では、株式市場ほど景気拡大を反映するものは他にない。もしあなたが、経済や景気が10年後に今よりも向上していると信じるなら、株式市場は資金を投じるのに適した場所だ。しかし、短期的な枠では、株の値動きはまったく予測できない。実際、株価はおよそ4年に一度の周期で落ち込む傾向にある。正当な理由で、あるいはまったく理由もないままに、株価が急落することもめずらしくない。したがって、短期的な目標を設定している場合、株式に投資しないこと。株式は、長期の目標(たとえば老後資金の確保など)を達成するために、適した投資法だ。

不動産

不動産の買いどきを待つな。不動産は買ってから待て。

——ウィル・ロジャース(俳優)

投資の選択肢の中には、証券取引所に上場されている不動産もある。これは、通常、REIT《リート》(Real

Estate Investment Trust：不動産投資信託）を介して行なわれる。ＲＥＩＴは、投資用物件（住居向け不動産ではなく、工業用建物や集合住宅、商業施設など）や、その他の収益物件を保有・運用している。

投資家の多くが不動産投資を好むのは、価格変動が株式のように激しくないからだ。だが、不動産は市場に連動し（＊56）、とりわけ金融危機のときなど、影響を直接受けることもあるという欠点がある。一方で、ＲＥＩＴは株式とは少々異なった動きをするため、ポートフォリオに多様性をもたらすのが利点だ。不動産市場の中でもＲＥＩＴはとりわけ多様性に富む。あなたがもし、10万ドル（約１３５0万円）を不動産に投資するならば、選択肢は二つある。一つは、家賃収入を狙って小さな街に小さな物件を買うこと。そしてもう一つは、上場ＲＥＩＴの一商品を購入し、国内のさまざまな不動産セグメント（集合住宅、工業用建物、倉庫など）で複数の用途の不動産を間接的に所有することだ。

ＲＥＩＴはたいてい株式よりも高配当をもたらし、その差は倍以上になることも多々ある。賃貸純収益が投資者に支払われるためだ。所有物件の運営・管理といったわずらわしさがなく、そのうえ家賃収入があるのは誰にとっても魅力的だろう。また、賃貸料はインフレとともに上昇する傾向にあるため、インフレによる損失リスクは低い。最後に、ＲＥＩＴは株式と同じような流動性も備えている。つまり、株式のように証券市場で売買が可能なのだ。要するに、上場ＲＥＩＴは、ポートフォリオを多様化するには、賢い投資法だろう（＊57）。

＊56　つまりシンクロする。
＊57　注意：私募の「非上場」ＲＥＩＴが最近、ブローカーの間で人気になっている。もちろん、コミッションが高いからだ。だが、流動性が低く、上場ＲＥＩＴよりも透明性に欠けることが問題だ。遠ざけたほうが無難だろう。

コモディティ

コモディティとは、商品先物市場で取引されている資源や農作物を指す。たとえば、原油などのエネルギー、コーヒーや小麦やトウモロコシなどの食品、金や銀、銅などの貴金属が含まれる。実物資産は本質的にインカムゲイン（保有中に得られる利益）がない。価格変動が激しく、他の投資法に比べると税や手数料が高い（＊58）。ここでは、コモディティ投資でもっとも注目される商品の一つである「金（ゴールド）」を例としてあげよう。

> 恐怖指数が上がるだろうという信念が、人びとを金の購入へと駆り立てる。過去10年間、その信念は正しかった。そのうえ、価格の上昇がさらなる購買意欲を掻き立て、人びとは値上がりによって己の仮説が支持されたと確信し、金買いに走った。「時流にのる」投資家たちが群集に加わるとき、彼らは一時的な、都合のいい真実をつくりあげている。
>
> ——ウォーレン・バフェット（＊59）

世界経済が破滅し、金が唯一の真の通貨となるのではないか、と懸念する投資家は多い（だが、最

1914年〜2018年　インフレ調整後の金価格（年平均、米ドル建て）

図6-1

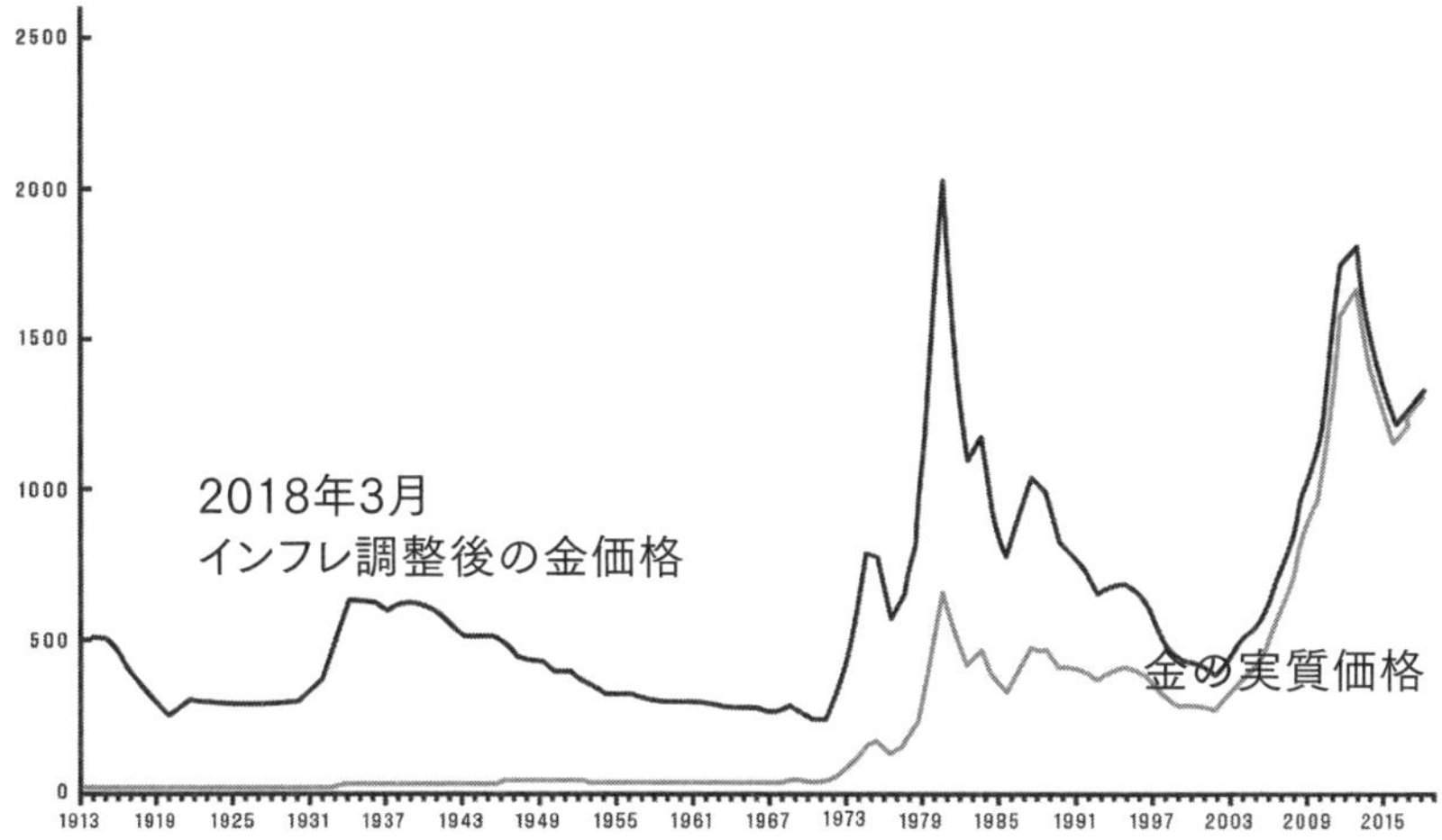

近では、金銭代替として仮想通貨が話題を集めている）。また、高インフレになって、現金が価値を失った場合、金が一番安全な資産だと考える人も少なくない。

企業や不動産、エネルギー資源とは異なり、金のイントリンシック・バリュー（本質的価値）はないに等しい。企業や不動産は収益を創出する潜在能力がある。そして、エネルギー供給会社には、収益を創出するだけでなく、世界経済が渇望する資源を供給する能力がある。しかし、金は利息や配当などの収益を生み出すこともなければ、重要資源でもない。過去のデータに見られるように、金のパフォーマンスは株式や不動産、エネルギー資源、そして債券を下回り、インフレにかろうじて追随している。

また、価格が高騰したかと思えば急激に下落するなど、変動が読みにくい。さらには、金の総収益率は、株式や債券の総収益率を大幅に下回るだけではなく、長期で見るとアセットクラスの中でもっとも変動しやすい。

要するに、金は、破滅論者や投機家のポートフォリオに属するものだ。もし、あなたがポートフォリオに金を組み込みたいと言うなら、インカムゲインを期待せず、高い税金や手数料を支払い、株式市場よりも多くの荒波を越えることを覚悟しなければならない。しかも、金の長期投資におけるリターンは債券にも劣る。私であれば、お断りだ。

＊58 ここまでの印象はあまり良くない。

＊59 バフェットは次のようにも述べている。「金はアフリカなどの地域から採掘されている。そして、われわれはそれを流し固めて、今度は別の穴を掘ってまた埋めるんだ。人を雇って、穴の周りを警備させる。まったく非生産的だ。きっと火星人が頭をかいて、地球の様子を呆れながら見ているぞ」。

オルタナティブ投資

「オルタナティブ投資」とはなにか？ 百人に尋ねたなら、きっと百通りの答えが返ってくるだろう。ここでは市場の大半に当てはまる、二通りの定義を示そう。**オルタナティブ投資**とは、多くの場合、**「公開市場での伝統的な投資とは異なる、いわば代替の投資法」**を意味する。だが大半は、**「公開市場ではない場所で、高い運用収益を得る投資」**と認識されているだろう。オルタナティブ投資の代表格であるヘッジファンドは、最初のカテゴリーに入る（正直なところ、私の好みの投資法ではない）。

公開市場での取引の代替としてもっとも一般的なのは、未公開の株や債券、不動産への投資だ。非上場企業のためのプライベート市場というのもある。非上場企業の大半はオーナー企業や中小企業で、あとの残りは、ごまんとあるプライベートエクイティファーム（未公開株式投資会社）のいずれかが所有している。

プライベートエクイティファームは、将来有望な新興企業や再建途上にある非上場企業に出資または融資する会社をいう。その他に、不動産プライベートファンドもある。地元の開発プロジェクトや商業施設、あるいは集合住宅に出資するように誰かから勧誘されたことがないだろうか？　おそらく、それは不動産のプライベートファンドだ。

多くのオルタナティブ投資は、成功するのが難しい。一方で、投資家が豊富な専門的知識と資格を備えていれば、成功の確率は高くなる。オルタナティブ投資にはどのような戦略があるのか、その選択肢について、これから解説しよう。

オルタナティブ投資のほとんどが最低投資額や適合性要件を設けており、投資家は参加する前にこれらの基準を満たさなくてはならない。資産総額100万ドル以上を有する「認定投資家」のみが利用できる商品もあれば、資産総額500万ドル以上の「適格購入者」向けのものもある（*60）。

*60　ここでは意図的に飛躍したが、端的に言えば、これらのタイプの投資は富裕層向けで、ほとんどの人が利用できない。

●ヘッジファンド――株式投資における最悪の方法

もっと手数料や税金を支払いたい、自分の投資信託を換金できなくてもいい、自分の資産がどうなっているか知りたくない、リターンは平均以下でいい

――と言う人などいない

ヘッジファンドにはあらゆる戦略があるが、もっとも一般的な投資対象は株式だろう。２００８年、ウォーレン・バフェットは、ヘッジファンド運営会社プロテジェ・パートナーズの創業者テッド・シーデスに対決を挑んだ。向こう10年で、ヘッジファンドがパフォーマンスにおいて株式インデックスファンドを上回ることができるかどうかを賭けての勝負だ。賭け金の１００万ドルは、勝者が選んだ慈善団体に寄付される（＊61）。

バフェットは「できない」に賭け、ヘッジファンドは高い手数料を正当化できないと断言した。一方、シーデスは、ヘッジファンドはインデックスファンドを上回るばかりか、リスクを抑えることができると賭けた。単に株式とヘッジファンドの総合的なパフォーマンスを比較することもできたが、バフェットはあまりにも自信にあふれ、ヘッジファンドの選択でさえも全面的にシーデスに任せた。バフェット自身が選んだのは、Ｓ＆Ｐ５００に連動するインデックスファンドだ。対するシーデスは、ヘッジファンドに特化した五つの投資ファンドを選りすぐり、資金を投入した。

この勝敗と結果については、のちほどお教えしよう。

私は、株式や債券、不動産、オルタナティブ投資といったアセットクラスを多数組み合わせる分散投資の信者だ。とはいえ、株式を投資対象とするヘッジファンドは、けっしてポートフォリオに組み込まない。そのわけは数々あるが、第一の理由はいたってシンプルだ。ヘッジファンドへの投資は、ベンチマークを下回る確率を高めるうってつけの方法だからだ。この見解と異なる情報を、あなたは聞いたことがあるかもしれない。それでは、いくつかの事実を確認していこう。

ヘッジファンドは、分散投資を目的とした、大口出資者のみが利用できる私募投信だ。そのいくつかは「イベントドリブン（事象駆動型）」、つまり主要事象に応じる戦略を駆使して、紛争や原油不足や経済危機などの状況下でも収益を追求する。ロング・ショートという、割安な銘柄を買って、割高な銘柄を売る戦略もある。デリバティブやオプションを利用するものもある。多くが用いるのはレバレッジ、つまり借り入れを利用して自己資産のリターンを高める方法だ。

以上はヘッジファンド運用方法のほんの一部である。多くの戦略の主要目的は、小さいボラティリティ（価格変動）で収益をもたらすこと、そしてできれば、より高い収益を追求することだ。ヘッジファンドマネージャーは、過去10年間のように市場平均を下回るとき、ボラティリティの抑制を優先したために収益が減少したのだと弁明する。だが私の経験からすると、「収益の減少」が出資者に事後報告されたとき、とりわけ非営利団体や大学基金は大きなショックを受ける（＊62）。

私が経営するクリエイティブ・プランニングでは、株式対象のヘッジファンドはいっさい扱わない。将来の成績を上げて目標を達成するには、ヘッジファンドは不適切であることが明白だからだ。ヘッジファンドには、高額な税金や手数料、莫大な運用リスク、運用状況の不透明性、そして低い流動性といったデメリットがある。

第一に、税金が高くなる。巨額の金融資産を持つ人にとっては、資産配分に次いで税金が、将来の成績を大きく左右する要因となる。したがって、どんな場合でも節税を意識すべきだろう。しかし、ヘッジファンドはこの逆だ（＊63）。

ヘッジファンドマネージャーが積極的に取引することで、多額の税金が発生する。その額は、インデックスファンドへの投資から生じる税と比べると、はるかに大きい。投資家にとっては大きな痛手となる。

第二に、ヘッジファンドの手数料は、ばか高い。一般的には1・5パーセントから2パーセントの管理手数料が、ポートフォリオの成績が上がっても下がっても発生する。それに加え、20パーセントの運用報酬を（成績がプラスになった場合、成功報酬として）ファンドマネージャーに支払わなければならない（＊64）。高コストは、将来の成績に大きく響く。二つ目の痛手だ（＊65）。

第三に、ヘッジファンドマネージャーはリスクをいとわない。前述のように管理手数料は一律であるため、あなたの資金を用いて躊躇せず莫大なリスクを負う。なにが起ころうと2パーセントの手数料が約束されているなら、そしてあわよくば莫大な報酬が得られるなら、誰だって大胆な賭けに出るだろう。ヘッジファンドの運用コストが30パーセントにのぼることもある。ヘッジファンドマネージャーは己の富を増やし、1年後に運用が失敗に終わっても痛手を被ることはない。少々のうしろめたさを覚えたとしても、それもすぐに克服するだろう（＊66）。あなたにとっては、三つ目の大きな痛手だ。

第四に、ヘッジファンドは通常、投資対象や戦略などの情報を開示しない。したがって、現在自分がなにを保有しているのか、どのようなリスクを負っているのか、出資者は知らない。ほとんどのヘッジファンドでは、運用報告書を受けとってから、なにが起こったのかをはじめて知ることになる。私は、透明性は重要だと固く信じている。自分が現在なにを所有し、自分の投資はどのように運用されているのか、あなたはいつのときでも知るべきであるし、知る権利があるのだ（＊67）。

最後に、ヘッジファンドの流動性は低い。ファンド出資者は通常、ファンドを解約したくても、毎年特定の時期に開かれる「償還のウインドウ（解約可能な日）」を待たなければならない。これは、換金性の高い、つまり売りたいときに現金化できるインデックスファンドと大きく異なる。投資の種類によっては、たとえば不動産プライベートファンドのように流動性がさほど問題にならないものもあるだろう。しかし、わざわざ本質的に流動性の高い公開株式を投資対象とし、それを流動性の低い投資戦略に組み合わせる必要はないはずだ。

要するに、ヘッジファンドは税金が高く、運用コストも他と比較すると2～5倍ほど高く、出資者自身がリスクを掌握できず、運用状況の透明性が低く、解約に制限があるために現金化したいときにできない。とはいえ、これだけのデメリットがあるにもかかわらず、それでもヘッジファンドに投資する人はいる。なぜだろう?

答えはシンプルだ。投資家は、ヘッジファンドがベンチマークを上回ることができると信じているからだ(*68)。

残念ながら、ヘッジファンドの実際のパフォーマンスは、投資家が思うほど良くない。

ヘッジファンドは、稀少でも特別でもない。驚くことに、少なくとも一万種ものヘッジファンドが出回っており、その数は米株式の2倍に相当する。クレディ・スイスのヘッジファンドインデックスは、ヘッジファンドのパフォーマンス状況を戦略別に追っている。そのデータ比較により、インデックス開始時の1994年以降(弱気相場と強気相場の両方を含む期間)、S&P500は、主要ヘッジファンド戦略を年率ベースで2・5パーセント上回っていることが明らかになった。そのうえ、業績不振により倒産するヘッジファンドは非常に多い。独特な戦略を用いるヘッジファンドを追跡した近年の調査(米ドル建て以外のものや、ファンド・オブ・ファンズを除く(*69))によると、1995年に存在した6169のヘッジファンドのうち、調査終了時の2009年まで存続していたのは、約37パーセント(2252)にしか満たなかった。

「ヘッジファンドでも優秀なものがあるだろう。長期にわたって最高のパフォーマンスをもたらすユニコーン(稀少な存在)だっているはずだ」とあなたは思っているだろうか? 確かにそうかもしれないが、統計的に見れば、何千ものヘッジファンドの中で、せいぜい一つか二つといったところである。

ここで恐るべき事実を述べよう。もっとも評判の良いヘッジファンドは、もっとも壮絶な末路をたどることが多い。1998年、ノーベル賞受賞経済学者たちによって運営され、世界最強ヘッジファンドとうたわれたロングターム・キャピタル・マネジメント（LTCM）が一夜にして破綻し、世界の金融市場を激しく揺さぶった。「ばかげた投資法」とヘッジファンドを酷評してきたウォーレン・バフェットは、LTCMの失態についてこう述べている。

「おそらくLTCMの運営陣の知能は、ごく一般的な国内民間企業で働く16人の平均IQとさほど変わらないだろう。LTCMには信じられないほどの知性が集結していた。そのうえ、16人の豊富な経験を合算すれば…（中略）…おそらく350年から400年の専門的経験があった。さらには、運営陣のほとんどが莫大な自己資本すべてをこの事業に注ぎこんだ…（中略）…それでも、彼らは破綻したわけだ…（中略）…これは、私にとって非常に興味深い事実だ」（*70）

金融危機を予測して住宅ローン担保証券の空売りに成功したジョン・ポールソンは、近年のヘッジファンドのスターである。当時、何十億もの富を得て、彼の出資者に1年で巨額の収益をもたらした。ところが、2011年の市場が上昇基調にあるとき、出資者にとっては不幸なことに、ポールソンは52パーセントの損失を出した。さらには2011年以降、彼が運営するヘッジファンドは、出資者から集めた資金のうちの290億ドル超を損失計上している。だが、ポールソンのようなケースは稀ではない。2015年以来、毎年、倒産するヘッジファンドは開業する数よりも多い。

ヘッジファンドの庇護者は(＊71)、おそらくこう言うだろう。ヘッジファンドは以前、ベンチマークを上回ることを主要目的にしていたが、今はポートフォリオの価格変動を抑えて、波をスムーズに乗り切ることに専念しているのだ、と。しかし、そのような主張は、近年の調査結果に矛盾する。

研究者は、2002年から2013年にかけて、価格変動の抑制を追求したヘッジファンドを、60／40の比率で構成される株式インデックスと債券インデックスのポートフォリオと比較した。これによると、シンプルなインデックス投資によるポートフォリオは、パフォーマンスにおいてヘッジファンドを上回っただけではなく、価格変動もより小さかった。

さて、ウォーレン・バフェットとテッド・シーデスの賭けに戻ろう。10年後の賭けの終了時、S&P500インデックスは99パーセントの伸びを示し、年平均リターンは7・1パーセントだった。一方、ヘッジファンドは24パーセント上昇、年平均リターンは2・2パーセントにとどまった。

結論はこうだ。ヘッジファンドは、誰かに利益をもたらす。でもそれは、あなたではない(＊72)。

＊61　巨大な賭け金だ。私ならブラックジャックで25ドルを賭けるだけで緊張する。
＊62　誰だってこのような事後報告は歓迎しない。
＊63　公共機関は税金を払わないが、あなたはおそらく公共機関ではないだろう。
＊64　実際、ヘッジファンドが失敗する確率は高い。
＊65　あなたが機関投資家の場合、くれぐれも気をつけること。これも他のデメリットもあなたの組織に大きな打撃を与える。おそらく、これらが理由で、投資委員会でコンサルタントを交えての話し合いが始まり、なぜか平均以下のリターンをさほど問題

視しなくなる。

＊66　噂によると、コミッションで購入した豪華ヨットでイタリアの海岸沿いを走れば、これくらいのことは忘れられるらしい。

＊67　もうカウントはしない。三つもデメリットがあれば、ヘッジファンドが良い投資戦略とは言い難い。

＊68　カクテルパーティでこのように自信満々に語る人は多い。ヘッジファンドはナイトクラブのＶＩＰたちのためにつくられている。

＊69　ファンド・オブ・ファンズとは、複数のファンドに投資するファンドのことだ。手数料が二重にかかる。

＊70　バフェットは「興味深い」と表現しているが、このファンドに出資した人たちは、間違いなく痛罵しているだろう。

＊71　庇護者はたいてい、ヘッジファンドを運営しているか売っている人たちだ。

＊72　ヘッジファンドマネージャーは相変わらず、儲かりすぎて笑いがとまらない。なんとバカなやつらかと私たちを笑っている。しかし、この状況を許しているのは私たちだ。

●プライベートエクイティ

プライベートエクイティファンドとは、非上場会社に（通常数年間）資金を投入し、市場で未公開の株式を取得することをいう（＊73）。

プライベートエクイティは三つのカテゴリーに分類される。一つ目はベンチャーキャピタル。これを別のアセットクラスに分けて考える人は多い。二つ目はグロースキャピタル、そして三つ目にバイアウトだ。**ベンチャーキャピタルファンド**は、立ち上げ期の若い企業や新興企業への投資だ。この概念に惹かれて投資するケースはよく見られる。この投資では、利益は期待できない。リターンも成果も得られないことがある。ハイリスクを伴う投資法であり、大半の投資家には向いていない。これについては、のちほどくわしく説明しよう。

プライベートエクイティの定義を考えるとき、たいていの人は、このサブカテゴリーに属する**グロ**

ースキャピタルを思い浮かべる。グロースキャピタルファンドは成熟した企業、つまりすでに主要事業や商品から安定した売り上げがあり、リターンはもちろん、利益を計上している将来有望な企業への投資を指す。最後の**バイアウトファンド**では、投資対象となる企業の過半数の株式を取得する。ここではレバレッジ効果を用いることがほぼ常だ(*74)。

さあ、それぞれに焦点を絞ろう。

*73 プライベートエクイティファンドは公共団体にも出資できるが、公開市場で取引することはできない。
*74 金持ちの人びとはこれを「デット(借入)」と呼ぶ。

●ベンチャーキャピタル

克服すべき敵は自分たちさ。

――ポーゴ(米コミックのキャラクター)(*75)

2017年のサンフランシスコでのことだ。私は、ミーティングの場所として指定されたダウンタウンのカフェに座っていた。待ち合わせの相手は、シリコンバレーで近年ひときわ注目されている大富豪だ。

1時間遅れて、無精ひげとフード付スウェットシャツ姿で現れた。このとき、私の目には、男性がシリコンバレーの要人というよりも、ドラマ『シリコンバレー』の俳優のように映った。実際の彼は、私の想像以上にクールで頭の回転も速く、すばらしい洞察力を披露しながら話題を次から次へと変えていった。ウエイターに飲みものを注文し、最近のヨットでの家族旅行について簡単に触れたあと、さっそく本題に入った。

彼は数十億ドルの自社株を保有し、スタートアップ企業に投資するのが好きだと言う。実際に、すでに少なくとも100社に投資している。ファミリーオフィス最高財務責任者が保有資産の分散を検討するように彼に勧め、そうして私を選んで今回のミーティングの場に呼んだというわけだ。

私は分散化されたポートフォリオのメリットを述べ、彼の資産の一部を分散投資すべきだと勧めた。だが、彼は私にこう説明した。多数のベンチャー企業に出資しているが、そのほとんどが失敗すると見込んでいる。数社が成功した場合、その利益を他のベンチャー企業に出資するつもりだ（このように出資を受けて成長した企業は数多く、ウーバーはその一例だ）。たとえ全部が失敗したとしても、自分には莫大な資産があるため、痛くもかゆくもない。

これに対する私の見解を言おう。本質的に、彼の見かたは間違っていない。自分ではとうてい使えきれないほどの資産を持っているなら、気の向くままに他の使い先を決めればいい。すべてを寄付したり、社会の未来のために投資したり、スタートアップ企業に投資したりしてもいいし、ドナルドダックのケチな叔父のように、金の山に飛び込んだって構わない。

ベンチャーキャピタルほど、かっこよく聞こえる投資法は他にない。アメリカの主要企業の多くは、ベンチャーキャピタルファンドから生まれている。グーグルやフェイスブック、ツイッター、ドロップボックス、ウーバーをはじめ、あなたが見聞きしたユニコーン企業のほとんども、この中に含まれる。しかし、ベンチャーキャピタルファンドがとてつもなく莫大な利益をもたらすと、誤解する投資家（さらには機関投資家）も数多い。

カウフマン財団は（*76）、20億ドルの資金を持つ、米国内最大レベルの起業家支援団体だ。2012年、20年以上にわたってベンチャー企業100社に関わった経験をもとに作成された、画期的な報告書『We Have Met the Enemy……and He is Us（敵を見つけた……それは私たち自身だ）』を公開した。興味深い表題で、副題『わが財団がベンチャー企業100社との20年の経験から学んだこと、そして経験から生まれた希望』もいい。

この報告書によると、大多数のベンチャーキャピタルファンドがパフォーマンスにおいて、スモールキャップインデックス（米国の小型株式の動向を示す株価指数）を下回ったという（上回ったのは30のベンチャーキャピタルファンドのうち四つのみ）。また報告書は、平均的なベンチャーキャピタルファンドは、「諸経費を差し引くと、出資者に収益の分配ができない」と指摘する。これは一つの懸念材料だ。というのも、ベンチャーキャピタルファンドの投資先は中小企業だが、上場スモールキャップインデックスファンドの企業はさらに小さい。この観点から見ると、ベンチャーキャピタルファンドがどれほど高いリスクを抱えているかがわかるだろう。

ベンチャーキャピタル投資の欠点は他にもある。リスクがより高い、コストがより高い（標準的に

2パーセントの手数料と20パーセントの報酬料）、流動性がより低い（少なくとも10年は解約できないことが多い）、そして透明性も低い（個人経営のスタートアップ企業でなにが起こっているか投資側はわからない）。

報告書から導き出された結論はこうだ。投資家は、ベンチャーキャピタルファンドよりも、スモールキャップインデックスファンドに投資したほうが賢明だ。「私たち投資家は、時間を無駄にし、またしても噂に惑わされ、多くの研究で明らかにされた認知バイアスにまんまと陥っている」と研究員たちは報告書で述べている。要するに、ハイリターンが期待できるという甘い話を信じて、ベンチャーキャピタルファンドへ投資する人びとが多いということだ。

もし、あなたがまだベンチャーキャピタルファンドに興味を持っていて、あなたのファンドはカウフマン財団のファンドよりも優れていると確信しているなら、今一度よく考えてみてほしい。非営利団体であるカウフマン財団とは異なり、あなたには利益に対する税金を支払う義務がある。ファンドがある程度成功し、リターンがあるとしても、税金を払えば利益はさほど残らないだろう。ほとんどの人は、10年あるいはそれ以上の長期間にわたって大企業株を上回ることができる投資戦略を探しているはずだ。それならば、ベンチャーキャピタルではなく、スモールキャップインデックスに投資することをお勧めする。

＊75　ポーゴは哲学者でも投資管理者でもなく、40年代から80年代にかけて新聞に掲載されたコミックのキャラクターだ。
＊76　カウフマン財団の所在地は、わが街カンザスシティだ。

●グロースキャピタルとバイアウト

プライベートエクイティは後知恵をもって投資し、
ベンチャーキャピタルは先見の明をもって投資する。

——ジョージ・ヴァン・ヒューガルデン

グロースキャピタルファンドの「グロース」は、成長するという意味がある。この種のファンドは、投資家から集めた資金ですでに業績がある小さな会社を買い、ファンドマネージャーの専門的知識と手腕によって、より高い利益をもたらすように事業を拡大させる。投資家の目的は、出資する会社の継続成長を助け、将来的には会社が買収価格よりも高く売却されたとき、あるいは会社が上場されたときに利益を得ることだ。グロースキャピタルファンドは運用に際して、投資家から集めた資金のほか、たいていレバレッジ効果を利用している。バイアウトファンドのときは特にそうだ。企業買収のために資金を借り入れることにより、ファンドマネージャーは利用できる資本を拡大でき、将来的に企業価値が増した際に、より大きな利益を生み出すことができる。このアセットクラスは急速に拡張しており、現在、８０００ものプライベートエクイティファンドがあるという。その数は、上場企業の数をはるかに上回っている。

１９８０年代以降、多くの富がプライベートエクイティに注がれ、過去20年でプライベートエクイ

米上場企業の数(1991年~2018年)

図6-2

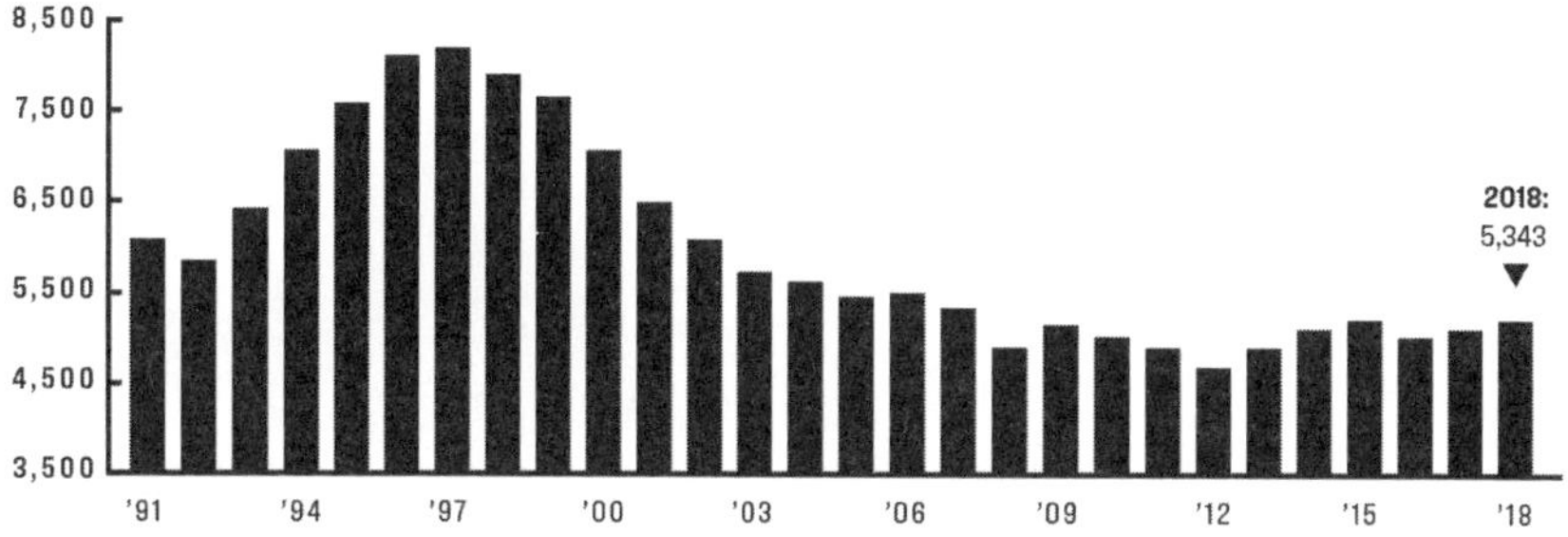

米上場株式 と 非上場株式のリターン

MSCI AC ワールドインデックス(ACWI)のトータルリターンおよび
グローバル・バイアウト&グロースキャピタルインデックス

図6-3

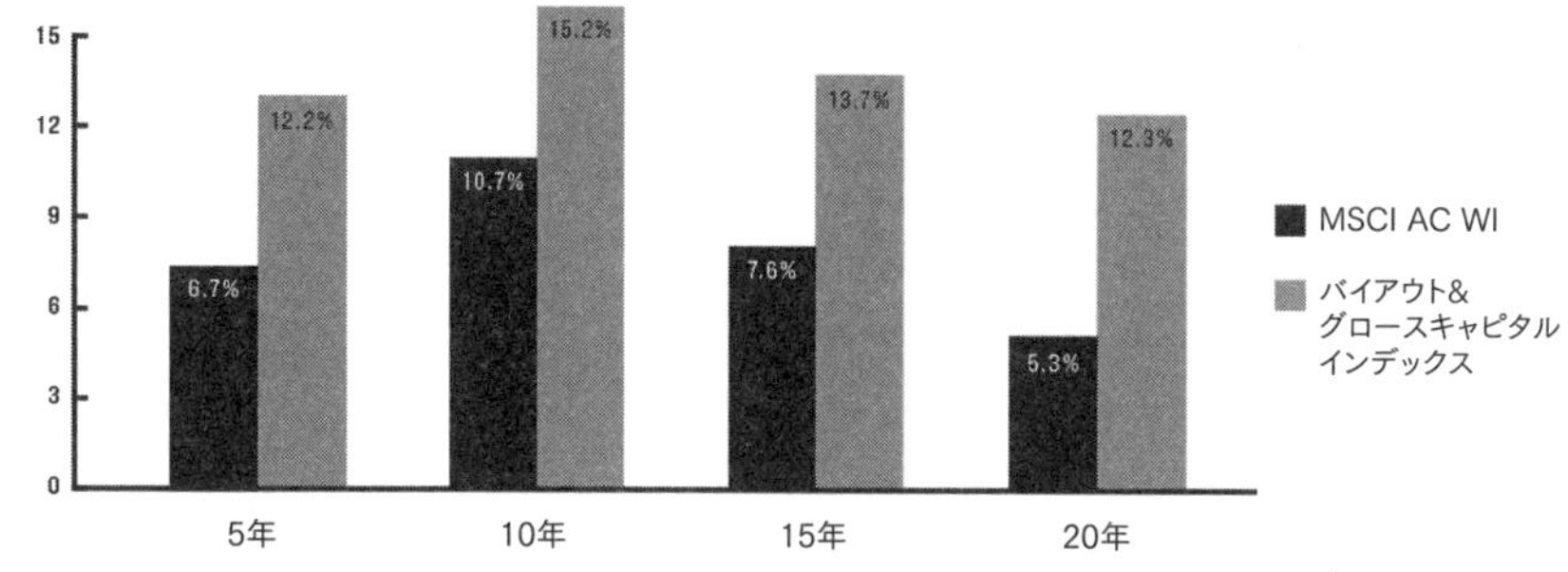

ティは激増した。過去のデータを見ると、グロースキャピタルファンドの運用成績は、継続的に上場株式を上回っているのがわかる。

過去数十年にわたり、多くの大学や非営利団体などの機関が、オルタナティブ投資、とりわけヘッジファンドやプライベートエクイティのパフォーマンスについて調査を続けてきた。その結果、次のことが明確になっている。ヘッジファンドの運用成績は継続的に株式ファンドを大幅に下回り、プライベートエクイティファンドの運用成績は株式ファンドを大幅に上回った。これらのデータをもとに、現在、投資機関はヘッジファンドの配分を減らしたり排除したりし、より多くの資金をプライベートエクイティにつぎ込んでいる。

プライベートエクイティファームは、利益ポテンシャルの高い企業を探し出し、資本を投入し経営ノウハウを提供する。出資して、企業の経営状態を観察するだけの運用会社もあれば、アドバイスや支援を惜しみなく与えて企業の育成に積極的に取り組む運用会社もある。通常は、経営に積極的に関わり、ときには事業の経営方針や戦略も構築する。資金支援と経営支援を合わせた投資法は、全関係者にメリットをもたらす。プライベートエクイティファームは、出資先企業の価値を最大限まで引き上げてから売却し、そこから生じた利益を分配する。一方、企業経営陣は、モチベーションやノウハウを授かり、さらに成長する。そして投資家は通常7年から12年にわたり資金を投入し、利益の拡大を図る。

プライベートエクイティファンドの卓越した成績は、私自身も仕事上で経験してきた。クリエイティブ・プランニングでは、1000万ドルから5億ドル規模の投資に興味を持つクライアント少数に焦点を合わせた、超富裕層向けのプログラムがある。そもそも、そのような富豪は、どのように巨万の富を築いたのだろうか？　彼らの多数は、急成長していた企業、あるいは高い成長ポテンシャルを有していた企業を所有し、その一部あるいは全部をプライベートエクイティファンドに売ることによって、巨額の利益を得た。

ビジネスの才知に富む人の多くは、画期的なアイディアを持ち、人びとを雇って事業を始めるのだが、事業を拡大させるための十分な資本やスキルを持たない。ここでの「事業の拡大」というのは、収益と（究極的には）利益を劇的に増やし、企業の価値を高めることを指す。プライベートエクイティファームは、企業の価値を向上させることに長けており、資金のみならず、経営のノウハウといった貴重な資源を供給することができる。

クリエイティブ・プランニングのクライアントが、所有する事業の資本の大部分を1年でプライベートエクイティファンドに売り、残りを3～10年後に以前の倍の価格で手放すということは、稀ではない。この利益は、ファンドマネージャーが企業価値の増大において成功したという証だ。

また、プライベートエクイティファームは、豊富な経験やコネクションを駆使し、企業の売却価格を最大限まで引き上げる。株式や事業の譲渡先としては、戦略的パートナー（ビジネスをただちに拡大することができる他の企業。たとえばフェイスブックによるインスタグラムの買収など）やスポンサー（他のプライベートエクイティファンド）がある。あるいは株式を新規に証券取引所に上場させて、株式を売却して利益を得る方法もある（たとえばグーグルやＬｙｆｔなど）。一流のプライベートエクイティファームは、企業の価値の向上のために専門知識を提供し、成長促進のために資金を投入し、優秀で経験豊富な人材を育て、そして規律を整える。しかし、このアセットクラスにも欠点はある。

この投資は未公開株式を対象にするため、リターンを得るまでに長い年月を要する。したがって、短期間で収益を得たい人には、プライベートエクイティファンド投資は向いていない。税金の還元も、（米国の場合）規定の納税申告用紙が送付されるのを待たなければならないため、ほぼ間違いなく遅れるだろう。そしてもちろん、期待する結果が得られる、あるいは良好な状態が続くという保証はない。株式のパフォーマンスがいつも債券を上回るとは限らないのと同じ道理だ。それでも、過去のデータや経験をもとにこう言える。プライベートエクイティは、長期で運用する辛抱強い富裕層の投資家に、今後もすばらしいリターンをもたらすだろう。

プライベートクレジット

銀行家というのは、無愛想にあなたに半袖のシャツを貸して、長袖のシャツを返せとあとで要求するやつだ。

——ジャロッド・キンツ（作家）

あなたが銀行でないなら、プライベート（非公開）クレジットの分野のダイレクト・レンディング・ファンドに投資することによって、富を得ることができるだろう。次のように、プライベートクレジットには数々の種類がある。

●消費者向けクレジット
●不動産担保ローン
●企業向けダイレクト・レンディング
●少額融資（映画チケットからレーシングカードライビングに至るまで、あらゆる目的への財政支援）

ここでは、中堅企業向けのダイレクト・レンディング・ファンドに着目する。もし、プライベートエクイティ投資を私募形式の株式投資と捉えるなら、ダイレクト・レンディングは、私募形式の債券投資ともいえるだろう。

収益が2500万ドルから数億ドルの中堅企業は、中小企業向け融資のためには規模的に大きすぎ、とはいえ大企業と比べると資金調達は難しい。また、非公開会社であるため、資本市場へのアクセスがなく、社債を発行できない。このような企業が事業拡大に向けて資金を調達するには、本質的に次のような二つの選択肢がある。事業の一部をプライベートエクイティファームに売却する。あるいは、ダイレクト・レンディングから資金を借り入れる。

投資のプロが資金を出資者から集め、事業を評価するという点では、ダイレクト・レンディングは、プライベートエクイティに似ている。だが企業の株式は購入せず、単に資金を貸し付けるだけだ。ダイレクト・レンディングには担保付きも担保なしもある。担保を立てる場合、不動産や機器などの財産を抵当にする、あるいは株式に換算して貸付を行なうという選択肢が考えられる。銀行が関与しないため、これらのファンドは借り手に銀行よりも高い利息を要求できる。

プライベートエクイティの場合と同様で、ダイレクト・レンディング・ファンドへ投資をしたい場合、一定の条件を満たす必要がある、リターンを得るまでに長期の時間を要する、税申告においてさらなる手間と時間を要する、といった点を考慮しなければならない。

ダイレクト・レンディングはこの分野において比較的新しいファンドのため、投資戦略として社債よりも優れているとは確約できない。しかし、数々のクレジットのリスクプロファイルを比較すると、ダイレクト・レンディングは長期的に見れば、より高いリスク調整後リターンをもたらす可能性が高いと思われる。ただし、これらのファンドは運用者の手腕やリスクプロファイルに大きく左右されるため、経験のある優秀な投資家でも慎重に判断し行動しなければならないだろう。

不動産プライベートファンド

土地を持たねば、一人前とはいえぬ。

——ユダヤの格言

プライベートな不動産という言葉は広義に解釈できる。もし、上場REIT以外の不動産を対象に投資しているなら、プライベートな不動産を所有しているということだ。たとえば、自らが所有する農作地を人に貸すのは、オルタナティブ投資だ。別荘を貸すときや、私募で集合住宅の一部を購入するときも同様である。

この他にも、私募あるいは公開市場外での取引が行なわれる不動産は多くある。あなたはマイホームを購入したかもしれない（私宅があるのはすばらしいが、これは投資対象物件とは呼べない。くしくはのちほど述べる）。それとも、別宅あるいはバケーションホームを所有しているだろうか（あなたが購入を投資と見なしていても、残念ながら、所有するだけでは投資とはいえない）。あるいは、あなたは所有する不動産物件から家賃収入を得ている、もしくは今後に家賃収入を得る予定があるかもしれない（これは、投資の一種だ）。不動産へ投資するのであれば、方法の一つとして、プライベートファンドという選択肢がある。これは、専門家があなたの資金をもとに、ある種の不動産物件に投資することをいう。

では、先に述べたプライベート不動産を順番に見ていこう。

●マイホーム

2000年の夏、私と妻は初めてマイホームを購入した。その興奮を今でも覚えている。なにしろ、それまで「投資」した中で、もっとも高額な資産だったからだ。誰もがそうするように、私たちは自らのファイナンシャルプランを更新する際、純利益計算書にマイホームを「資産」として書き入れた。住宅ローンは債務として記載されていた。だが現実には、マイホームと住宅ローンの両方は、キャッシュフロー(資金が流出入)する「債務」だ。ローンに対して、われわれは毎月利息を払う。マイホームのために毎年、われわれは資産税、維持費、そして保険料を支払う。住宅ローンの返済が完了したとして、それらコストは残り、それどころか歳月とともにコストが高くなる可能性もある。

ほとんどの人にとって、購入したマイホームは、もっとも大きな資産だろう。そして多くの人にとって、毎月の住宅ローン返済という形での強制的な「貯蓄」は、長年にかけて徐々に所有権を確立していくことである。そして、将来にマイホームを売却して、より小さな住宅を購入した際には、余剰分を老後の蓄えにあてることができる。そのような観点から見ると、自分に貯蓄を強いるという意味では、マイホームの所有は有益と言えるだろう。

しかし、誤解のないように、ここではっきり述べよう。マイホームは良い投資法ではない。同額を、つまらない金融商品に分散投資したほうが、ローン返済と同じ歳月を経たあとに、はるかに良い成果をもたらす。もちろん、人には住むところが必要だ。そして多くの人は、ローン返済を強いられても、所有権を徐々に確立していく持ち家のほうが、賃貸よりもいいと思っている。

結局のところ、持ち家がいいか賃貸がいいかは、その人の好みであり、感情に関わる問題だ。これがお金だけの問題であれば、四面の壁に囲まれただけの簡素な部屋に住み、残りのお金を投資にあてることだってできるだろう。しかし、これはお金の問題じゃない。マイホームは、私たちが人生のほとんどの時間を過ごし、思い出をつくる場所である。マイホームの購入を考えているなら、自分にとってもっとも心地の良い、支払い可能な、高額すぎない物件を選んでほしい。そして、経済的な余裕をつくって、その分をもっと良い投資へ割り当てよう。

セカンドホーム

クリエイティブ・プランニングで、われわれファイナンシャルマネージャーがクライアントからもっとも頻繁に投げかけられる質問は、「セカンドホームは、投資としていい方法ですか？」だ。私は個人的に、このようなクライアントとの会話を楽しんでいる。というのも、この質問は、財務管理の本質へ直につながるからだ。多くの場面で、われわれは、財産を最大限まで増やすコツに関する経済的な質問や、財産管理の意義といった心理的・精神的な質問を受ける。「財産で、セカンドホームを購入したほうがいいですか？」という質問に対して、私たちはほとんど毎回、率直かつはっきりと、ノーと答える。第二のマイホームは十中八九（第一のマイホームもそうだが）、良い投資法ではない。それは、資産価値、そしてキャッシュフローという二つの理由からだ。

まず、セカンドホームの資産価値の増減について話そう。仮に、あなたがフロリダのコンドミニアムかコロラドの山小屋を購入し、それを10年か20年後に購入額より高く売ることができたら、儲けたと思うだろう。しかし、マイナスのキャッシュフロー（支出）を計算に入れると、もはやそう思えなくなる。

私の義理の父と母は、フロリダのメキシコ湾にコンドミニアムを持っており、わが五人家族は毎年そこにお邪魔し、おじいちゃんやおばあちゃんとの休暇を楽しんだ。いつしかそれは、わが家の伝統になり、子どもたちは毎年フロリダ行きを心待ちにした。だが、子どもたちが大きくなるにつれ、義父母のセカンドハウスは手狭になっていった。そして金融危機のさなか、同じ棟の一軒が売りに出された。熟考を重ねたあと、私と妻は思い切って、家族のバケーションハウスとしてコンドミニアムを買うことを決めた。それから10年経った今、同じ棟の同様のコンドミニアムが数軒、私たちが支払った額の2倍の価格で売りに出されている。

がっつり儲けることができるだろうって？　いいや、実際は反対だ。この10年間、私たちはこのコンドミニアムのために、マイホームのために支払うのと同じくらいの経費や維持費を支払ったが、それらのコストは資産価値の評価では考慮されない。購入当時の価格は市場最低価格だったが、現在の価格は史上でもっとも高い。それでも、私たちが今までに支払った全コストを差し引くと、利益はまったく生じない。もし、当時、セカンドホームを買うかわりに、同額を株式インデックスファンドに投資していたなら、利益は今ごろ2倍になっていただろう。

本質的に、良い投資は、プラスのキャッシュフローを生成する。たとえば、株式を所有していれば、そこから配当金を受ける。債券を持っていれば、利金を受けとる。上場不動産投資ファンドなど、投資対象の不動産を所有していれば、分配金または賃貸料が支払われる。たとえ、それらの資産価値が変動しているとしても、**お金はあなたに流れこんでくる**。これはあなたにとっては有益だ。でももし、あなたがセカンドホームを所有していたら、**お金はあなたから流れ出ていく**。要するに、世界中のどこでバケーションをするにしても、セカンドホームなど購入するよりも、リッツカールトンホテルに泊まったほうがいいということだ。

今述べてきたのはすべて経済的な面での話だ。貯蓄や投資は、ほとんどの人にとって、より多くの富を得たいからではなく、富を人生において意義あることに使うためだ。**お金の真の価値は、それが私たちになにをもたらすかによって評価すべきだ。**

富は家族の堅固な基盤になり、生活を支え、ニーズを満たしてくれる。富があれば、慈善を施すことも、コミュニティに貢献することも、成功よりも意義の追求に専念することもできる。一方で、富があれば、かっこいいと思った車を買うことも、家族との思い出を育てるセカンドホームを買うことだってできる。したがって、セカンドホームは、資産の構築に適した投資法ではないが、心を潤わせるための投資として見れば、価値あるものだろう。

そのように、私もフロリダのコンドミニアムを見ている。家族との貴重な時間や思い出をつくるために、私は意図的に経済面での利益を犠牲にしている。答えはいたってシンプルだ。セカンドホームがあなたの心を満たしてくれると確信するなら、そして自らの経済的な目標の達成を断念することなくセカンドホームを所有できるなら、ぜひすべきだ。

●不動産プライベートファンド

すでに述べたが、不動産を分散投資の対象として組みこんでいるポートフォリオは価値が高い。だが、私個人の見解からすると、アセットクラスとしての不動産は、過大評価されている。なぜか、不動産は株式よりもベターで安全な方法だ、と頻繁に言われている。ラスベガスで一儲けしてきた友人が自慢げに語るように（これもすでに述べたが）、不動産に関して語りつがれるのは、何百万ドルも稼いだ「勝ち」話ばかりで、破産について耳にすることはない。どの種の投資にもリスクはつきもので、不動産のリスクが株式のリスクと異なるからといって、不動産が本質的にリスクフリーだと見られるのはおかしな話だ。

このような勘違いをもたらす一因は、不動産で利用されるレバレッジにある。投資においては、レバレッジは借り入れをして投資資本をつくることだと、すでに話した。不動産の場合、ほとんどの投資は100パーセント現金で行なわれるのではなく、投資家は購入しようとしている不動産物件を担保にして資金を借り入れる。

仮に、あなたが10万ドルのメゾネットアパートを購入したいとしよう。あなたはおそらく貯金の2万ドルを頭金にし、残りの8万ドルを銀行から借りる。1年後、物件の価値は12万ドルに上がり、あなたは物件を売却することにする。銀行に8万ドルを返済したあと、余剰の4万ドルはあなたの利益となった。つまり、物件の価値は20パーセント上昇しただけだが、あなたの利益は100パーセント上がった。これがレバレッジの効力だ。出資者のリターンを増幅してくれる。

だが厄介なことに、この力は逆方向にも働く。

仮に、先述の物件の価値が8万ドルに下がったとしよう。あなたは物件を渋々売り、ローンを返済してしまうと、手元になにも残らなくなった。物件の価値の20パーセントを失っただけでなく、100パーセントの利益を損なった。星の数ほどの不動産投資会社が破綻している理由が、これでわかっただろう。投資家は借り入れすぎると、物件の価値が急落したときに、その価値をはるかに上回る損失を被ることになる。さらには、状況が悪化したとき、それは瞬く間に最悪の事態に変わる。その深刻さが浮き彫りになったのは、2008年のサブプライム住宅金融危機だ。不動産価格は激落し、多くの家族が住宅ローンを支払えなくなった。住宅を売却しても多額の負債を背負った人は数知れない。

もちろん、ほぼすべての投資でレバレッジ効果を使うことができる。

こう仮定しよう。私が投資口座に10万ドル持っていて、5万ドルを借りて、さらに多くの株を買ったとする。なんて危険なことをするのだと、ほとんど人は思うだろう。だが、同じことを不動産で行なうと、誰もとがめはしない。不動産のインフレを誘発するパワーは別格で、だから他のアセットクラスに対する基準が不動産には適用しないと、なぜか信じている人がいる。とりわけ、不動産の価格が年々上昇する都市部に住んでいると、こう考えがちだ。しかし、このような短絡的見解は、現状を直視していない。街の一角には、インフラの老朽化や、地域経済を支えていた工場の移転、あるいは購買者の好みの変化により、現在では価値が下がった地域がある。

ポートフォリオに不動産のプライベートファンドを加えることが適切だと考える人のために、その利点をいくつかここにあげよう。まず、投資したい物件タイプ（たとえば、オフィスビルや一世帯向け賃貸住宅など）を選択することができる。また、経済的に窮乏している特定地域、いわゆる「オポチュニティ・ゾーン」の開発計画に投資する場合、税控除の対象となる。

多くの場合、このような投資を実際に行なうのは不動産のプライベートファンド運用会社だ。投資家から集めた資金を、小売スペースや病院、集合住宅などを対象とした特定プログラムへ投入する。ファンドマネージャーの目的は、これらの物件を開発し、通常はテナントに貸して、約7年後に第三者に売却することだ。

この種の投資戦略にも、他のプライベート投資と同様に、ある程度の制約やデメリットがある。運用コストが高く、税確定申告も複雑になり、流動性も低い。不動産プライベートファンドは、途中解約が認められている場合でも、一定の期間にしか解約を申請できない。だがほとんどの場合は、不動産が売却されるまで、資金が戻ることはない。

不動産ビジネス

不動産ビジネスに携わり、本章を呆れながら読んでいる人のために、ここで一つ記しておきたい。本書で述べてきた不動産に関することは、不動産ビジネスと混同されてはならない。建築業者を例にあげよう。建築業者は、収益物件を買うことも、投資対象として物件を所有することもない。彼らの仕事は、資金を出し、価値あるものをつくり、売ることだ。そこから得られる収益は少なくとも30パーセントほどだろう。デベロッパーは多大なリスクを抱えるため、それほどの見返りがないと割に合わない。

上場企業の株式を所有することと、小さい企業を所有することの間に差があるように、不動産に投資することと、不動産ビジネスに携わることはまったく別ものだ。小さい会社にとって、開業すること自体が投資であるように（リスクを伴うという意味で）、不動産ビジネスも同様に資金を投じている。だがこれをアセットクラスの不動産と混同してはならない。

不動産のプライベート投資について考えるときの最善の方法は、次のように自問することだ。世界のトップ企業一社の株式を所有するのと、その企業の建物を所有するのと選択肢が二つある場合、どちらを選ぶだろうか？　賢い投資家であれば、株を選ぶはずだ。

仮想通貨

仮想通貨がいずれ破滅するのは、ほぼ間違いないだろう。

——ウォーレン・バフェット

仮想通貨は、電子マネーである。暗号化技術を駆使して、取引を安全にし、承認されない追加ユニットが組成されるのを防ぎ、個人から個人への通貨の移送を検証する。現在、仮想通貨への「投資」に熱い視線が注がれている。いまや数千もの仮想通貨が世に出回っているが、近年のメディアやインターネット上で常に話題の中心にあるのはビットコインだ。なので、ここでもビットコインに注目する。まずは仮想通貨の背景を説明しよう。

ドルや円やユーロが従来の通貨の種類であるように、ビットコインも仮想通貨の一銘柄だ。ビットコインを開発したのは、サトシ・ナカモトと言われている。しかし、ナカモトが誰なのか、はたして個人なのか団体なのか、まったく知られていない。わかっているのは、ナカモトが政府機関を信用していない（または嫌っている）こと、そして政府の介入を阻止し、誰にも介入されない非集中的な金融制度を構築するのが彼のミッションだということだ。さらにナカモトはブロックチェーンを生み出し、効率的な分散型システムを確立した。ブロックチェーン（「台帳」の役割を果たす主要ボディ）は、各ビットコインが合法的かつ複製不可能なものであると検証する。

ブロックチェーン技術は、インターネット上での第三者との取引が公正であると確証し、取引を安心して行なえるようにしている。ブロックチェーンの誕生前は、同じ取引を成立するには仲介人や中間機関が必要だった。この例としてよく知られているのは、不動産取引だ。

仮に、あなたがマイホームを売るとしよう。ほぼ間違いなく、買い手は見知らぬ個人だ。まずその人物は、あなたが真の所有者であるかを調べるために、管轄地域内の役所へ行き、台帳やデータベースを用いてあなたの身元や所有権を確認する。そうして買い手と（融資が必要な場合）金融機関は安心し、取引を実現できるようになる。このような従来の方法で取引を成立させるためには、中央集権的なデータベースが必須だ。

ブロックチェーンの目的は、中央集権的なデータベースへの依存を断ち切ることだ。ブロックチェーン技術により、参加者グループはそれぞれ台帳のコピーを持ち、取引の記録を追跡することができる。先述の不動産取引の例に戻ろう。あなたが持ち家を仮にマリー・スーという人物に売るとすると、グループ内の全員が当該売買を承認して、それぞれの台帳を更新する。そして将来にマリー・スーがその家を売るとき、次の買い手はスーが真の所有者であることを即時にブロックチェーンの記録と照合できる。これにより、二つのことが実現する。まず、中間にいた政府機関に依存する必要がない。そして、取引が即座に成立する。弁護士を雇ったり、記録や履歴を請求したり、信頼性や正当性を調べたりする手間が省けるわけだ。これは、非常に有効なテクノロジーであり、すでにあらゆる産業や大企業の運営方法を変革している。

ＩＢＭは近年、ブロックチェーン技術に積極的に投資してきた。前ＣＥＯジニー・ロメッティは株主に対し、こう書き記している。

「ブロックチェーンは、共有台帳とスマートコントラクトを融合し、あらゆる事業ネットワークにわたる、あらゆる資産――運送用コンテナなどの物的資産や、債券などの金融資産、あるいは音楽のようなデジタル資産など――の安全な取引を実現します。インターネットが情報のために行なったことを、ブロックチェーンは信用取引のために行なうのです」

ＩＢＭは世界最大規模のスーパーマーケットであるウォルマートと協力し、ブロックチェーン技術を使って流通経路や在庫といった情報を追跡するシステムを開発している。ウォルマートによると、実証実験では、以前は7日を要した果物のトラッキングが、この技術により2秒にまで短縮できたという。ブロックチェーン技術は生まれて間もないが、永遠に生きつづけることは間違いない。

ブロックチェーンにより、私たちの取引履歴すべてを分散型システムの台帳上で管理し、新しい取引において認証を即時取得することが、ごく当たり前となる日は近いかもしれない。こんにち私たちは、政府機関が中央銀行を介して通貨を後押しして管理してくれると期待している。そうして、金融取引においては、地方銀行が中間業者の役割を果たす。ナカモトはブロックチェーン技術の発明により、政府機関や銀行の介入を必要とせず仮想通貨の取引が行なえるプラットフォームを築いた。

現在わかっているだけでも、1000銘柄を超える仮想通貨がブロックチェーンを使っている。新しい仮想通貨のローンチには手数料がかからないことを考慮すると、この瞬間にも1000もの新しい銘柄が生まれているかもしれない。

ビットコインの他には、イーサリアムやライトコイン、イオス、リップル、トロンなどが人気の銘柄だ（*77）。革新的なブロックチェーン技術は、今後、記録管理や契約、取引などの処理方法を大きく変えるだろう。そして、仮想通貨も今後おそらく存在しつづけると考えられる。だが、99パーセントの仮想通貨が急速に泡と消える可能性は高い。

さて、ここからはビットコインの話をしよう。2009年にはほぼ無価値だったビットコインだが、2017年には20万ドルまで上昇、そして2020年の本書執筆時でその価値は5000ドルほどに下がった。不動産が家賃収入をもたらし、債券が利金、そして株式が配当金を投資者に支払う一方で、ビットコインでのインカムゲイン（運用益）はない。

もちろん他にも、保有者に運用益をもたらさない投資は数々ある。たとえば、投資家やコレクターが所有する絵画は、定期的な収入をもたらさないかわりに、より高額な価格提案をする人が現れれば、その価値が上がる。とはいえ、私が思うにビットコインは、2008年に価格が暴落したラスベガスのコンドミニアムや、1999年のインターネット株式に類似している。

当時、バブル景気の中でこれらが現実離れした高値であったにもかかわらず、人びとはコンドミニアムやインターネット株式を買い求めた。人びとの行動は、好景気が続くだろう、のちに他の人がもっと高い値段で買うだろう、という近視眼的な考えに基づいていたのだ。ビットコインが、今後、代替通貨として長期的に発展する見込みは非常に薄い。しかし、ビットコインが金融史に残り、語り草となる可能性は高い。今から20年後か30年後、どのように投資バブルが発生し、崩壊して、多数の人びとを経済的破滅に追いやったのか、議論されるようになるだろう。

ビットコインについて、もう少し付け加えよう。まず、ビットコインはブロックチェーンで取引されるため、ハッキングされることはないと言われている。だが、ブロックチェーンがハッキングされることもある。実際、これまでに多数の投資家が仮想通貨を盗まれ、その被害額はすでに10億ドルを超えている。そして、政府機関が仮想通貨に干渉することはないと主張する人もいるが、その見かたは甘いだろう。規制やコントロール、そして税金が好きな政府機関が、このまま放任しておくだろうか(*78)。

とはいえ、ビットコインが生き延びる可能性が低いからといって、それが不可能だというわけではない。これが投機家の一縷《いちる》の望みでもある。ビットコインが多くの人にとって魅力的であるのは、第三者(中間機関)の介入を排除できるから、そして匿名性を確保できるからだ。何千種とある他の仮想通貨にも同じメリットがある。しかし、実際、ほとんどの購入者は、仮想通貨を使うつもりなどない。ただ単に思惑買いしているだけなのだ。

つまるところ、ビットコインに集中する人気は、思惑買いや**スペキュレーション**によるものだ。スペキュレーションとは、「未知のものに対する予測や憶測。大きなリスクを取って大きな利益を狙う売買」を指す。これは投資の定義とは異なる。投資とは「将来的に資本を増加させるために、現在の資本を経済的戦略や株、不動産物件などに投じて利益を得ること」をいう。入居率90パーセントの集合住宅を購入するのは投資だ。いつか月に人が住むようになるだろうと思って、月の一画を購入するのはスペキュレーションである。

２０２０年の時点で、すでに過去に3回、ビットコインの価格は80パーセント以上下がっている。だが毎回の急落後、価格は急騰し、新高値を更新した。２０１９年は、「ビットコインをクレジットカードで購入する」がグーグル検索での人気トピックだった。どうやら、「約束の地（パラダイス）」に向けて出航するために、人びとは財産を船に積み込んでいるようだ。

すべてのバブルと同様に、あまりにも多くの人が乗り込むため、船はやがて沈むだろう。インターネットバブルは、私たちの記憶に新しい。ライコス、エキサイト、ＡＯＬ、アスクジーブスの失敗を思い出してほしい。これらの企業はすべて、グーグルの登場によって敗退した。仮想通貨市場でも同じことが起こるかもしれない。仮想通貨に私財を投じるのは、リスクが高い賭けであると覚悟すべきだろう。

＊77 １９８2年のディズニー映画『トロン』と混同しないように。
＊78 政府機関は、究極のコントロールメカニズムである「通貨」を諦めるはずがない。

その他のユニークな投資戦略

オルタナティブ投資の種類をすべて書き出したなら、一冊の本ができるだろう。これまでに主なオルタナティブ投資法を取りあげたが、この分野は広く深い。その多様性を知ってもらうために、次の三つを簡単に紹介しよう。

●再保険

あなたが保険（たとえば住宅所有者保険）に加入した際、保険会社は引き受けた保険のリスクを再保険会社に分散する。これによりリスクが軽減され、契約者の保険契約を守ることができる。いわば、保険会社のための保険だ。再保険会社に投資するファンドもある。

●音楽著作権

1990年代、デイビット・ボウイと彼の財務チームが、彼の楽曲のロイヤリティ（印税）を得る権利を売却した。いわゆる「ボウイ債」は、知的財産権の証券化の先駆けとなった。投資家には、テレビやラジオからの楽曲使用料や、ストリーミング配信サイトからの権利収入が分配される。音楽著作権ファンドは近年トレンドとなり、メアリー・J・ブライジからエミネム、アイアン・メイデン、エルトン・ジョンに至るまでの有名アーティストの楽曲著作権が投資対象になっている。

ライフセトルメント

終身生命保険に加入した人のほとんどは途中解約し、払戻金の受け取りで損をしている。ライフセトルメント・ファンドは、解約払戻金以上の高値で被保険者から契約そのものを買い取る。ファンドは、投資家から集めた資金で保険料を支払いつづけ、被保険者が死亡した際に投資家に保険金を分配する。

この他にも、まだまだある。訴訟資金提供のファンド（資金提供者は訴訟が成功した場合に収益を受ける）、絵画、車、あるいはバイオリンに限定したファンド、野球ベッティング（野球賭博）ファンドなど、あげていくとキリがない。

オルタナティブ投資は、万人向けではない。多くのオルタナティブ戦略が設定する資産総額の適性要件をクリアしたとしても、ほとんどの投資家には向いていない。オルタナティブ投資のためには、長期的な計画や、投資一つひとつを徹底的に見直してくれる優秀な専門家チームが必要だ。また、投資家は、適正価格かつ低い最低投資額を設定した良質の投資対象を選りすぐり、より複雑な財務管理に取り組む意欲も持たなければならない。これらがすべて可能であれば、オルタナティブ投資によって、ポートフォリオの長期の期待リターンを向上させることができるだろう。

しかし、大多数の人にとっては、上場株式と債券、そして不動産から構成されるポートフォリオがベストだ。そのシンプルな組み合わせで、経済的目標を達成するためのニーズが十分に満たされるはずだ。

Part 3

成功へのステップ

第7章

賢いポートフォリオの構築法と管理法

by ピーター・マローク

ダイヤモンドは単なる炭素分子の塊だ。磨かなければ輝きを放たない。

——B・C・フォーブス（金融ジャーナリスト）

堅実なポートフォリオを構築することは、一種の芸術であり、一種の科学でもある。完璧なポートフォリオなど存在しない。されども、独自の状況やニーズに適合した計画に基づいて、最良のポートフォリオをつくることはできる。いつ、なにに資金を投入するかを決めるのは困難だが、有効な戦略をいくつか備えていれば、取り組みやすくなるだろう。

ポートフォリオ構築の第一の要素は、**アセットアロケーション**だ。アセットアロケーションとは、運用する資産を、どのアセット（株式、債券、不動産などの金融資産）にどのような割合で投資するかを決める（アロケーション＝配分する）ことである。それでは、どのアセットクラスに投資すべきだろうか？

米株式と債券のさまざまな配分比率でのパフォーマンス比較（1926年～2018年）

図7-1

アセットアロケーション	平均収益率
債券100％	5.3%
株式10％債券90％	5.9%
株式20％債券80％	6.6%
株式30％債券70％	7.1%
株式40％債券60％	7.7%
株式50％債券50％	8.2%
株式60％債券40％	8.6%
株式70％債券30％	9.1%
株式80％債券20％	9.4%
株式90％債券10％	9.8%
株式100％	10.1%

過去の収益率データを見直すと、思わず、全資金を株式のみに投入したくなるかもしれない。前ページ図7-1が示すように、ポートフォリオを100パーセント株式にした場合、収益率はもっとも高い。だが残念なことに、問題はそんなに単純ではない。ポートフォリオの株式の割合が増えれば増えるほど、ボラティリティ（価格の変動率）は大きくなり、投資家に過重な精神的負担がかかる。株式が100パーセントを占めるポートフォリオは、年率リターンが最高54・2パーセントから最低マイナス43・1パーセントまでと、振れ幅が非常に広い。吐き気をもよおす絶叫マシン並みだ。だが、配分比率を株式60パーセントと債券40パーセントにした場合、年率リターンが最高36・7パーセント、最低マイナス26・6パーセントとなり、振れ幅が著しく抑えられる。

たいがいの財務アドバイザーや書籍は、年齢に応じたアセットアロケーションを勧める。60歳の人であれば、ポートフォリオの配分比率は株式60パーセント／債券40パーセント、70歳は株式70パーセント／債券30パーセント、といったようにだ。しかし、このような汎化は、あまりにも大ざっぱすぎる。

投資家のリスク許容度に応じたアセットアロケーションを提案する財務アドバイザーや本も少なくない。たとえば、ポートフォリオの成績が10パーセントダウンして心配するような人は、ポートフォリオの株式の割合をゼロ、あるいは最小限に抑えるべきだと勧める。しかし、そのようなアドバイスは不適当で誤解を招き、目標達成を妨げる要因になりかねない。老後の蓄えが少ない人が定年後に経済的に安定した生活を営むためには、リスク許容度が低くとも、許容度以上のリスクを負わなければならないだろう。さもないと、定年退職までに貯蓄が目標額に達しないおそれがある。

金融資産の組み合わせが収益を左右する

株式と債券のさまざまなアロケーションでの
最高、最低、および平均収益率（1926年～2018年）

図7-2

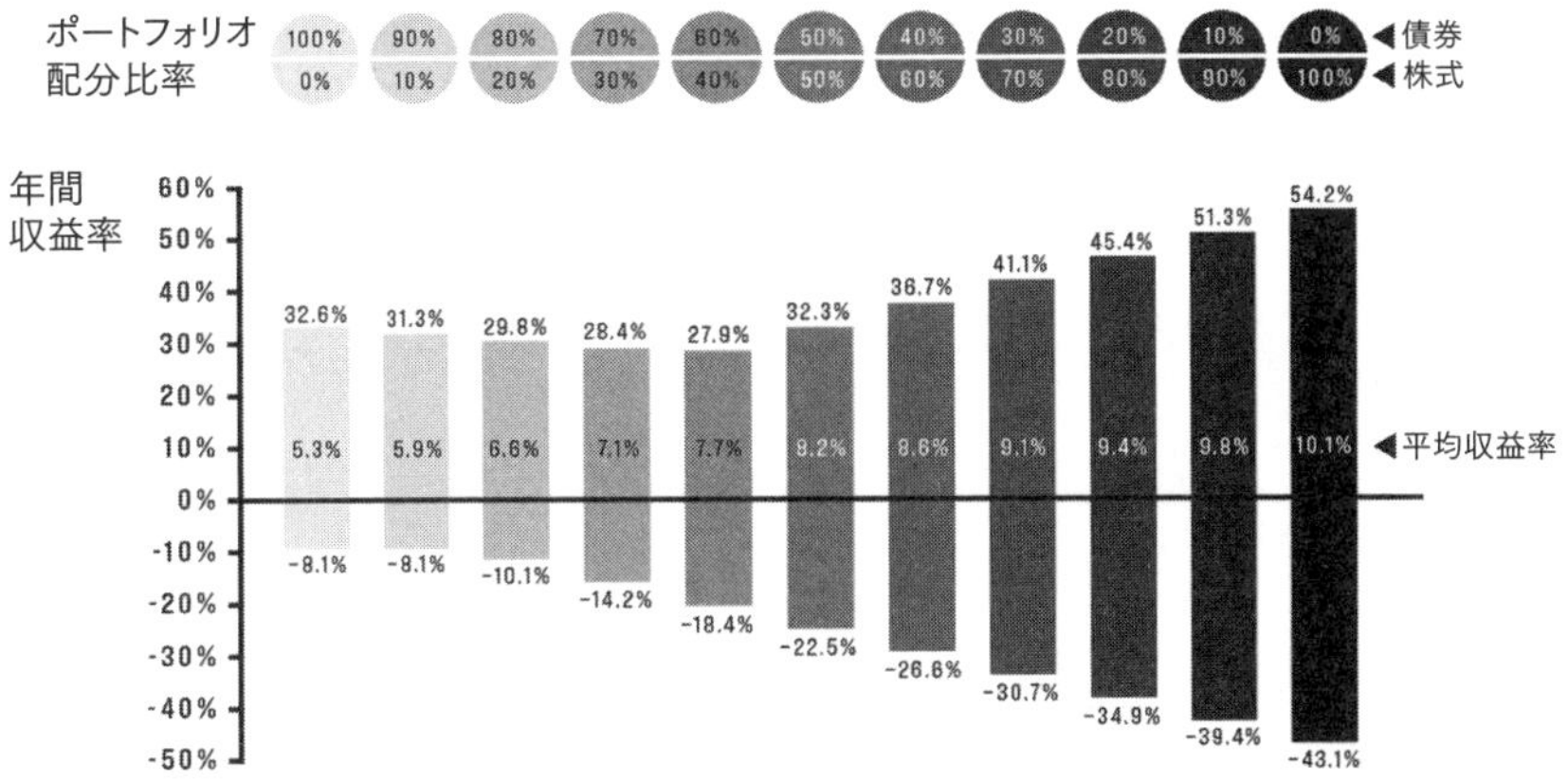

したがって、年齢やリスク許容度にかかわらず、**すべての投資家は、各々のニーズに応じたアロケーションを決定すべきだ。**そのために、まず、自らのニーズに沿った資産運用計画を練る必要がある。たとえば、特定の目標を実現するために、今後15年にわたって一定の収益率を保つ必要があるなら、そのニーズを満たす可能性がもっとも高いアセットクラスを複数組み合わせるべきだ。資産運用計画は、あなたのニーズを明確にする。これを目標までのロードマップとして活用しよう。

資産運用計画には、現在の財務状況や達成したい目標、さらには貯蓄できる額や、その他の収入源などが含まれるべきだ。これらすべてを考慮したうえで、目標達成のために必要な収益率を見積もる。今後15年にわたり6～7パーセントの年率リターンを目指す場合、株式と債券の配分比率はおよそ70パーセント／30パーセントになるかもしれない（場合によっては、前章で述べたオルタナティブ投資を追加して調整する）。その時点で投資家が50歳だろうが60歳だろうが構わない。アセットアロケーションで大事なのは、年齢ではなく、自らのニーズに沿うことである（＊79）。

数々の研究によると、ポートフォリオの変動の88〜91パーセントは、アセットアロケーションに起因するという。ということは、投資の配分比率を決定するとき、個々のボラティリティを検討し、そのボラティリティに対する己の耐性度を査定すべきだろう。自分が潜在的なボラティリティに耐えられないと思えば、より保守的なアロケーションで確実に成功できるように、目標や計画を調整（出資額を減らしたり、貯蓄を増やしたり）する必要がある。重要なのは、目標の達成を常に念頭に置いてアロケーションすることだ。リスク許容度はむしろチェックポイントとして一考し、自分の年齢などは考慮に入れなくてよい。

＊79 年齢が問題となるのは、ショートパンツを購入するときや、どの程度のスラングを使うべきか考慮するときだ。わが家の子どもたちによると、私の「超いける」フォートナイトのエモートダンスでも再検討が必要だという。

株式と債券を中核に据えたポートフォリオ

どのアセットクラスが良くてどれが悪いかという議論に、金融業界はあまりにも多くの時間をかけているが、実際には各市場ではなく、投資家の目的や目標がアセットクラスへのエクスポージャーを左右する(*80)。それぞれの目標に合わせて、多種多様なアセットクラスを組み合わせて分散投資するのは、もっとも理に適った方法だ。投資界では「卵は一つの籠に盛るな」という格言もある。

どの年でも、トップレベルの資産運用マネージャーたちは皆一様に同じアセットクラスに投資し、最低レベルの資産運用マネージャーらも皆一様に同じアセットクラス（だがトップクラスの資産運用者が選んだものとは異なったアセットクラス）に投資する傾向がある。これは彼らの力量と関係あるように一見思われるだろう。だがそうでないことが、エマージング債券の例を見ればわかる。エマージング債券ファンド（新興諸国の株式や債券を投資対象とするファンド）は２０１７年、投資信託の中でベストパフォーマーだったが、翌年にはワーストワンに転落した。

収益にもっとも影響を及ぼすのは、資産運用マネージャーではなく、むしろアセットクラスそのものである。実際に、どのファンドにおいても、マネージャーの力量によると考えられるのは収益のせいぜい9～12パーセント程度だという。つまり、あなたが投資するファンドの年間パフォーマンスが8パーセント上がったとしたら、マネージャーの才能が寄与したのは収益の０・０７２～０・96パーセントにすぎない。したがって、ポートフォリオの構築において、第一の不可欠な要素は、アセットアロケーションの決定だ。

前章で述べたように、現預金は良い投資法ではない。ポートフォリオに現金を組み込んでも、なんのメリットもない。１００万ドルの資産を運用する投資家が、10パーセントの現預金をポートフォリオに組み入れたと想定しよう。10万ドルの現預金からの利益はないに等しく、それどころか今後数十年のうちに、インフレで現金がその価値を失う可能性は高い。

これを債券と比較すると違いは歴然だ。債券が5年トータルリターンでマイナスを記録したことは、一度たりともない。債券の運用成績は年平均で現金を数ポイント上回る。先述の投資家が現預金の代わりに、債券を選んだとしたら、一生で数万倍もの利益を得たかもしれない。債券市場が大暴落するリスクがあるとすれば、現金にもリスクがある。もし、すべての債券がデフォルトになったなら、その事態は一連の経済・金融危機の副産物であり、そのような恐慌下では預金の価値は実質的になくなるだろう。このような超異常事態は、『プレッパーズ〜世界滅亡に備える人々〜』のような番組で描かれているが、あまりにも非現実的でばかばかしい。

現金ないし現預金が役に立つのは、日常生活を切り盛りするときや、外食するとき、自家用車を購入するときなどだ。あるいは将来、一時的に未就労になった場合や、不意の多額な出費が発生したときの備えとして、現金があるといいだろう。しかし、ポートフォリオに現金を組みこむのは適切でない。

それでは、債券は安全か？　もちろん、債券で損をすることもある。債券はおよそ5年に一度の周期で、マイナスの暦年リターンをもたらす。されども、債券の発行体が破綻しない限り、債券保有者は利子と、償還時に元本を受けとることができる。これとは対照的に、株式は不規則的に変動するため、その先行きが読めない。しかし、**長期的に見れば、債券が株式をアウトパフォームする（投資成績が上回る）可能性は低く、過大な期待を抱いて債券を買うことはけっしてお勧めしない。**われわれクリエイティブ・プランニングは、このことをクライアントに明確にお伝えしている。

それではなぜ、債券のパフォーマンスは株式に劣るとわかっていながら、債券を買う必要があるのか？　債券は本質的に、保険のようなものだからだ。ハイリターンではないが、短期および長期において株式のリスクを相殺し、あなたのニーズが満たされる確率を著しく高めることができる。株式は10年以上の長期投資において高いリターンをもたらす可能性が高いが、過去の事例が示すように（9・11テロ事件や、金融危機、新型コロナのパンデミックなど）、市場が長期にわたって窮状に陥ることもある。

株価のランダムな乱降下に振り回されたり、お金が入り用になったときに株を底値で売る羽目になったりという事態は、できれば避けるべきだろう。長期の弱気相場のときに必要とする収益を足し合わせ、ポートフォリオの予想収益を差し引いて、債券への適度なエクスポージャーを割り出すことをお勧めする。

＊80　エクスポージャーと言うとかっこよく聞こえるが、単に（リスクにさらされる資産の）「割合」という意味だ。

予測

多くの人びとは、株式の動向を予測しようと無駄な努力を続けている。実際には、株はもっとも予測しにくく、もっとも予測しやすい（そう、両方だ）アセットクラスだ。まずは誤解を避けるために、クリエイティブ・プランニングの見解を明確にしておこう。**株価の短期的な動向は、誰にもけっして予測できない。この逆説を述べる者は、無知か嘘つきだ。**これは少々きつい言いかたかもしれない。しかし、あまりにも多くの憶測や噂が飛び交うなか、あなたが自らの経済的目標を正しく見据え、株式という重大なアセットクラスを適切にポートフォリオに組み込むことができるようになるには、この事実を把握しなくてはならない。

株式は長期投資において、公的に取引されているどの主要アセットクラスと比べても、より優れたパフォーマンスを発揮する可能性が高い。株式で利益をあげる秘訣は、常に投資しつづけること、そして頻繁に発生する株価の調整局面や急落、あるいは一時的な下落傾向でけっして狼狽売りしないことだ。理想的には、その逆のアプローチを取る、つまり、それらの激動の時期に安値で株を買い増すとなお良い。

株式市場の変動を克服するには、今後5年間の収益ニーズが満たされるようにアセットアロケーションすることだ。そうすれば、市場の浮き沈みを心配する必要がなくなる。もしあなたが今後数年間、市場に翻弄される心配がなければ、そして（ご存知のように）いつのときでも株式市場がいずれ回復して再び上昇軌道に乗ることを思えば、一つや二つの荒波にも耐えることができるだろう。

10～20年以上の長期の株式投資を予定する人には、株式のサブセットへ投資する方法もある。たとえば、中型株（ミッドキャップ）、小型株（スモールキャップ）、超小型株（マイクロキャップ）（＊81）、そして新興国市場株式など、ボラティリティはより大きいが、相対的に大きな収益を辛抱強い投資家にもたらすと実証されている。ボラティリティが大きくなるほど、より大きな利益をもたらす傾向が強い。

長期的な展望を持つ富裕層にとっては、オルタナティブ投資は長期的なアウトパフォーマンスを狙う良い手段だろう。５００万ドル、１０００万ドル、あるいはそれ以上の資産を運用する場合、その10～30パーセントあるいはそれ以上の割合を、プライベートエクイティやダイレクト・レンディング、不動産プライベートファンドといった、多種多様なオルタナティブ投資のサブアセットクラスに配分することが一般的だ。私のクライアントの中にも、自分たちで使いきれない、あるいは使い道がわからないほどの莫大な資産を持ち、それを次世代のために投資しようと計画する人は多い。このような人たちのポートフォリオでは（75歳の熟年投資家であっても）、小型株や新興国市場株式、オルタナティブ投資が高い比率を占めている。

このような投資法は、書類上では長期にわたってかなりの利益をもたらすが、心配性の人には向かない。これらのサブアセットクラスは、動きが速く、浮き沈みが激しく、長期にわたりベンチマークを下回ることもある。これらのサブアセットクラスがあなたに向いているかどうかを判断するには、市場価格の下落に対するあなたの反応を、自ら観察するといいだろう。もし、株価の下落をチャンスと捉え、保有している債券のいくつかを売って、安値のときに小型株や新興国市場株を買い増すことができるなら、これらのサブアセットクラスはあなたに向いているかもしれない。一時的な下落でパニックを起こすようであれば、あきらめたほうが身のためだろう。さもないと、成果を見るまでの数十年間、不安に耐えきれずに誤った決断を下し、結果としてポートフォリオに回復不可能な損失を与えるのがおちだ。世が混乱するときに、自分がなにを考え、どのように行動するのか、知っておいて損はない。

＊81 キャップはcapitalizationを略したもので、時価総額（現在の株価に発行済株式数をかけて求められた、企業を評価するうえでの指標）という意味だ。ラージキャップは時価総額100億ドル以上、ミッドキャップは時価総額20億ドル以上100億ドル未満、スモールキャップは時価総額20億ドル以下の企業を指す。スモールキャップといえども、莫大な時価総額だ。

計画の最終調整

将来になにが待ち受けているかわからない。
だからこそ、マルチアセット戦略によるアロケーションが必須なのだ。

――レイ・ダリオ（投資家）

さて、株式と債券というコアとなるアセットクラスの組み合わせを決め、より大きなボラティリティに対するあなた自身の精神的フィットネスを査定したところで、次はあなたのターゲットアロケーション（目標に合わせた、個別銘柄の選定と資金の振り分け）を慎重に検討してみよう。ターゲットアロケーションは、ある意味で、究極のレシピだ。あなたの資産運用計画、そして変動に対する精神的なゆとりを考慮したうえで厳選した、理想的な銘柄のブレンドである。

●グローバルにアプローチしよう

次の事実について、考えてみてほしい。スウェーデンは世界経済の約1パーセントを担っている。米国や日本の合理的な投資家は、自らの資産の約1パーセントをスウェーデンの株式に投資すると考えるのが妥当だろう。それでは、スウェーデンの投資家は私財の48パーセントを米国と日本の株式に投資すると考えられるだろうか？　答えはノーだ。これは投資家が陥りやすい心理状態を反映している。自国の株式を好んで購入する傾向は、経済学者がホームバイアスと呼ぶものだ。

——リチャード・H・セイラー（行動経済学者）、キャス・R・サンスティーン（法学者）

人は、自分のコンフォートゾーンの外側にある選択肢を考慮することなく、自分の本拠地に近いものを選ぶ傾向にある。これはいわゆる**ホームバイアス**だ。実は誰もが、日々経験していることである。たとえば、自宅あるいは仕事場から一番近くて便利なスーパーマーケットやガソリンスタンド、あるいはコーヒーショップへ頻繁に足を運ぶなど、あなたにも覚えがあるだろう。週末に外食するときは、郊外にあるお気に入りのレストランよりも、近場のレストランへ行くことが多いのではないだろうか。

同様に、米投資家の過半数が、ポートフォリオを構築する際に、ただ単に企業名を知っているという理由から、米国内大手の上場企業の株に焦点を絞っている。

どの産業においても、ほぼすべての国内企業には、世界のどこかに（もし優劣の差がなければ）対等な成長ポテンシャルを持つカウンターパートが存在する。実際、スタンダードチャータード銀行の最近の予測によると、2030年までに中国とインドが、他の強豪国を大きく引き離して、世界第1位あるいは第2位の経済大国になるという。したがって、あなたのポートフォリオの一部として、外国株も考慮すべきだろう。あなたは馴染みのある国内企業名により安心感を覚え、それらの株式により強く惹かれるかもしれないが、実のところ、特定の一か国に集中して投資することで、潜在リスクを高めているのだ。

こんにち、経済はグローバル化し、世界中のどこでも、高い市場価値を持つ企業を見つけることができる。しかし、外国株は通常、国内株とは異なった動きをする。米国市場と外国市場は、よく短期的に（そしてしばしば長期的にも）代わるがわる互いを上回っている。

2000年～2009年のいわゆる「失われた十年」の米国市場を振り返ってみよう。

当時、S&P500インデックスのリターンは、配当金勘定のあとにもゼロパーセント以下に沈み、米大型株のみに的を絞っていた投資家は大きな痛手を負った。その一方で、外国市場や新興国市場の株式や債券などを対象に、国際的に分散投資していた人びとは高収益を得た。多くの国際経済、とりわけ新興市場諸国経済の予測成長率はアメリカよりもはるかに高い。そのため、国際的なリスク分散は、長期パフォーマンスを向上させ、さらにはポートフォリオでのボラティリティの抑制に一役買う

ホームカントリーバイアスの相対振幅

図7-3

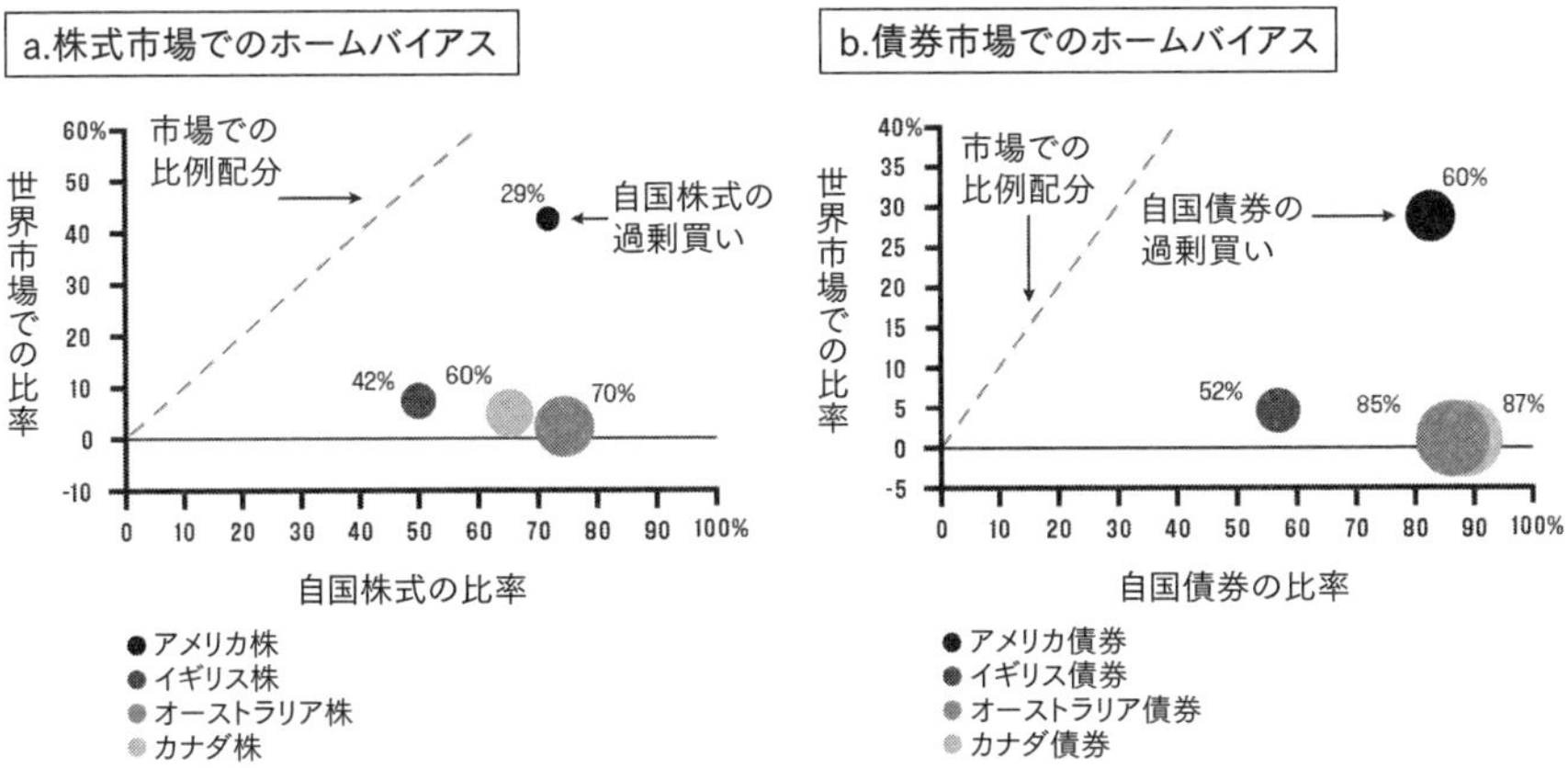

だろう。

図7―3が示すように、ホームバイアスは世界的現象だ。論理的に考えると、まったくバイアスがかかっていない、世界市民とも称される投資家なら、世界全体に対する自国の株式時価総額と同じ割合を国内証券へ投資するだろう。たとえば、2010年、米国の株式時価総額は世界全体の43パーセントを占めていた。それならば、バイアスフリーの投資家は、自らのポートフォリオの43パーセントを米国株式に配分するはずだ。ところが現実では、平均的な米国投資家のポートフォリオは、自国の株式に大きく偏っている。

バイアスがかかっているのは、アメリカ人に限らない。英国の個人投資家たちは、42パーセントの比重を英国株式にかけ、スウェーデン人はなんと私財のほぼ半分を自国の株式に投資している。要するに、非常に多くの人びとが、論理ではなく自分が住んでいる場所を基準にして、コツコツ築き上げた資産の投資先を決めているわけだ。

株式時価総額による全世界と自国の対比だけが、ポートフォリオで外国投資が占める比率を決める方法ではない。むしろ、外国投資にどのくらいの比重を置くのかは、あなたの投資目標とリスク許容度に大きく依存している。しかし、聞き慣れない企業名だからという理由だけで、グローバル投資の価値を軽んじてはいけない。外国株式や外国債券をポートフォリオに組み込むために、外国を視察したり、外国に口座を開設したりする必要はない。単にインデックスファンドを購入するだけで、国際分散投資を始めることができる。

たとえば、資産運用計画に沿ってポートフォリオでの株式の比率を60パーセントにする場合、その三分の二を国内株、そして三分の一を外国ＥＴＦ（外国の証券取引所に上場されたインデックスファンド）へ割り当ててもいいだろう。

分散投資しよう

この世で唯一不変なものは、変化である。

――ヘラクレイトス

ヘラクレイトスは古代ギリシャの哲学者とはいえ、優秀な投資アドバイザーになる資質を備えていた。現実世界では、すべてが絶えず流動しているのを理解していたのだ。この原理がこれほどぴったたり当てはまるのは、株式市場をおいて他にないだろう。

特定の企業に投資するとき、いつなにが起こるかわからないことを覚悟すべきだろう。企業が非常に好調なときもあれば、予期せぬ事態が起こり損失を出すこともありえる。大企業でも破綻することだってある。現にエンロンやシアーズ、トイザらスがそうだった。

企業リスクは過小評価されることが多い。しかし、どの会社にも寿命があり、すべての会社がやがて資本主義社会に破壊され、別の、より優れた会社に取って代わられる。アマゾンの創立者ジェフ・ベゾスは、永遠に存続する企業など、この世にないことを十分に理解しており、従業員に対してこう述べた。

「アマゾンはいつか失敗すると、私は予期している。破綻する日がいつか訪れる。他の巨大企業を見てみると、平均的な寿命はおよそ30年プラス数年だ。１００年プラス数年ではない」

ダウ平均株価を現在と過去とで比較してみよう。40年前の構成銘柄は今とはがらりと異なる。図7-4が示すように、ほんの一握りの米最強企業が数十年生き残ったのに対し、一時有力だった企業の多くが破綻したか、他の会社に買収された、または１９７９年以降にダウ平均から除外されている。１８９６年開始当初からの唯一の生き残りだった古銘柄ゼネラルエレクトリックは、２０１８年、ウォルグリーンにすげ替えられた。アップル、マイクロソフト、インテルなど、２０１９年に採用された企業の多くは、１９７９年当時、創設されて間もなかった。そして40年前には誕生していなかった企業、たとえばシスコやベライゾンは、現在、テクノロジー業界の主要プレイヤーとなっている。

これを飲食業界に見たてて考えてほしい。近所の飲食店のうち、どれが数か月後まで生き延びるかと想像したことがあるだろう。数十年は存続するだろうと思えるものもある。だが、われわれの孫やひ孫の代までも営業しつづける飲食店はないに等しい。

飲食店が一軒なくなっても、問題にはならない。飲食店はいつでも、いくらでもある。株式もこれと同じだ。一企業にすべてを賭けるのではなく、多様な株式を保有する、つまり多数の企業に分散投資すべきだ。

もしあなたがS&P500インデックスファンドを保有しているなら、毎年、名を連ねる企業のうち数社が倒産、あるいは業績不振で除外されることは十分に考えられる。しかし、数社が入れ替わっても、あなた自身は破綻することも、あなたの経済的目標の達成が妨げられることもない。むしろ、長期投資においては、高成長企業が創出する利益が、他の企業からの損失を相殺し、さらなるメリットをもたらしてくれるだろう。

産業リスクは、株式投資の際に投資家が負う別のリスクだ。特定の状況下で産業全体が苦しむ、あるいは衰退することもある。一企業に賭けないのと同様に、一つの産業に的を絞るのは危険だ。多くの経済危機は、特定セクターの衰退が発端となっている。インターネットバブルやサブプライム住宅ローン危機、世界金融危機などは記憶に新しいだろう。昨今ではエネルギー危機が話題となっている。あなたが一つの産業で100社分の株を保有していたとして、その産業が衰退したならば、分散投資

ダウ平均株価　構成銘柄

図7-4

1979

3M	イーストマン・コダック	ジョンズ・マンビル
アライド・ケミカル	エスマーク	オーウェンズ・イリノイ
アルコア	エクソンモービル	プロクター・アンド・ギャンブル
アメリカン・キャン	ゼネラル・エレクトリック	シアーズ
AT&T	ゼネラルフーヅ	テキサコ
ブリティッシュ・アメリカン・タバコ	ゼネラルモーターズ	ユニオンカーバイド
ベスレヘム・スチール	グッドイヤー	USスチール
シェブロン	インコ	ユナイテッドテクノロジー
クライスラー	インターナショナル・ハーベスター	ウェスチングハウス
デュポン	インターナショナル・ペーパー・カンパニー	ウールワース

2019

3M	エクソンモービル	ナイキ
アメリカン・エキスプレス	ゴールドマン・サックス	ファイザー
アップル	ホーム・デポ	P&G
ボーイング	IBM	トラベラーズ
キャタピラー	インテル	ユナイテッドヘルス
シェブロン	ジョンソン・エンド・ジョンソン	ユナイテッド・テクノロジーズ
シスコ	JPモルガン・チェース・アンド・カンパニー	ベライゾン
コカ・コーラ	マクドナルド	ビザ
ディズニー	メルク	ウォルマート
デュポン	マイクロソフト	ウォルグリーン

したのになぜ失敗したのかと嘆くだろうか？

重要なのは、さまざまな産業にわたって、さまざまな企業の株式に投資すること。そうすれば産業リスクと企業リスクを分散できる。

衰退するか破綻するか

どれほど急激にテクノロジーが進化しているか——たとえばＬＰレコードからＭＰ３へ、ビデオからオンラインストリーミングへの革新など——を考えると、産業が以前にも増して急速に盛衰しているのがわかるだろう。衰退は、どの産業でも急速に進んでいる。身をもってそれを世に知らしめたのは、コダック、Ｋマート、ブロックバスター（ビデオ・ＤＶＤのレンタルチェーン）、イエローキャブ（タクシー会社）、そしてブラックベリーである。

図７-５は、Ｓ＆Ｐ５００インデックスを構成する大手上場企業の存続期間（除外までの期間）を表わしているが、衰退がいかに急速に進んでいるかが顕著だ。Ｓ＆Ｐ５００に採用されている銘柄の平均存続期間は、過去50年で約四分の一にまで縮まった。つまり、投資家であるあなたには、適切な分散投資によってテクノロジーの革新から恩恵を得るか、あるいは保守的企業の衰退により損失を被るかの、二つの選択肢がある。インデックスファンドのさらなる利点は、どの企業が衰退しようが破綻しようが、投資家は心配しなくてもいいことだ。赤字企業がインデックスから外れれば、別のトップ企業が入り、あなたはいつのまにか有望企業のオーナーになっている。

S&P 500　構成銘柄の除外までの期間
7年間の移動平均（単位：年）

図7-5

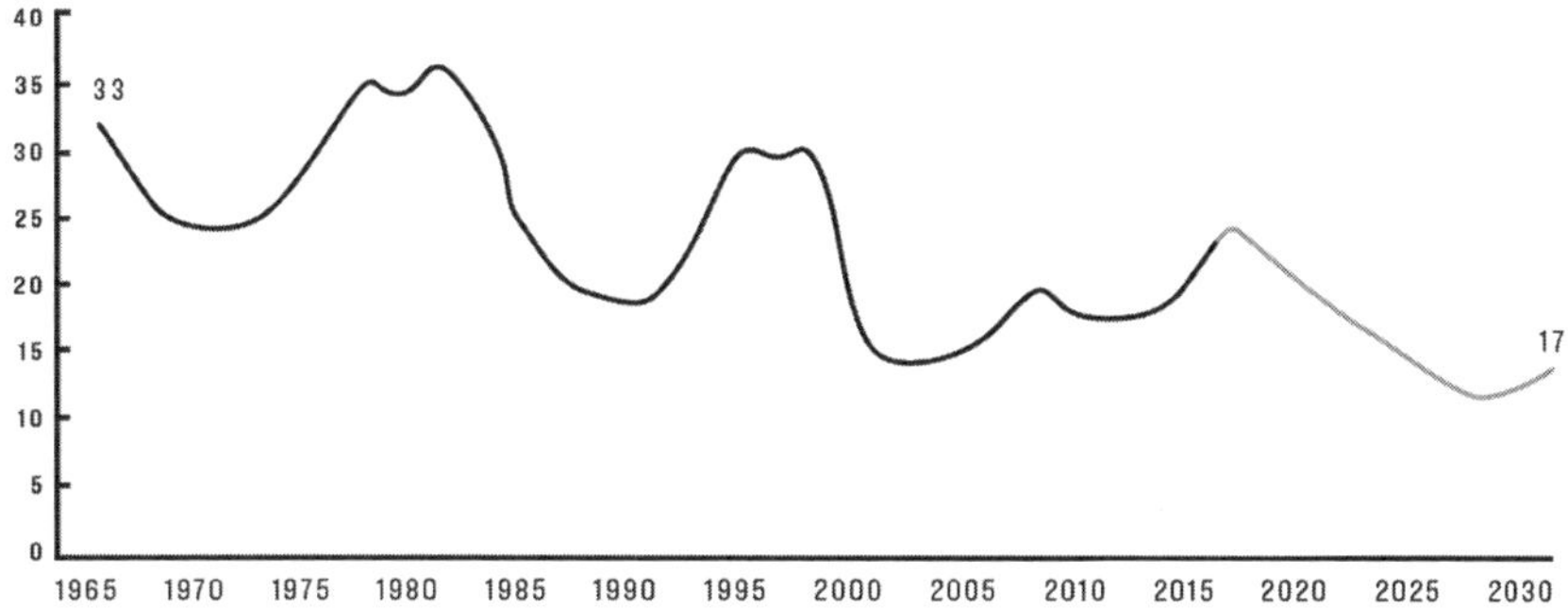

Data: Innosight analysis based on public S&P 500 data sources.

投資にはさらに、**市場リスク**あるいは**システミックリスク**がある。これは価格・金利・為替など、さまざまな要素の変動により、保有する資産の価値も変動して損失を被るリスクをいう。このリスクは消去不可能で、だからこそ分散投資がより重要になる。

例をあげよう。第一のシナリオでは、あなたは全資産でデザイナーズマンションを購入し、第三者に貸すことにより10パーセントの家賃収入を見込んでいる。しかし、あなたはマンションの購入によりリスクを抱え込む。この市場でなにかが起これば、あなたの財務状況は急激に一変するだろう。

第二のシナリオでは、あなたはデザイナーズマンション四戸を見つけた。四戸を購入すれば、それぞれから10パーセントの収益を得ることができるが、十分な購入資金がない。そこで、あなたは三人のパートナーと共同で会社を立ち上げ、先述のデザイナーズマンション四戸へ共同出資する。ここでは、投資対象も出資額も第一のシナリオと変わらないが、ダウンサイドリスクは軽減される。マンション一戸でなにかが起こったとしても、それで世が破滅するわけではない。しかし、複数のマンションを購入することによって、一戸を購入するときに生じるリスクを軽減できるものの、マンションを所有すること自体がリスクである。もし、マンション四戸の賃借人が皆同じ会社に勤めていて、その会社が倒産し、賃借人全員が退居したら？　この場合、さまざまな市場（ここでは地理的ロケーション）でマンションを所有すれば、あなたはリスクを軽減できる。

正しい分散投資とは、多種多様なアセットの組み合わせであり、そこでは個別銘柄のパフォーマンスが互いと無関連である。先述のデザイナーズマンションがそれぞれ異なる街にあるならば、市場リスクを分散できるだろう。

簡潔に言えば、さまざまな経済的状況に対して異なった反応をする、性格の異なるアセットをあなたは選ぶべきだ。互いに依存しないアセット（他と比べて価値が上がりやすい、あるいは価値が下がりにくいアセット）はポートフォリオのリスクを軽減する一助となる。

たとえば、株価が下がったとき、格付けの高い債券の価格は上がる傾向が強い。ほとんどの株式市場は互いと連動する一方で、それぞれが多少異なった性質を持つ。これが理由で、熟練した投資家は世界中の多様なアセット、さらには国内外の大小異なる企業株（小型株、中型株、大型株）のミックスをポートフォリオに組み込むことが多い。

経済的要素の変化が、アセットの価値を相対的に上げ下げすることもある。そのためにも、マルチアセットのポートフォリオを作成してリスクを分散し、長期投資による目標達成の確率を高めるべきだ。株式や債券に、不動産のような性質の異なるアセットを加えれば、市場リスクをさらに軽減できるだろう。

己の投資に執着するな

しつこく言うようだが、分散投資は最善の方法だ。だが、分散投資を拒み、特定の産業や企業に執着してリスクを抱え、結果的に多額の資産を失ったクライアントを、私は多数見てきた。大富豪となったクライアントの多くは、上場企業で働き、その株式を取得し、株価の急騰で莫大な利益を得た人たちだ。このようなクライアントは概して、ポートフォリオを分散化したがらない。特定企業（自社）の株式のおかげで富を築いてきたのだから、それに執着するのはわからなくもない。そして、その企業のために働いて、その企業を知りつくし、たくさんの思い出も、そのブランドに対する愛着もある。しかし、ジェフ・ベゾスが指摘したことを忘れてはならない。どの企業も、いずれは絶える。それは単に時間の問題なのだ。

私はホームバイアスに似ている、ある現象に気づいた。投資家の多くは、自分に馴染みのある、地元企業の株式を集中的に購入する傾向にあるようだ。多くの場合、そのために産業リスクを抱え込む。カナダでは、たくさんの大企業がコモディティと金融に関連しているため、多くのカナダ人のポートフォリオでもこれらのセクターの株に比重が置かれている。よって、これらの市場での価格変動に非常に敏感で影響を受けやすい。

クリエイティブ・プランニングを訪れる新しいクライアントの中には、それぞれの地元の主要産業に関わる銘柄をすでに保有している人も多い。たとえば、テキサス州出身の人は、エネルギー産業の株式を多く保有している。北東部から来る人は金融セクター、北カリフォルニア州の人はテクノロジー業界、そして北中西部の出身の人は工業セクター、というぐあいだ。図7-6を見れば、私たちが自分に馴染みのある産業に対して、どれほど執着しているかがわかるだろう。

だがもし、あなたが地元の主要産業で働いて、その産業に深く関わっているなら、すでにその産業と利害関係にあるということだ。あなたの退職金積立制度がその産業の成功に大きく依存する場合、そしてあなたの持ち家の価値がその産業の影響を大きく受ける場合、ポートフォリオの構成をもう一度確認すべきだろう。あなたが関わる産業が衰退したときに資産をさらに失わぬよう、アロケーションを見直したほうがいい。

●税を軽視しない

> 保有資産を管理せよ。なにを、なぜ持っているのか把握すべきだ。
>
> ――ピーター・リンチ

これまでに、あなたはポートフォリオのために適切な資産配分を決定し、国際金融商品を加え、企

地域別の投資比率
セクター別・地域別の株式保有（全国平均に対する比率）

図7-6

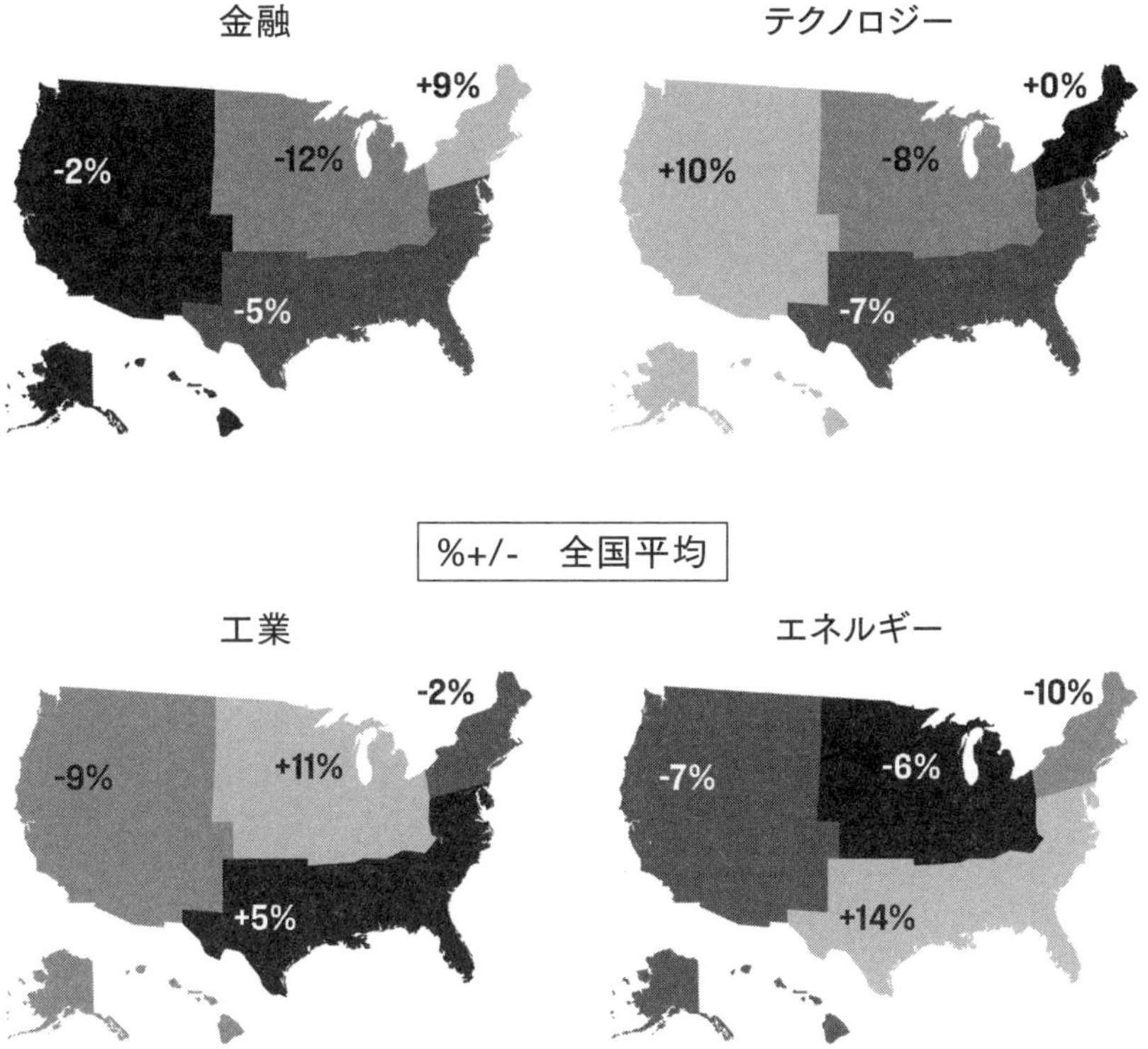

業リスクや産業リスクを分散した。それでは次は税金について考えよう。決算書に計上する保有金融資産、そしてすべての変更に対する課税義務を考慮に入れなければならない。

401kや403bリタイヤメントプラン、IRA口座など、課税が繰り延べされる投資（訳註：日本ではNISAがこれに類似する）は、運用益が非課税のため、売却やリポジショニングがしやすい。ポートフォリオへ新しく加える資金も、新しい投資として位置付けることができる。

だが、だからといって課税対象となるすべての金融資産を売却しないこと。いかなる衝動も抑えなくてはならない。さもないと墓穴を掘ることになる。つまり、保有資産を売却して大きな利益を得れば、多額の税金を支払う羽目になる。そして、その損失を埋めるには、おそらく数年の歳月と大きな収益が必要になるだろう。

同様に、税務上の帰結を考慮せず、すべてを売却するように勧めるファイナンシャルアドバイザーに重々注意すること。彼らにとって、あなたのポートフォリオがシンプルで管理しやすくなれば好都合だが、あなたの経済状態が売却により悪化するのは間違いない。これは、彼らが税による影響を気にとめず、あなたの資産を紋切り型のポートフォリオに組み入れようとする明確な兆しでもある。そのようなときは、他のアドバイザーを探すことを検討すべきだろう。

税は本来、投資において核となる要素ではないが、われわれクリエイティブ・プランニングではポートフォリオをデザインする際、常に税務上の影響を念頭に置いている。つまるところ、より重要なのはリターンよりも、税金と手数料の支払い後にどれほどの純利益を得られるかだ。

投資型年金保険

「しようと思えばいつでもチェックアウトできるが、けっして離れられない」

これは『ホテル・カリフォルニア』（イーグルス）の歌詞の一部だが、同じことが投資型年金保険でも言える。多くの投資型年金保険は費用や手数料が割高で、投資オプションも制限されている。また、早期解約の場合には解約控除（いわば人質を返してもらうときの身代金）が発生する。

解約控除がかなりの高額になる、あるいは早期解約により返戻金が著しく減る場合、払込保険料の累計が十分な額になるまで待つほうが賢明だろう。あるいは早期解約でも、新しい投資手段から得られる収益でそれらのマイナス分を優に相殺できるなら、一考の余地はある。ただし、あなたが重い病気になった場合、そのような選択肢はない。また、死亡給付金付きの年金保険には、終身保険と同様のデメリットがある。

要するに、一度、投資型年金保険を契約してしまうと、他の投資法がより魅力的に見えたとしても、解約する前に多数の要素を検討しなければならないだろう。

ポートフォリオの再構成は慎重に

目標ポートフォリオを設定するにあたり、資産の大部分を株式に集中させるのは適切ではない。しかし私は、特定の状況下で、あえて一つの株式銘柄を保持するようクライアントにアドバイスしたことがある。

資産総額350万ドルのうち300万ドルを一つの株式銘柄に投資していた老夫妻がいた。ご主人は病気で余命少なく、自らの死後に夫人を支えてくれるファイナンシャルアドバイザーを探し求めて、クリエイティブ・プランニングを訪れた。私は、株式をご主人名義で、彼の死まで保持するように夫妻に勧めた。

ご主人の死後、株式はステップアップの権限を受け（名義人の死後直後に、相続人はすべてを売却して非課税で投資利益を得ることができる米国の制度）、これにより私たちは費用効率性の高い方法で、残された夫人のニーズに適合するようにポートフォリオを組み替えることができた。もし、ご主人が生前に他のアドバイザーを訪れ、言われるがままにすべてを売ってしまっていたなら、夫妻は数十万ドルもの損失を被っていただろう。そのかわりに、夫人は現在、より裕福になり、引き続き経済的に自立した生活を送っている。

ときおり、模範的な資産運用計画を実行すると、予期せぬ課税や相続計画の帰結により、利益よりも多くの損害をもたらす。結論はこうだ。ポートフォリオになんらかの変更を加える前に、再構成による影響をよく検討すること。全体をすぐに新しいポジションに動かすよりも、カスタマイズすることによってポートフォリオはより有利な税引き後の利益を生むことが多い。

●アセットアロケーションは重要だ

ここまでに、税が及ぼす（実に大きな）影響について説明した。たいがいのアドバイザーは税の話はしない。彼らの頻繁な売買によって多額の税が生じているのをクライアントが知ったなら、首を切られるとわかっているからだ（特にヘッジファンドやミューチュアルファンドではそうだ）。税金は口座から引かれるわけではないため、ほとんどの投資家が税金に気づかない。

こう仮定しよう。ファンドマネージャーがあなたの資産のうち100万ドルで積極的に売買しているとする。あなたは1年の終わりに報告書を受け取り、7パーセント（7万ドル）の収益をあげたことに大喜びだ。その数か月後、あなたの元に、確定申告に必要な書類であるフォーム1099（米国の雑所得支払調書）が送られてくる。おそらく皆がするように、あなたはフォームを精査することなく、他の必要書類と一緒にフォルダに入れて会計士に提出する。

さて、フォーム1099には、あなたの未支払いの税額として3万ドルが計上されていた。この額は、確定申告の際に他の税金に混ざり込む。確定申告が終わり、あなたは会計士に促されるまま、納付すべき税額すべてを米国国税庁に納める。3万ドルはおそらくあなたの投資口座から支払われるのではない。もしそうだとしても、マネージャーの運用報告書には、あなたの収益率は7パーセントだったことが記録として永遠に残されるであろう。しかし、実際にあなたが税引き後に受けとったのは、4パーセントだ。図7-7は、実際の収益率への税の影響、そして1ドルが20回倍増する複利の効果を示している。

課税口座と非課税（課税繰延）口座の両方を持つ場合、アセットアロケーションによって潜在的な損失を軽減できる。ここでのアセットアロケーションとはなんだろうか？　どの投資がどの口座に含まれるのか、それぞれの投資を口座に割り当てることをいう。

ポートフォリオを作成するとき、すべての口座を同じように揃えないこと。その代わりに、多額の税が生じる投資を非課税（課税繰延）口座に入れ（たとえば、課税対象の債券や不動産をIRA口座や401k口座に）、そして課税の少ない投資（大型株など）を課税口座に入れる。なるべく節税効果のある口座にアセットを買い入れることで、税の請求額を劇的に減らし、税引き後利益を高めることができる。

●リバランス

リバランスについて話すアドバイザーは多いが、長い目で見れば、リバランスは収益を損なう可能性があることに言及する者は少ないだろう。そもそもリバランスとはなんだろう？

仮に、あなたのポートフォリオの配分比率が株式60パーセント／債券40パーセントだとしよう。株

投資の伸びに対する税の影響

図7-7

年数	非課税	収益への33％課税
	$1.00	$1.00
1	$2.00	$1.67
2	$4.00	$2.79
3	$8.00	$4.66
4	$16.00	$7.78
5	$32.00	$12.99
6	$64.00	$21.69
7	$128.00	$36.23
8	$256.00	$60.50
9	$512.00	$101.03
10	$1,024.00	$168.72
11	$2,048.00	$281.76
12	$4,096.00	$470.54
13	$8,192.00	$785.80
14	$16,384.00	$1,312.29
15	$32,768.00	$2,191.53
16	$65,536.00	$3,659.85
17	$131,072.00	$6,111.95
18	$262,144.00	$10,206.96
19	$524,288.00	$17,045.63
20	$1,048,576.00	$28,466.20

が債券よりも値上がりした場合、ポートフォリオの株の比率は当初よりも高くなる。潜在的な収益の観点から考えると、一見良いことに思えるが、当初よりも抱えるリスクが大きくなった。今こそ、リバランスを行なうときだ。

当初の60／40に戻すために、株式の一部を売却し、債券を買い足す。もしリバランスしなければ、20年後に気づいたときには、ポートフォリオの比率は85／15になっているかもしれない。大胆にハイリスク・ハイリターンを狙うのが適切な場合もあるが、20年後のあなたがその状況にいるとは考えにくい。リバランスすることで、ポートフォリオをあなたのニーズに適合させ、ゴールに達する確率を高めることができる。

リバランスを定期的に、たとえば四半期ごとや毎年、行なう投資家もいる。私の個人的な見かたからすると、それはやりすぎだ。頻度が高いと不必要なコストが発生し、戦略の効果を下げる可能性がある。もし、リバランスのための売買で多額の税金や取引費用が発生するなら、アロケーションが完全にバランスを崩すまで待ってもいいだろう。ただし、価格が下落したときに待っていてはいけない。価格の下落はリバランスのチャンスだ。弱くなったアセットクラス（通常は株式）を安値のときに積極的に買い増す。価格が続落すれば、再びリバランスを行なう。これを**オポチュニスティック・リバランシング**（機に乗じたバランス調整）という。

これは長期的に見れば、定期的なリバランスよりも、より高い収益率をもたらす。だがもし、この手法があなたにとって難しすぎる、あるいは精神的な苦痛をもたらすなら、ポートフォリオの目標が変わっていないことを確認したうえで、年に1〜4回のリバランスを行なえばいい。そして、再び前向きに進んでいこう。

節税とモニタリング

こう想定してみよう。あなたは口座に課税対象の投資商品、たとえばS&P500インデックスファンドを持っている。市場価格が（2018年の年末のように）暴落した場合、あなたには次のような選択肢がある。

①狼狽してS&P500を売却し、パソコンを窓の外へ投げ捨て、地団駄を踏んで泣きわめく。だが、本書で多くのことを学んだあなたは、そんな愚かなことはしないだろう。

②なにもしない。喜ばしいことに、過去のデータに基づくと、インデックスファンドがいずれ回復して続伸し、高値を更新する可能性は非常に高い。損失を被ったが、これが世の終わりではない。

③価格が下落しているときにファンドを売却する。そして、代替えとしてS&P100インデックスファンドのような、類似商品を購入する。市況が回復すると、代替ファンドも前ファンドのように回復し、右肩上がりに伸びるだろう。この手法は、さらなるメリットをもたらす。というのも、確定申告を行なうことにより、損失の繰越控除制度を利用できるからだ。S&P500での売却損を繰り越し、向こう数年間に出た利益と相殺することができる（訳註：日本の場合、「上場株式等の譲渡損失の繰越控除」では、翌年以降3年間の控除が可能）。これでポートフォリオの効率性が高まり、あ

なたの管理能力も向上する。

さて最後に、すべての持ち高を監視しよう。どんなに緻密に計画を練っても、うまく行かない投資は必ず一つや二つある。場合によっては、出費を抑えるために運用コストの低い投資を選択するのも一つの手かもしれないし、目標達成のために、より適した投資法が他にあるかもしれない。時とともに、あなたのニーズや目標が変わる可能性は十分ある。したがって、もっとも重要なのは、資産運用計画を見直し、ポートフォリオを必要に応じて調整し、経済的目標に向かって常に前進することだ。あるいは、あなたの重荷を担ってくれる優秀なアドバイザーを探し出して、年に1～2回、財務状況を評価してもらってもいいだろう。

時が変われば、あなたも、あなたの目標も変わるだろう。しかし、どんなときでも、ポートフォリオは、あなたの将来を見据えたものでなければならない。

いざ、前進

経済的自由の達成に向けて、あなたが踏むべきステップをここでおさらいしよう。

1．資産運用計画を立てる。目標を明確にすること。

2．アセットアロケーションを決める。目標達成に必要な収益を最大限もたらす多様なアセットを選

択すること。

3. グローバルな投資アプローチをとる。多様な国や地域を対象にすること。

4. リスクを分散させる。多種多様な企業やセクターを選定すること。

5. 税を考慮する。大きな収益には多額の税が生じることを計算に入れる。

6. 購入する銘柄を決め、課税口座または非課税口座に割り当てる。

7. リバランス、節税対策、モニタリングを行なう。

8. 資産運用を毎年、再考する。必要に応じてポートフォリオを調整する。

あなたにすべてを正しく伝授できたなら、あなたは今後、アセットクラスの選択で戸惑うことも、悩むこともないだろう。アロケーションが適切であれば、アセットクラスは、それぞれの力を十分に発揮してくれるはずだ。すべての投資が適所に配置されたら、節税対策を講じたり、価格の暴落時にはリバランスを行なったりしやすくなる。そして、もっとも重要なことだが、グローバルに分散され、アセットクラスとサブアセットクラスを組み込んだマルチアセットのポートフォリオは、あなたの目標達成の確率を高めてくれるだろう。

結局のところ、財や富は、目的を達成するための手段にすぎない。あなたの究極のゴールは、自由と心の平穏である。成功するための要素と明確なビジョンがあれば、あなたは目的地に到達できるはずだ。

Part 4

頂点

第8章

人生最大の決断

by

アンソニー・ロビンズ

お金で幸福は買えないと、大半の人は頭ではわかっている。
それでもなお、お金を追い求め、やがて身をもって学ぶのだ。

ボー・シャオは、類い稀な人生を歩んできた。ハイテク分野の中国人起業家として大成功した彼を、私は2019年にカナダのウィスラーで開催された私のプラチナパートナーズイベントへゲストスピーカーとして招いた。数々のサクセスストーリーを披露してくれるだろうと誰もが思っていた。だがその日、ボーが語ってくれたのは、成功の裏に隠された真実だ。彼は果敢にも観衆に心の内を明かした。そんな彼の誠実さと率直さに、私は感銘を受けた。あなたもきっと、心を動かされるだろう。

ボーは上海で、とても貧しい家庭に生まれ育った。保守的で厳格な父親から、人生で成功するために必須な要素は、卓越した能力と成果（そして感情は無用）であると教えられた。父親はトランプを用いて、息子の暗算力を鍛えた。すでに高校卒業前に、ボーは数々の数学コンテストで優勝し、数学的才能に恵まれた子どもたちの中でも抜きん出る存在だった。

１９９０年、ボーは特待生として、ハーバード大学に入学する。１９４９年以降に中国本土からの学生で全額支給奨学金を受けたのは、彼が初めてだった。無事に卒業し、ボストン・コンサルティング・グループに就職すると、働きながら大学院へ進み、ハーバード・ビジネススクールからＭＢＡを取得する。ＩＴブームが始まったころだ。ボーは中国への帰国を決め、彼の初の会社となるEachNet（本人いわくｅＢａｙの中国版「コピー」）を立ち上げる。彼の投資は功を奏し、２００３年、ボーは事業を２億２５００万ドルでｅＢａｙに売却した。29歳という若さでだ。

ボーはしばらくの間「引退生活」を送っていたが、それもすぐに飽き、新しい事業を始めようと決意。そこで中国でベンチャーキャピタルファームを共同設立する。彼の支援により、大きな収益を創出するまでに成長したベンチャー企業は数多い。世界中を家族とともに旅し、一時期は南フランスに住んだ。カリフォルニアの最高級住宅地にしゃれた豪邸を買い、フェラーリも現金買いした。誰の目から見ても、いまや彼は業界をリードする存在だ。


しかし、これほど数々の成功を収め、自分や子どもたちが一生かけても使いきれないほどの巨万の富を築いたにもかかわらず、ボーは虚無感に襲われた。富や成功や業績が、達成感や充足感をもたらしてくれるに違いないとずっと思い込んでいたからだ。そして頂点に達してから気づいた――自分はいかなるコミュニティにも属さない。信用できる友人がいない。幼いわが子たちとも心を通わせることができない。人生の意義が見いだせない。ボーはすべての成功を享受するかわりに、築きあげた財産をいつか失うのではないかと不安に駆られるようになった。「大学卒業直後の、5万ドルの年収をもらっていたときのほうが、今よりも安心して落ち着いていました」と彼は言う。

正直なところ、誰だってボーに共感できるはずだ。何億ドルもの事業を売却したことはなくとも、人生のどこかで、大胆な目標を掲げ、成果に執着したことがあるだろう。たとえば、売上目標の達成や、職場での昇進、あるいは憧れの高級車の購入だったかもしれない。目標に到達したあと、しばらくは高揚感を覚える。だが、知ってのとおり、喜びはすぐに薄れてしまう。達成感は消え失せる。そして人は新たな、より高い目標を掲げ、再び走りだす。私はこのような場面を星の数ほど見てきた。だからこそ100パーセントの自信を持って言える。これは、人間の習性なのだ。追い求めていたものをやっと手に入れても、心の中でエラーランプが点灯し、まるで砂が指の隙間をすり抜けるように、達成感は消えていく。

私は仕事柄、莫大な成功を収めた起業家や俳優、著名なアスリート、そして政治家と知り合う機会に恵まれてきた。そのような人びとは、全力を尽くして頂点に上りつめたあとに、頂上の空気が薄いことに気づく。「たったこれだけなのか」と失望する人も多い。

残念ながら、経済的自由の獲得でも同様だ。本書から得たノウハウやあらゆる手法を用いて、あなたが望んでいたゴールに到達しても、心が満たされなかったり虚しさを覚えたりするかもしれない。したがって、あなたは、それに対処するスキルを習得する必要がある。私がThe Art of Fulfillment（**充**

足感を見いだすスキル）と呼ぶものだ。

充足感のない成功は、最大の失敗だ

私が正しく理解しているなら、あなたが目指す経済的自由というのは、単に国王や死んだ著名人の顔が描かれた紙の束を手に入れることではないはずだ。私たち皆が究極的に獲得したいのは、富がもたらす感情、つまり自由や安心、快適さ、満足感、そして心の平穏だ。やりたいことをやりたいときにする自由を、愛する人と分かち合う。働くのも、なにかに貢献するのも、やらなくてはいけないからではなく、やりたいからだ。これこそ、経済的自由なのだ。

真の富とは、尽きることのない豊かさであり、貨幣よりもはるかに価値があるものだ。私たちは、感情的にも、身体的にも、精神的にも豊かでなくてはならない。振り返れば、この上ない喜びを感じた場面や、幸せに満たされたときが、あなたの人生でもあっただろう。

たとえば、子どもが生まれたとき。パートナーと永遠の愛を誓い合ったとき。親友と旅行に行ったとき。とりわけ美しい夕焼けに感動して、神の存在を強く感じたとき。これらのように、心から喜びや幸せを感じたとき、人は真の自由を味わう。これらの感情は、お金とはまったく無関係であると、あなたは心の奥底でわかっているはずだ。そして、幸福感や充足感はそう簡単に味わえるものではないと、心のどこかで思っているだろう。

だが、それは違う。充実感を覚える瞬間を、一年中待つ必要はない。安心感を得るために、状況が変わるのを待つ必要もない。

あなたが本書ですでに学んだように、経済的な自由を得る方法は、そんなに複雑ではない。基本ルールを知り、市場の仕組みを理解し、感情に任せて誤った判断を下さないように注意し、複利の効果を利用すればよいわけだ。そして理想的には、あなたのことを最優先に考えてくれるアドバイザーを見つけ、指導や支援を受けるといいだろう。

成果を得る（たとえば、筋トレして腹筋を割る、経済的に自立する）ための不変の法則を、私はScience of Achievement（**目標達成のためのスキル**）と呼んでいる。ボーは、目標達成のスキルにおいてはエキスパートだった。成功の要素を理解していて、プロの料理人のように、どの要素をどのように使えば最高の結果が出るかを熟知していた。だが、数々の事業で成功し、すばらしい業績を持つにもかかわらず、クオリティ・オブ・ライフ（人生の質）を向上することができなかったのは、なぜだろう？

上等のクオリティ・オブ・ライフというのは、充足感を見いだすスキルを習得してこそ、手に入れることができるからだ。重要なので繰り返し言おう。充足感のない成功は、最大の失敗だ。したがってあなたは、充足感を見いだすためのスキルを習得する必要がある。

幸いにも、成功しながら充実感を享受することはできる。ただし、そのためには、精神の訓練と、ある程度の覚悟が必要だ。この章が終わるころには、あなたが経済的な自由だけではなく、あなたに値する心の平穏も追求する覚悟を決めてくれることを心から願う。心の安らぎを得れば、充足感や幸福感、愛を実感できるようになり、精神的な苦しみからも解放されるだろう。

痛みは避けられないが、必ずしも苦しむ必要はない

人は心で思ったとおりの人間になる
――旧約聖書　箴言《しんげん》　第23章7節

数年前、私はゴルフを始めようと思いたった。身長2メートル、体重118キロの大柄な私がゴルフをすると、まるでゴリラがマッチ棒を振り回しているように見える。私は、人生のほとんどの場面でもそうだが、強ければ強いほど、速ければ速いほどベターだと思っていた。そのため、打ちっぱなし練習場での初めてのレッスンで、クラブヘッドを壊してしまった。「こんな調子だと、クラブが3〜4本あっても足りないかもしれませんよ！」と私が叫ぶと、コーチは優しく言った。野球の木製バットと違って、ゴルフクラブはそんなに頻繁に折れるものではないし、ゴルフというのはそんなスポーツではない、と。

このスポーツを知らない人に説明するが、ゴルフではストレスやいらだちがたまることもある。より強く、より速くは、必ずしもベターではない。ニュアンスを要する競技なのだ。ちょっとした違いが、池越えのナイスショットか、池ポチャまたはOB（コースの外）になるかを分ける。極めるのが不可能で、とてつもない忍耐力も必要とする。数回のレッスンを受けたあと、私は自分がゴルフに不向きだと気づいた。私には時間がない。時間を割いて懸命に練習しても、せいぜい半人前にしかならないだろう。生かじりするのは私の性に合わない。他のことに自分の時間をもっと有効に使うべきだ、と思った。

だが、ツアーでメキシコへ行ったとき、親友のバートからゴルフに誘われた。私が自分のゴルフ体験と感想（ゆっくりすぎてイライラしたこと）を語ると、バートは私を遮った。

「トニー、君に時間がないことはわかっているから、数ホールだけプレーしないか？」

数ホールだけという選択肢があるとは、私は知らなかった。いずれせよ、せっかくの短いフリータイムだから、ビーチへ行ってゆっくりするほうがマシだ。

「それじゃあ、海岸沿いで3～4ホールだけプレーするってのはどうだい？　景色が最高だぞ」

そう言われて、気をそそられたが、自分がどれだけ下手かを思いだした。

「わかった。じゃあ、スコアを付けないことにしよう」

スコアを付けないって？　競わないなんて、スポーツじゃないだろう。

ついに、私は根負けして渋々承諾し、バートと一緒にゴルフカートに乗った。オーシャンフロントに着いてカートから降りると、そこには絶景が広がっていた。グリーンからほんの数歩先の岩に、白い波が当たって砕けている。私は多くのボールを打ち、そのうちの数本は意外にもいいショットだった。さらにロングパットを決めたとき、気分は最高だった。私の心の中で、なにかが変わりつつあった。1時間で、私たちは海岸沿いの4ホールをすべて終え、最高の時間を過ごした。ともに笑い、会話を楽しみ、清々しい潮風を存分にすい込み、雄大な自然の美しさを堪能した。

その日、私はこう決心した。今後、苦しむのはやめよう。ゴルフをプレーするときは、各ホールを楽しむことに決めた。一緒にいる人との時間、周囲の自然の美しさと自分に与えられた機会、そしてごく稀なナイスショットを存分に楽しむのだ。「ゴルフとは、両耳の間の5インチのコース（頭脳）でプレーする競技だ」と、伝説のプロゴルファー、ベン・ホーガンは言ったが、まったくそのとおりだ。それからというもの、ゴルフは私のお気に入りのスポーツになった。そして、今でもスコアは付けないでプレーしている。

ここで私があなたに伝えたいのは、私はゴルフから思いがけない学びを得たということだ。「美しい心の状態」の中で生きることを選ぶよう、ゴルフが教えてくれた。ゴルフが変わったのではなく、私自身が変わった。あの日、私は、より優れたクオリティ・オブ・ライフを追求することを決め、平穏な心の状態で生きることを選んだのだ。日常生活もこのような心持ちで過ごすべきだろう。

美しい心の状態

私はほぼ毎年、インドを訪れる。前回の旅で、友人の一人がすばらしい話を聞かせてくれた。彼は自らの、そして多くの人びとの精神的な成長のために、献身している人物だ。彼によると、人はいつのときでも、二つの精神状態にいることができるという。ローエナジーの、ネガティブの状態は、**苦悩の心の状態**(悲しみ、憤り、落ち込み、いらだち、恐れ)と呼ばれる。それと対照的に、ハイエナジーのポジティブな精神状態を、**美しい心の状態**(喜び、愛しみ、感謝の念、創造力、慈悲、思いやり)という。

この友人との会話は、私の人生を大きく変えるきっかけとなった。人生において、人が本当にコントロールできるものは己のマインドしかない、と私は常に信じてきた。だから、このことを何十年にもわたり人びとに説いてきた。人は株式市場や雨をコントロールすることも、パートナーや子どもの行動を己の思いどおりに操ることもできない。私たちがコントロールできるのは、それらの状況に対する自分の意識だ。それらの状況をどのように捉えるかによって、自分の感情が変わる。感情を通じての経験こそ、私たちの現実なのだ。

日常生活で自分がどのように感じるかは、100パーセント自分でコントロールできる。私はそう信じてきた。だが実のところ、インドをあとにしたとき、ふとした疑念が頭をもたげた。私自身、本当に自分の感情をコントロールしているだろうか。常に美しい心の状態にいるだろうか。そもそも、そんなことは果たして可能なのだろうか？

全力疾走

おそらく驚くことではないだろうが、私は自分が成功者だと思っている。現在、世界中で少なくとも50社に貢献ないし投資し、毎年100都市以上を訪れている。私の人生もスケジュールも、ボーイング747と同じくらいにフル稼働している。従業員は多様なセクターで数百人にのぼり、私の旅行日程は米国大統領よりも過密だ。この状況で、すべてが計画どおりに進む確率はどのくらいかというと、ゼロである。

正直なところ、過去には、失敗したりなにかがうまくいかなかったりすると、私だって動揺したり、圧倒されたり、怒ったり、いらついたりすることがあった。もし、そんなときに「つらいですか？」と問われたなら、私は笑って否定しただろう。私は苦しまないし、いつだって克服する方法を見つけることができる、と。

だが今思えば、私が当時、ときどき憤りやいらだちなどの負の感情を抱いていたのは、苦悩の心の状態にいることを選んだからだった。そして、それらの激情は意欲や情熱の燃料であると、正当化していた（ほとんどの成功者も同様だろう）。しかし現実には、負の感情は私から喜びを奪い、自分の人生に満足することを妨げていた。

無意識による負の感情

過去に私が苦悩の中にいたのは、無意識が感情をハイジャックしたからだ。無意識が負の感情を生み、私はまるで海に浮いたコルクのように、押し寄せる感情に逆らえずにいた。

今、私が知る真実はこうだ。われわれ人間の脳には、反射脳と呼ばれる原始的な層がある。その古い脳は、生命維持のための本能を司り、危険を察知し、防衛のために反射的に体を反応させる。古い脳の目的は安全に生きることであり、あなたに幸せな感情をもたらしてはくれない。つまり、幸福感を探し求めるのは、あなたの役目なのだ。なにが正しいのか、美しいのか、愛らしいのか、楽しいのか。そして、あなたの人生の意義はなにかを、意識的に追求しなくてはならない。毎日、毎分、筋肉と同様に、すばらしいものを探す力を鍛えることが必要だ。

苦悩の心の状態にいたことを自覚してから、私は、自分の人生でもっとも重要なことを決心した。これからは苦悩の心の状態に生きたり、負の感情に流されたりしない。美しい心の状態に生きるように精一杯の力を尽くす。

愛、喜び、創造性、情熱、楽しみ、遊び心、思いやり、向上心、寛容、好奇心を大事にする。これを決意するには、揺るぎない信念が必要だ。もし、あなたも人生を存分に生きたいなら、心から充実した最高の人生を送りたいなら、心を決めなくてはいけない。苦悩の中に生きるのをやめよう。人生は短いのだ。

喪失、不足、絶望感

サルにリンゴを一個あげたら、とても喜ぶだろう。だが、リンゴを二個あげて一個を取りあげると、怒るはずだ。人間もサルとさほど変わらない。人というのは、始終、問題を探す生きものだ。常に持っていないものを求め、所有物が失われないか心配する。私のモットーはこうだ。**間違ったことや好ましくないことはいつでも見つかる。だが正しいことや好ましいことはいつでも、意識的に探さないといけない。**私たちの脳がどのように働くかを理解し、負の感情を克服する方法を習得し、自分自身をコントロールできるようになるために、苦悩を引き起こす原因を探ろう。次の三つが苦悩のトリガーだ。

トリガー1　喪失感

自分にとって価値あるものを失ったと思うとき、人は苦しむ。失うかもしれないという懸念が生じるだけで、脳はアラームを発信する。通常、物質を失うことが喪失感につながることはない（とはいえ、金の喪失はよくある問題だ）。時間や、愛、尊敬、友情、チャンスの喪失が苦悩を引き起こす。

トリガー2　不足感

不足感は喪失感ほど強い感情ではない。先述のサルの例えのように、将来になにかが不足することを思うと、心配や苦しみが生じる。自分の行為、あるいは他者の行為に起因することもある。自分にとって価値あるものが十分に得られないと感じるとき、人は精神的な苦痛を経験する。

トリガー3　絶望感

これは脳にとって「デフコン1」レベル（米国防総省での非常事態レベル）に値する。人は絶望感に陥ったとき、自分にとって価値あるものが入手不可能であるように感じる。「○○が起こらないと（あるいは○○が起こると、○○がないと）、けっして幸せになれない」（あるいは、「けっして愛されない」「けっして痩せられない」「けっして金持ちになれない」「けっして魅力的になれない」「けっして大切な存在になれない」）と脳が人を思い込ませる。このような絶望感が、自分自身を傷つけたり、人間関係を損なったりなどの、破壊的な行動を引き起こすこともある。脳は人を自己中心的かつ近視眼的にさせる。

私たちはしばしば、事実ではないことを問題として捉え、妄執にとらわれて、苦しむ。なにが実際に起こったかにかかわらず、その瞬間に感じたことにこだわる。友人があなたを故意に傷つけたと思ったことがないだろうか？　怒りが沸々とわき、頭の中であらゆる文句を並べる（もちろん、あなたの頭の中では、自分の主張は筋が通っている）。

「彼女、どれほど私を傷つけているか、まったく理解してないのよ。私を尊重していないのが明白だわ。友情は壊れたも同然ね！」

だが、あなたはのちに、自分が完全に間違っていたことに気づく。事実を誤解したのは自分で、誰のせいでもなかったことがわかる。だが、あなたは悩んでいた。負の感情があなたを支配し、おかげでその日または1週間まるごとが台無しになった。そのとき、あなたは喪失感、不足感、そして絶望感をすべて経験したのだ。

あなたを支配する感情とは

考えてみてほしい。あなたはどのタイプの苦悩に支配されやすいだろう？　あなたは怒ることが多いだろうか？　よく後悔する、シニカルになる、ビクビクする、それともいらいらするだろうか？　どのような負の感情を自宅へ持ち帰り、パートナーや子どもの前でぶちまけるだろうか？　憤りや心配を引きずったまま、仕事場へ行くだろうか？　どのタイプの苦悩が、あなたの理性的な思考を抑制するだろう？

人間は非常にさまざまな感情を持っているが、私が思うに、ほとんどの人はワンパターンの感情に走る傾向にある。特定の感情に振り回されやすいのだ。では、どのように理性を取り戻すことができるだろう？

まずは、あなたを支配する感情に気づくこと。そして、自分に対して二者択一の問いを立てる。**あなたがその感情を支配するか、それとも感情に支配されるのか。**

もし、意義ある人生を送りたいなら、あなたが感情を支配し、制御しなければならない。

事が思いどおりに進んでも進まなくても、常に人生を楽しむことに全力を傾ける。誰かに傷つけられることもあるだろう。投資で損失を被ったり、パートナーにいらついたり、上司や同僚があなたを不当に評価したりすることもあるかもしれない。このようなときこそ、負の感情パターンを破り、美しい心の状態に生きることに、すべての意識を向けなければならない。人生は短いのだ。苦しみから自分を解放しよう。

これは前向き思考というレベルの話ではない。私たちは、試練を乗り越え、苦難に打ち勝ってきた人からインスピレーションや勇気をもらう。そのような人たちのサクセスストーリーを本や映画にして、偉業を顕彰することもある。自分の感情を操り、強い意志を持ち、悲劇や不当な待遇などの逆境を克服した人を、大いに尊敬する。想像を絶するほどの困難に耐え、見事な精神状態を維持してきた人に遭遇すると、自分も高い志を持とうと思う。勇気をもらい、自分自身を見直し、見かたを変えて、人生を彩る美に対して深い感謝の念を抱こうという気になる。

人生には、すばらしいことがたくさんある。だが、あなたがそれに気づく意思を持たなければならない。

90秒ルール

人生の苦難にまったく動じない人や、恐れや不安を抱かない人などいない。私がここで言わんとしているのは、ものごとにこだわらず気楽な人生を送れということではない。それは、ただの回避であって、人生を生きているとはいえない。要するに、負の感情に支配されないように、あなたが自分の意識を管理しなくてはいけないということだ。

私自身にとって有効だった方法を、ここであなたに伝授しよう。怒りや不安や憤りなど、負の感情がわき起こったとき、私は自分に90秒間の時間を与える。その間に気分の転換をはかり、美しい心の状態に戻るのだ。だが、どうやって？

仮に、私のチームメンバーが判断ミスをおかし、それが原因で数々の厄介な問題が生じたとしよう。そこで私とスタッフは緊迫した話し合いをしている。私の反射脳は、状況が正常ではないことをただちに察知する。頭の中でシグナルが点滅し、緊急サイレンが鳴り響く。反射的に怒りやいらだちがわき起こり、私は苦難の心の状態に入りかける。そのときこそ、この90秒ルールを実行するときだ。

まず、深呼吸して、自分を落ち着かせる。体を動かすことは、負の感情パターンを破るのに有効だ。ゆっくり呼吸したり、歩いたり、上下に少し飛んでみたりなど、なにをしてもいい。とにかく、感情的になったり、のちに後悔するような言動をしたりしないように、自分の気をそらすべきだ。

次に解毒法を実行する。ここで重要なのは、「感謝の気持ち」を持つこと。人というのは恐れと感謝の念を同時に抱くことはできない、と私は学んだ。とはいえ、問題となる状況に対して感謝する必要はない。そんなことをすると、なにが起こったかという事実を否定することになる。私は、その瞬間に良いと思えること、すばらしいと感じられるものを探して、そこに意識を向ける。

たとえば、部屋の向こう側に座っている妻や、写真の中で笑っている子どもたち、オフィスから見える海の景色。なんでもいい。その瞬間に目の前にある、自分にとって価値のあるものを探す。こうすることで、自分には愛する人、すばらしいものが身近にあるという事実に感謝の念がわいてくる。問題の張本人である従業員は通常、とても優秀であるという事実さえも再び認めることができるようになるのだ。

意識的に負の感情をストップして、なにかに感謝の念を向けることで、私の神経系が再編成され、自分の感情のコントロールが可能になる。実際に、感謝の念や価値あるものを認める気持ちからの恩恵は、科学的・医学的にも説明できる。脳が再編成されるというのは、けっして大げさな表現ではない。異なるニューロンが同時に発火することで、ニューロン同士の結びつきが強くなる。神経回路は、始めは糸のように細かったものが、反復によって、しだいにロープのように太くなっていく。頻繁に感謝の念を持てば、感謝する能力が上がる。

なにかに対する感謝の気持ちがわき起こったら、次に目の前の問題に取り組む。美しい心の状態にいるときは、「創造力」が生まれ、画期的なアイディアが浮かぶものだ。そうすると、問題解決の糸口を速く見つけることができる。落ち着きを取り戻すと、心に余裕ができて従業員に対して寛容になれる。従業員を高く評価し、彼らの働きに対して感謝の意を表わすことで、チーム内で互いへの思いやりや信頼が生まれる。

忘れないでほしい。どんな状況下でも、良いことやすばらしいものが必ず存在する。それらを見つけようという意思さえあれば、見つかるはずだ。悪いことは常に起こる。だが同様に、正しいことや美しいこと、大切なことも、あなたがその気になれば、手に入れることができる。今はそれをはっきり認識できないかもしれないが、私の言うことを信じて、前向きに人生を歩んでほしい。人生はつくられるのではなく、自分でつくるものなのだ。

私が生まれ育った家庭では、母は二つの顔を持っていた。愛情あふれる母親と、依存症患者の顔だ。母が部屋にこもって処方薬を大量に飲み、酒をあおって泥酔していた間、私は幼い弟や妹の世話をしなくてはならなかった。

私は母を愛している。そして、現在、こう確信している。もし母が、私が当時望んでいたとおりの母親であったならば、私は今の私のようにはならなかったはずだ。私の人生はつくられたものではなく、私がつくった。私は自由を手に入れるために、人生の意義を自分で決める。

本書の主旨は、経済的自由の達成である。確かに、これはすばらしい目標だ。しかし、あなたが経済的な自由だけではなく、より優れたクオリティ・オブ・ライフも追求してくれることを、私は心から願っている。行動を起こすなら「いつか」ではなく、今だ。いつまでも待っていたら、目標に到達することも充足感や幸福を得ることもできない。あなたも、あなたの愛する人も、真の自由を手に入れるに値する。人生は短いのだ。苦しみから自分を解放しよう。

脳活――感謝は最良の薬

感謝は、苦難を乗り越えるための最善の対処法であると、数千年前の偉大な思想家はすでに知っていた。また、現在の研究においても、感謝の念が身体と精神に大きな影響を及ぼすことが明らかにされている。例をいくつかあげよう。

- マサチューセッツ総合病院のジェフリー・ハフマン医師が行なった研究は、楽観傾向や感謝の念のようなポジティブな心理状態は、心血管系疾患発症リスクを軽減できると示唆している。
- アメリカ心理学会の２０１５年の調査によると、８週間にわたって感謝の念を日記に綴《つづ》った患者では、炎症バイオマーカーの値が減少した。
- 感謝の念および他の肯定的感情の増幅に関する研究で、正の感情のとき、ストレスホルモンの値が減少することが明らかになった。感謝が増幅した被験者では、コルチゾール値が23パーセント減少し、ＤＨＥＡ／ＤＨＥＡＳ（反老化ホルモン。テストステロンやエストロゲンなどの主要ホルモンの生成を促進する）が100パーセント上昇した。

●『Behavior Research and Therapy（行動研究と療法）』で発表された2006年の研究によると、ベトナム戦争の退役軍人のうち、高い数値の感謝の念を持つ者は、心的外傷後ストレス障害で低い数値を示した。

●ハーバード・メディカル・スクールならびにペンシルベニア大学ウォートン校の研究者らは、感謝を表現する指導者のもとでは、従業員のモチベーションと生産性が向上することを発見した。

第9章

幸福の追求

by

ジョナサン・クレメンツ

ピーターからのメッセージ——トニーが述べたように、お金で多くのものが買えても、幸せは買えない。財産は慎重に、賢く使うべきだ。そうすれば、自分にとっての幸せを追求することも、人生を思う存分に楽しむこともできるようになる。私は、ウォール・ストリート・ジャーナルの元コラムニストで、現在クリエイティブ・プランニングの金融リテラシー推進部門責任者であるジョナサン・クレメンツに寄稿を依頼した。幸福とはなにか、そして幸福の追求においてお金がどのように関わるのかを、ジョナサンが掘り下げて説明してくれる。

お金がもっとあったなら、果たして今よりも幸せだろうか？ 周囲の人びとにそう尋ねたなら、おそらく大半が迷うことなく「イエス」と答えるだろう。しかし、実際はそうではないことを示す十分な証拠がある。

総合社会動向調査のデータを見てみよう。この社会調査はシカゴ大学の全国世論調査センターによって、過去50年にわたり定期的に実施されている。１９７２年の最初の調査では、アメリカ国民の30

パーセントが、自分は「とても幸せだ」と答えた。その後の数十年で、一人当たりの可処分所得（インフレ調整後）は131パーセント上昇した。つまり、現在、アメリカ人の可処分所得は1972年の2倍以上になった。それにもかかわらず、幸福感はさほど高まっていないようだ。2018年の調査によると、「とても幸せだ」と思っているのは、アメリカ国民の31パーセントにすぎない。46年前に比べると、たった1パーセントポイントの増加だ。

それでも私は、幸福はお金で買えると固く信じている。ただしそれは、私たちが思慮深く、財産と賢く向き合えばの話だ。もし、私たちが正しい知識や自制心を持ち、本書でのアドバイスに従うなら、経済的に安定した将来への道を容易に見つけることができるだろう。それでは、どのような幸せをお金で買うことができるだろうか？　私が思うに、お金には三つのメリットがある。この三つが、私たちの人生をより豊かにしてくれるはずだ。

不安を軽減する

ある程度のお金があれば、経済的な心配や不安が軽減され、自分の生活を思いどおりに操ることができるようになる。私が思うに、お金は健康のようなものだ。人は病気になって初めて、健康のありがたみに気づく。これと同様に、人は、お金が不足するときに初めて、安定した家計がどれほど重要かを痛感するのだ。

札束の山とともに、至高の幸せが舞い込むとは限らない。しかし、お金がないと、人は非常に不幸せになる。月々の家賃や経費の支払いに苦しむ。条件の悪い過酷な仕事を辞めることができない。医療費支払いのために多額の借金をする。人は金銭的にも精神的にも追い詰められる。

不幸にも、アメリカ人の多くが前述のような状況下で暮らしている。連邦準備制度によると、アメリカ国民の4割が、非常時に400ドルを捻出できない、あるいは借金したり所有物を売却したりして資金を工面しなければならないという。衝撃的なデータはまだある。キャリアビルダー（米求人広告掲示板サイト）の調査によると、アメリカ人労働者の78パーセントが、給料ぎりぎりの綱渡りのような生活をしているという。これは世界が抱くアメリカ像と矛盾している。アメリカは世界でもっともダイナミックで、もっとも繁栄している経済大国だ。それなのに、過半数の人びとが経済的にぎりぎりの生活をしているのだ。結局のところ、全体的な生活水準が上がっても、幸福度が向上していないのは、さほど驚くことではないのかもしれない。

確かに、老後生活のために、マイホームローンの頭金のために、そして子どもの学費のために、私たちは貯金するべきだろう。だが、それらのゴールは、広範な経済的目標の一部である。むしろ、最優先されるべきなのは、始終お金の心配をする必要のない状態、つまりお金に縛られない生活を確立することだ。

実は、ほんの少しの努力で、金銭的な心配を解消することができる。クレジットカードの負債をすべて返済し、月々の請求を期限内に支払い、毎月少額を銀行に預け入れれば、家計の健全度が格段に向上する。消費者金融保護局の調査によると、預金が250ドルに満たないアメリカ人の経済的な健全度のスコアは、100ポイント中、41ポイントしかない。5000ドルから1万9999ドルの預金がある人では、59ポイントまで上昇し、平均の54ポイントを上回っている。

経済的に安定すれば、月々の生活費や予期せぬ出費に対処できるようになるだけではなく、自分の人生をコントロールしているという自信がわいてくる。これは、大きな成果だ。しかも、わずかな工夫と努力で獲得できる。たとえば、ケーブルテレビのサービス内容をベーシックなものに変える。服の購入を控える。あるいは、新車ではなく中古車を購入する。ほんの数点の物品をあきらめるだけで、経済的にも精神的にもゆとりが生まれるだろう。いわば、お金で心の平穏を買うわけだ。これは人生で最良の取引ではないだろうか。支出を抑えて節約を心がければ、債務を返済し、貯金し、着実に経済的な不安を――非常に多くのアメリカ人が抱える日々の苦悩を――解消できるようになる。

やりがいある仕事に時間を費やす

お金があれば、好きなことに時間を費やしたり、得意な活動に打ち込んだりできる。これが、お金がもたらす二つ目のメリットだ。

お金はもっとも大切な資源であるように思えるかもしれない。とりわけ、若い人にとってはそうだろう。だが実は、限られた資源である時間こそ、私たちの人生においてもっとも貴重なものだ。その事実を、人は残酷にも、人生の後半で痛感する。

より充実した人生を送るためには、私たちは限られた時間を有効に使うことに財産を費やすべきだろう。自分が夢中になれる娯楽にお金をかける。時間をつくるために、人を雇って庭の芝刈りをしてもらったり、家の掃除をしてもらったりというのも一つの手かもしれない。だが、長期的な目標を持つこともできる。

将来、自分の好きなことを心ゆくまでできる日々を過ごしたい、と思い描く人は多いだろう。これを、遠い未来の漠然とした夢とすべきではない。十分な貯蓄とともに定年退職してからではなく、むしろ、現役で働いている間に追求し、実現すべきことだ。

風変わりかもしれないが、私は高校生や大学生と話すとき、情熱を追い求めよとは助言しない。その代わり、就職後の数十年は貯金して、経済的自由を早々に確立するべきだと勧めている。経済的に安定していれば、どのように日常生活を送るのかを自分自身で決めることができるからだ。

20代の若者は情熱を追い求めるべきだ、というのが世間一般の通念だろう。家庭を築く前に、大きな責任や住宅ローンを抱え込む前に、自分が熱中できるものを探し求めるべきだと、社会が信じ、若者に推奨している。だが、この信念は憶測に基づいている。情熱を追うことは、なぜか50代ではなく20代の特権のように思われており、それが疑問視されることはない。

私の見解は正反対だ。就職して間もないとき、すべてが新しく、刺激的に思える。社会人になりたての若者は、社会のルールを理解すること、自分の場所を見つけること、自分の価値を証明することに意欲的だ。20代、30代の人たちにとって、少々つまらない仕事でも、さほど精神的な負担にはならないだろう。そして、それでいい給料がもらえるなら、毎月多額を貯金に回すのが、経済的自由を確立する賢い方法である。

ところが、社会人になって10年、20年が経つと、自分の方向性や見かたが変わることが多い。その頃になると、職場でのルールをすでに知っている。自分が思い描いていたものとは少々異なるかもしれないが、ある程度の成功を収めている。昇進や昇給は（そして、それによって購入する物品の数々も）つかの間の幸せしか与えてくれないことにも気づく。社内での政治的駆け引きや頻繁な解雇を目の当たりにし、職場に対して徐々に批判的な見かたをするようになる。そして、物質的報酬に魅力を感じなくなり、自分にとって有意義な時間の使いかたを探し求めるようになる。

そんなとき、社会人生活の最初の10年間でせっせと貯金をしていれば、就労時間を短縮したり、給料は少なくともやりがいのある仕事に変えたりできる。それ相当の貯金があれば、仕事を辞めることも選択の一つになりうるだろう。

ここで重大な疑問が生まれる。ある程度の経済的自由を手に入れ、誰にも借りをつくることなく、自分のしたいことに時間を費やすことができるなら、私たちはなにをすべきだろうか？　おそらく「のんびりする」や「気楽に生きる」と答える人は多いだろう。だが私は、心の底から楽しめることを見つけ、それに没頭することをお勧めする。

世界中の公園で誰も座っていないベンチがたくさんあるのには、実はわけがある。人類の遠い祖先は、狩猟採集社会で暮らし、生き抜くために必死であった。現代人はその生存維持の本能を受け継いでいる。本質的に、リラックスしたり余暇を楽しんだりできない。人間というのは生来、なにかを追い求めて努力する生き物なのだ。多くの人は、自分にとって意義あること、熱中できること、困難だがやりがいのあること、そして能力を発揮できることに従事するとき、もっとも幸福感に満たされる。この創造的な心理状態は「フロー」と呼ばれ、クレアモント大学院大学の心理学教授ミハイ・チクセントミハイによって提唱された。

手術中の外科医や、作品の制作にのめり込む芸術家や著述家、あるいは次の試合に精神を集中させるアスリートを想像してほしい。料理、車での通勤、確定申告の準備などの日常的な作業でもいい。テレビを観るなどの受け身の動作ではなく、積極的に従事できる活動や仕事であれば、「フロー」状態に入ることができる。人は、創造的な活動や、高いスキルが必要とされる仕事に専念するとき、時間が過ぎるのを忘れて没頭する。そして、このようなフロー状態にあるとき、友人と愉快な時間を過ごすときの高揚感とは異なる、永続的な充足感や幸せを体験するのだ。

思い出をつくる

お金があれば、好きなことに時間を費やすことができる。そのうえ、愛する人と至福の時間を分かち合うことが可能になる。これが三つ目の、お金で買うことができる究極の幸せだ。幸福のもっとも大切な要素は、友人や家族との絆であることが研究でわかっている。見知らぬ人（たとえば、スーパーマーケットのレジ係員、駐車場の管理人、スターバックスのバリスタ）との交流でさえ、帰属意識や共同体感情を高めることができるという。

アメリカ人は徹底した個人主義を理想とするため、自己の成功に執着し、他者の意見に対して鈍感なのだとよく言われる。だが、アメリカ人のほとんどは社交的で、周りの人びととの関わりを大事にし、自分が社会からどのように評価されているかをとても気にかけている。現に、二度と会うことのない他人にも親切だし、再訪するつもりのないレストランでもウエイターにチップを渡す。

働く女性の日常生活における幸福度を調べた学術研究を紹介しよう。自宅の外で仕事を持つテキサス在住の女性909人は、日々のさまざまな活動でどのくらいの幸福を感じるかを評価するように求められた。結果、通勤でのスコアはもっとも低く、職場での仕事における幸福度も低かった。それでは、幸福度が高かった活動はなんだろう？

「親密な関係」（研究者は慎重に表現しているが、つまり「性的関係」）に従事することだ。とはいえ、そう答えたのは全体の11パーセントにすぎず、その所要時間は平均して13分だけであった。それでも、これが日常で幸福を感じる活動の第1位だった。

第2位にランクされた「仕事後の交流」は、広域にわたり幸福をもたらすという意味で、より重要である。その活動にかけられた時間は、平均して1日のうち69分だった。友人や家族と過ごす時間が幸せに大きく貢献していることは、疑う余地がない。だが、これは私たちの多くがすでに経験から知っていることだろう。誰かと一緒にレストランで食事を楽しむという選択肢があるなら、一人で食事するほうを好む人はまずいない。同様のことは、映画館やショッピングに行くことでも言える。庭を掃除するときも、内輪の集まりを主催するときも、家族や親しい友人を含めば幸福度が上がる。

友人や家族とのかけがえのない時間がもたらすのは、幸せだけではない。われわれの健康にも良い影響を与えてくれる。2010年に行われた研究では、他者との交流頻度と死亡の相互関係について言及している過去の研究148件から、データが集められ精査された。その結果、友人や家族とのつながりが強い人は長生きする傾向が強く、その効果は禁煙による寿命の延伸にほぼ匹敵することがわかった(*82)。

財産よりも経験が、幸福度に大きく貢献していることを示す証拠は十分にある。したがって、幸福度をより高めるためには、友人や家族と多くの経験を共有すべきだ。ハイキングを予定しているなら、友人を誘おう。同僚と一緒にコンサートへ行く、子どもと一緒にクルーズ旅行する、あるいは家族行事を計画するのもいい。友人と一緒に食事に行ったり、飛行機に乗って孫に会いに行ったりする機会も大切だ。

しかし、それらの経験には欠点もある。家族との外食やコンサートはほんの数時間ほどの経験だが、それらにかかる費用は、おそらく多くの所有物(たとえば、メールをやりとりしたり、電子書籍を読んだり、映画を観たり、音楽を聴いたり、ネット検索したりできるタブレット）よりも高額だろう。物品は割引されることも多いが、たいていの経験や体験は高価だ。頻繁な外食や家族旅行のために出費を続ければ、後世に残す財産が少なくなるだろう。たとえそうだとしても、家族とのすばらしい思い出づくりは、もっとも価値のある投資法だと私は思っている。

こんにち（執筆時の2020年）までに、44人のアメリカ合衆国大統領がいた（＊83）。彼ら全員が不朽の名声を築いたのは間違いない。とはいえ、歴代大統領全員の名前をすべてあげられる人はいるだろうか？　ましてや各々の功績を知る人はいるまい。歴史に残る大統領でさえ人びとの記憶に残ることができないなら、私たち一般庶民には到底無理だ。

しかし、私たちの死後5年か10年、家族や親友だけは私たちのことを覚えていてくれるだろう。私たちは、彼らの記憶の中で生き続けるのだ。私たちの永遠性は（少なくとも地球上では）それが限界である。これは私からの最後の、重要なアドバイスだ。あなたのお金を有効に利用して、愛する人たちと、かけがえのない思い出をつくってほしい。

＊82 もしあなたが禁煙したくないとしたら？　研究結果からすると、少なくとも一人で喫煙するのは避けたほうがいいだろう。

＊83 グロバー・クリーブランドは22代目と24代目を務めた。したがって、2020年現在、45代の大統領がいるが、歴代大統領は全部で44人である。

第10章

道のりを楽しみ、頂上での時間を謳歌する

by ピーター・マローク

私のクライアントの多くは、定年退職後の最初の数か月間、財産を心配して非常に悩む。世界最大の資産運用会社であるブラックロックがストレスの原因を探るための調査を行なったところ、回答者の56パーセントが、お金がストレスをもたらす最大の原因であると答えた。健康だと答えたのは全体の38パーセント、家族が37パーセント、そして仕事が34パーセントと、いずれもお金を下回っている(*84)(P288の図10-1)。

多大なストレスを溜めている理由としては、家計が火の車である、お金がなくて定年退職できない、というのがほとんどだった。

また、十分なお金があっても、いつか失うのではないか、底をつくのではないかと心配している人も多かった。

*84 おそらくストレス度は、誰と暮らしているかによっても異なるだろう。

「比較することで喜びが奪われる」

十分なお金がない――あなたはいつもそう思っていないだろうか。人間は常に自分と他人を比較する。そのせいで自分が他の人より満たされていないように感じるのだ。自分は他の人より賢いとか面白いとか自分を信じ込ませ、優越感に浸るのはたやすい。だが、それが金銭となると、そうはいかない。多くの人にとって金銭がデリケートな問題であるのは、比較すると真実が速やかにわかるからだ。

ソーシャルメディアで注目を集めようと自分を良く見せることは容易だが、お金というのは、通常、ごまかしが効かない。ステータスを評価するときに、財産が往々として物差しとなるのはこのためだ。まるで財産が自分自身の価値を象徴するかのように、バランスシート上の純資産を言及する者さえいる。だが実際は、人の価値はお金で決まるものではない。財産を常に重要視したり比較したりする癖があると、貯蓄した財産で定年後の人生を楽しもうとしても、なかなかできないだろう。

ではどうすればいいのか？　自分の優先順位をはっきりさせ、自分を周りと比較せずに前向きになるしかない。いくら金持ちであっても、墓場にお金を持っていくことはできないのだから。

定年後の初めの数か月は、とりわけ不安やストレスが溜まりやすいだろう。巨額の貯蓄がある人にとっても同じだ。これには五つの理由がある。

ストレスの原因（ランキング）

図10-1

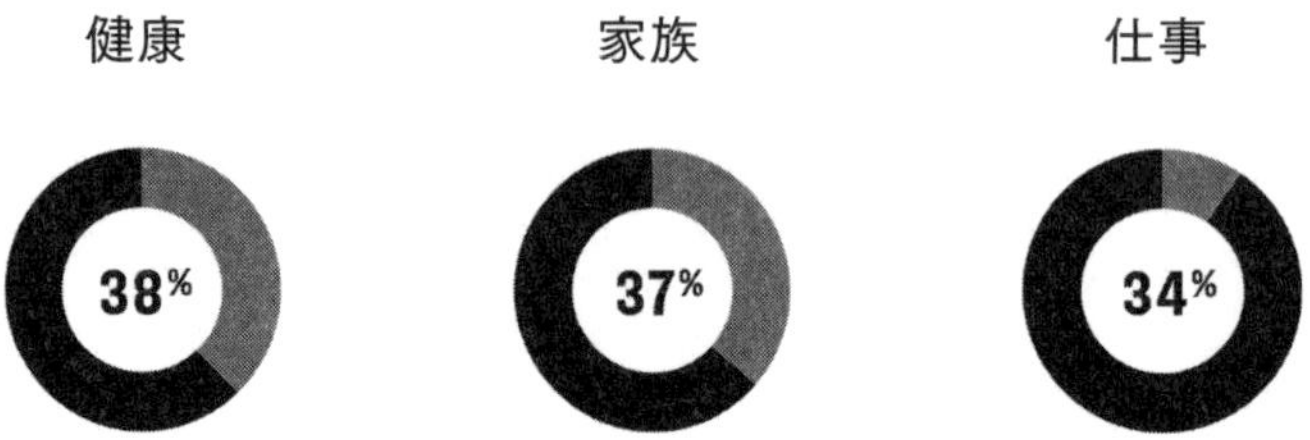

1．成人期はずっと働いていた。 なにか予期せぬことが起こったときでも、働くことによって穴を埋めることができた。以前の方法で切り抜けることができないと思うと、一時期の景気後退が以前よりも重大な問題に思える。

2．市場の変化が以前よりも速い。 市場の下落や上昇のスピードが増している。これは気のせいではない。市場は変動しやすくなった。これは、将来の展望に基づいて常に証券の価格改定が行なわれ、市場の効率性が上がっているためだ。この加速化は多くの人にとって懸念材料となる。

3．時間があるために、変化に対して過敏になりやすい。 働いているときは忙しすぎて、毎週、毎日、または毎時間、市場の動きを追うことはなかった。現在、あなたは時間の余裕があるため、市場動向をより頻繁に確認し、いかなる変化に対しても敏感だ。一時的な下落に動揺して、過ちをおかす可能性もある（＊85）。

るることが少なくなっていく（*86）。

4．加齢とともに、楽観視することが少なくなった。一般大衆は自分の人生があらゆる側面で衰えつつあると感じていることが、調査で明らかになっている。人は年齢を重ねるほど、将来を楽観的に見ることが少なくなっていく（*86）。

5．人生で初めて、個人型確定拠出年金から引き出している。引き出しが義務づけられている年齢に達したクライアントから頻繁に質問されるのは、どうすれば義務である引き出しをせずに済むかということだ（訳註：401kなどのアメリカの確定拠出年金では、一定の年齢に達すると、そこからお金を使う必要がなくても、最低限の引出額を引き出すことが義務づけられている）。預金することにすっかり慣れてしまったため、引き出すことに不安を覚える。

しっかり管理を行なってきた投資家でさえ、定年後にのんびり楽しい日々を送るはずのときに、これらが原因で落ち着かない気分になる。そんな調子では、悠々自適なセカンドライフが台無しだ。

しかし、必ずしもこうなるとは限らない。というのも、あなたには資産運用計画がある。この計画は、定年までのロードマップというだけではなく、どのように定年後の安定した生活を保つかのガイドラインだ。あなたの計画が正しければ、ポートフォリオも、定年後の資金が十分足りるように構築されているはずだ。

計画どおりに目標に達すれば、市場の動きに翻弄されることもなく、初日から日々の生活でのニーズは定年後の収入で十分にまかなえるだろう。しっかりした計画を立て、ぜひ心の平穏を手に入れてほしい。第二の人生で、あなたが重要視しなければならないのは、あなた自身である。

＊85　新型コロナウイルスのパンデミック渦中、人びとは数週間も自宅に閉じこもりパンデミックに関する報道や金融ニュースばかり観ていた。当時、狼狽売りによる損失はどれほどだったのかと、私は疑問に思うことがある。

＊86　第1章と本章を読んで、あなたが可能性に満ちた将来を心に描いてくれることを、私は願っている。

人生を経済的に簡素化する

資産を構築するために、さまざまな不動産物件やビジネスや住宅などの「掘り出し物」に広く浅く投資するクライアントを、私は多く見てきた。多くの人が、多様な形で資産を蓄積することに成人期の前半を費やし、後半にすべてを簡素化しようと試みる。そのような転換の引き金となるのは、友人や知人の死のようだ。

遺産にまつわる複雑性が、残されたパートナーや子ども、あるいはその他の相続人に極度のストレスをもたらすことに気づく。資産は、人の支えとなり役に立つべきもので、問題を引き起こすものであってはならない。

自分の人生を生きるのは自分

人生の計画にはないことと向き合い生きること、それが人生なんだ。

――ジョン・レノン

1970年代、医師の父に、当時著名な政治家だった患者がこうアドバイスした。

「私にはこの世で使い切れないほどの財産があるが、お金が私の心を満たしてくれたことは一度もない。いいかい、アレックス。時間をつくって、人生を楽しむべきだよ」

父はこの助言を真剣に受け止め、その年のバケーションを延長した。

私も自分自身のキャリアで、この言葉を心に刻み、教えに従ってきた。私は資産運用会社の最高投資責任者であると同時に、認定ファイナンシャルプランナーであり、個人財産管理弁護士でもある。通常、クリエイティブ・プランニングは、クライアントに生涯にわたって寄り添い、病気や死去の際もクライアントの代理人として資産管理をサポートしている。そのため私は、お金と心の機能的および非機能的関係を、至近距離から見ることが多い。

大きな成功を得た人びとの多くは、非常に賢く資産を蓄積し、完璧に管理してきた。資産の蓄積も管理も、簡単に成し遂げられるものではない。私の観測では、そのような人たちは自分を抑えているわけじゃなくとも、富を利用して、人生を存分に楽しんでいない。倹約して懸命に働いて財産を築いた人は、人生の後半でスイッチを切り替えることも、お金の心配をやめることもできないでいる。

私からのアドバイスはこうだ。

あなたの相続人が30万ドルではなく25万ドルを相続しても、たいした違いはない。相続財産が80万ドルでなく60万ドルであっても、1400万ドルのかわりに1200万ドルであっても、1億1000万ドルだろうが1億ドルだろうが、さして変わらない。だから、あなたが生涯かけて築き、守ってきた富を、あなた自身のために使うこと。そしてあなたの人生を楽しむこと。

以前、純資産明細書を作成したあとに、「今死んで、自分の子どもに生まれかわりたいですよ」と言ったクライアントがいた。あなたの遺産には、投資で築いた資産だけではなく、マイホームや生命保険、自家用車なども含まれる。すべてが現金化され、ひとまとまりにしたあとに分割されるのが常だ。これが冷厳な事実で、私は数え切れないほど見てきた。

人はいつか必ず死を迎える。これは紛れもない事実だ。

値が張っても、上質のコーヒーを楽しむこと。10年も同じ車に乗るのをやめること（＊87）。次のバケーションをグレードアップすること。これらは、私がいつも、経済的に自立している人に対してアドバイスしていることだ。まったく逆のことを、あなたは他のファイナンシャルアドバイザーから聞いているかもしれない。これらをあなたが贅沢だと思って我慢しても、あなたの子がいずれ、あなたのお金を使って実践するだろう。倹約家の両親から遺産を相続した数日後に新しい家や車を買った人を、私はたくさん見てきた。

あなたが慈悲深く、他者に貢献することに喜びを感じる人なら、今すぐ行動を起こそう。寄付や寄贈するのに、死ぬまで待つ必要はない。与えることから得る充実感や幸せは、生きているうちでないと味わうことができないのだ。

資産を子どもや孫に譲るつもりなら、今のうちに分け与えよう。のちに遺産を家族の銀行口座に振り込むよりも、今、家族へのメリットを自分の目で確かめ、享受しよう。

結論を言おう。あなたががむしゃらに働き、蓄え、保管してきたお金は、あなたのものだ。あなたが経済的な安定を保つ一方で、**人生を謳歌すること**を、私は心から願っている。肩の力を抜いて、自分にとって意義あることにお金や時間を費やし、達成感や幸福を味わってほしい。

お金は人に仕えるもの、人が支配するものであり、その逆ではない。わがクリエイティブ・プランニングのチームは、クライアントが同じ認識を持っているかを常に確認している。あなたも、同様のスタンスでお金と向き合うべきだ。

目標に向かって山を上る前に、計画を練ろう。どの道を選ぶのか。一人で歩むのか、信頼できるガイドにサポートしてもらうのか。感情的にならぬよう、ゆっくりと時間をかけ、頂上に向かって着実に進歩していることを楽しむのだ。

目標までの道のりにも喜びがある。ついに頂上に達したら、自分を解き放し、充実感と真の自由を享受しよう。

＊87 新しい車に買い替えよう。最新技術と安全機能を搭載したものがたくさん出回っているはずだ。10年も乗っている車なら、安全性が懸念される。あなたの命を第一に考えてほしい。

謝辞

私の友人であり同僚でもあるアンソニー・ロビンズに謝意を表したい。彼ほど非常に多くの人びとの人生にすばらしい影響を与えた人物に、私は出会ったことがない。ジョナサン・クレメンツにも心から感謝している。この業界に入ってから現在に至るまで、私は彼からたくさんの刺激を受け、多くを学んでいる。

ジョナサン・ナップは、タイトなスケジュールにもかかわらず、締め切りに間に合わせるために尽力してくれた。彼の功労は本書の所々でうかがえる。ブレインストーミング、情報収集、編集の労を取ったモリー・ロトーブ、ジェイ・ビービー、ビング・チェン、アンディ・グリショフカ、ブレナ・サンダース、そしてジム・ウィリアムズに感謝している。

ジョシュ・ロビンズは、グラフィックやその他の出版に必要な作業に骨を折ってくれた。

クリエイティブ・プランニングの大胆不敵な同僚たちにも感謝の言葉を贈りたい。ファイナンシャルプランや投資の域を超えた数多くの大切なことを、私は日々わが社のチームから学んでいる。これほど情熱やエネルギー、思いやり、そして知性にあふれた人たちと一緒に仕事ができることを、とても光栄に思っている。

そして最後に、私の家族へ。美しい妻のベロニカは、本書の執筆を渋っていた私の背中を押し、執筆に専念できる環境を整えてくれた。息子のマイケルとＪＰ、そして娘のギャビーは、私をうまくそそのかし、たびたび息抜きに誘ってくれた。至らぬ私を支えてくれてどうもありがとう。

ピーター・マローク

編集部注：本書に記載されている金額などの数字、金融商品や制度の解説は、アメリカ合衆国の話が中心となっていますが、多くが日本でも応用できる内容ですので、原則として、なるべく原書に忠実に表現しました。具体的な企業名や商品名の記述もありますが、特定の金融商品や株の銘柄を推奨する目的ではなく、経済的自由を達成するための原理・原則の理解を促す例としてご参照いただければ幸いです。

Life Expectancy: Max Roser, "Life Expectancy," Our World in Data, https://our worldindata.org/life-expectancy, accessed April 28, 2019.

Extreme Poverty: Max Roser and Esteban Ortiz-Ospina, "Global Extreme Poverty," Our World in Data, https://ourworldindata.org/extreme-poverty, accessed April 28, 2019.

Years of Schooling: Max Roser and Esteban Ortiz-Ospina, "Global Rise of Education," Our World in Data, https://ourworldindata.org/global-rise-of-education, accessed April 28, 2019.

Dow Jones Industrial Average: 1896–2016: Chris Kacher and Gil Morales, "Human Innovation Always Trumps Fear—120 Year Chart of the Stock Market," Seeking Alpha, March 21, 2017, https://seekingalpha.com/article/4056932-human-inno vation-always-trumps-fear-120-year-chart-stock-market, accessed April 16, 2019. Graph 4.1—What to Avoid

Not All Fiduciaries Are Created Equal: Tony Robbins with Peter Mallouk, Unshakeable: Your Financial Freedom Playbook (New York: Simon & Schuster, 2017), p. 86.

Types of Home Damage: Insurance Information Institute, "Fact + Statistics: Homeowners and renters insurance," Insurance Information Institute, https://www.iii.org/fact-statistic/factsstatistics-homeowners-and-renters-insurance, accessed February 16, 2020.

S&P 500 Intra-Year Declines vs. Calendar Year Returns: JP Morgan Chase and Co., "Volatility Is Normal; Don't Let It Derail You," Guide to the Markets, https:// am.jpmorgan.com/us/en/asset-management/gim/adv/insights/principles-for-invest ing, accessed April 22, 2019.

Investor Cash Flows/Bull and Bear Markets: The Vanguard Group, Inc., "Vanguard's Principles for Investing Success," Vanguard, 2017, https://about.vanguard.com/whatsets-vanguard-apart/principles-for-investing-success/ICRP RINC_042017_Online.pdf, accessed April 23, 2019.

Inflation Adjusted Annual Average Gold Prices: Tim McMahon, "Gold and Inflation," Inflationdata.com, April 25, 2018, https://inflationdata.com/Inflation/Infla tion_Rate/Gold_Inflation.asp, accessed April 28, 2019.

Number of U.S. listed companies: Samantha M. Azzarello, Alexander W. Dryden, Jordan K. Jackson, David M. Lebovitz, Jennie Li, John C. Manley, Meera Pandit, Gabriela D. Santos, Tyler J. Voigt, and David P. Kelly, "Private Equity," Guide to Markets—US, December, 31, 2019, https://am.jpmorgan.com/blobcontent/1383654213584/83456/MI-GTM_1Q20.pdf, accessed March 17, 2020

Public vs. Private Equity Returns: Samantha M. Azzarello, Alexander W. Dryden, Jordan K. Jackson, David M. Lebovitz, Jennie Li, John C. Manley, Meera Pandit, Gabriela D. Santos, Tyler J. Voigt, and David P. Kelly, "Private Equity," Guide to Markets—US, December, 31, 2019, https://am.jpmorgan.com/blobcontent/1383654213584/83456/MI-GTM_1Q20.pdf, accessed March 17, 2020.

The Performances of Various Mixes of U.S. Stocks and Bonds/Historical Returns: The Vanguard Group, Inc., "Foundational Investments," Vanguard, 2019, https://advisors.vanguard.com/iwe/pdf/FAETFCMB.pdf, accessed February 16, 2020.

Mixture of Assets Defines the Spectrum of Returns: The Vanguard Group, Inc., "Vanguard's Principles for Investing Success," Vanguard, 2017, https:// about.vanguard.com/whatsets-vanguard-apart/principles-for-investing-success/ICRPRINC_042017_Online.pdf, accessed April 23, 2019.

Relative Magnitude of Home-Country Bias: Christopher B. Philips, Francis M. Kinniry Jr., Scott J. Donaldson, "The role of Home Bias in Global Asset Allocation Decisions," Vanguard, June 2012, https://personal.vanguard.com/pdf/icrrhb.pdf, accessed April 23, 2019.

Dow Jones Industrial Average Component Companies: "The Changing DJIA," S&P Dow Jones Indices, LLC, https://us.spindices.com/indexology/djia-and-sp-500/the-changing-djia, accessed April 23, 2019.

Average Company Lifespan on the S&P Index: Scott D. Anthony, S. Patrick Viguerie, Evan I. Schwartz, and John Van Landeghem, "2018 Corporate Longevity Forecast: Creative Destruction is Accelerating," Innosight, February 2018, https://www.innosight.com/insight/creative-destruction/, accessed April 23, 2019.

Investor Allocation by Region: Samantha M. Azzarello, Alexander W. Dryden, Jordan K. Jackson, David M. Lebovitz, Jennie Li, John C. Manley, Meera Pandit, Gabriela D. Santos, Tyler J. Voigt, and David P. Kelly, "Local Investing and Global Opportunities," Guide to Markets—US, March 31, 2019, https://am.jpmorgan.com/us/en/asset-management/gim/adv/insights/guide-to-the-markets/, accessed April 23, 2019.

Ranking Higher Than: Blackrock Global Investor Pulse Survey 2019, https://www.blackrock.com/corporate/insights/investor-pulse, accessed April 23, 2019.

(GRACE) study," Contemporary Clinical Trials, Volume 44, pp. 11–19.
Paul J. Mills, Laura Redwine, Kathleen Wilson, Meredith A. Pung, Kelly Chinh, Barry H. Greenberg, Ottar Lunde, Alan Maisel, Ajit Raisinghani, Alex Wood, and Deepak Chopra, "The Role of Gratitude in Spiritual Well-Being in Asymptomatic Heart Failure Patients," Spirituality in Clinical Practice, 2015, Vol. 2, No. 1, pp. 5–17.
Rollin McCraty, Bob Barrios-Choplin, Deborah Rozman, Mike Atkinson, Alan D. Watkins, "The Impact of a New Emotional Self Management Program on Stress, Emotions, Heart Rate Variability, DHEA and Cortisol," Integrative Physiological and Behavioral Science, 1988, April–June, 33 (2), pp. 151–170.
Todd B. Kashdan, Gitendra Uswatte, Terri Julian, "Gratitude and Hedonic and Eudiamonic Well-Being in Vietnam War Veterans," Behavior and Research Therapy, 2006, 44 (2), pp. 177–199.
"In Praise of Gratitude," Harvard Mental Health Letter, November 2011, https://www.health.harvard.edu/newsletter_article/in-praise-of-gratitude, accessed April 23, 2019.
Harvard Mental Health Letter, November 2011, https://www.health.harvard.edu/newsletter_article/in-praise-of-gratitude, accessed April 23, 2019.

第9章

The General Social Survey is conducted by NORC, which used to be known as the National Opinion Research Center and which is headquartered on the University of Chicago's campus. The original data can be found at gssdataexplorer.norc.org.
Bureau of Economic Analysis,U.S. Department of Commerce. Federal Reserve, Report on the Economic Well-Being of U.S. Households in 2017 (May 2018).
CareerBuilder, Living Paycheck to Paycheck is a Way of Life for Majority of U.S. Workers (Aug. 24, 2017).
Americans with less than $250 in the bank: Consumer Financial Protection Bureau, Financial Well-Being in America (September 2017).
Ashley V. Whillans, Elizabeth W. Dunn, Paul Smeets, Rene Bekkers and Michael I. Norton, "Buying Time Promotes Happiness," Proceedings of the National Academy of Sciences, vol. 114, no. 32 (Aug. 8, 2017).
Mihaly Csikszentmihalyi, Flow: The Psychology of Optimal Experience (Harper & Row: 1990).
Daniel Kahneman, Alan B. Krueger, David Schkade, Norbert Schwarz and Arthur Stone, "Toward National Well-Being Accounts," AEA Papers and Proceedings (May 2004).
Julianne Holt-Lunstad, Timothy B. Smith and J. Bradley Layton, "Social Relationships and Mortality Risk: A Meta-Analytic Review," PLOS Medicine (July 27, 2010). PLOS is an acronym for Public Library of Science.
Leaf Van Boven and Thomas Gilovich, "To Do or to Have? That Is the Question," Journal of Personality and Social Psychology, Vol. 85, No. 6 (2003).

第10章

Utpal Dholakia, "Do We Become Less Optimistic as We Grow Older?" Psychology Today, July 24, 2016, https://www.psychologytoday.com/us/blog/the-science-behind-behavior/201607/do-we-become-less-optimistic-we-grow-older, accessed April 23, 2019.

CREDITS

Annual Savings to Become a Millionaire by 65: Christy Bieber, "The Most Important Retirement Chart You'll Ever See," The Motley Fool, November 18, 2018, https://www.fool.com/retirement/2018/11/18/the-most-important-retirement-chart-youll-ever-see.aspx, accessed April 28, 2019.
Spending on Necessities: Human progress, http://humanprogress.org/static.1937, adapted from a graph by Mark Perry, using data from the Bureau of Economic Analysis, http://www.bea.gov/iTable.cfm?ReqID=9&step=1&isuri=1.
Global Well-Being: Historical Index of Human Development: Prados de la Escosura 2015, 0–1 scale, available at Our World in Data, Rover 2016h. Well-Being Composite: Rijpma 2014,p. 259, standard deviation scale over country-decades.

Dimensional Fund Advisors, LP, 2013).
Kimberly Amadeo, "Long-Term Capital Management Hedge Fund Crisis: How a 1998 Bailout Led to the 2008 Financial Crisis," The Balance, January 25, 2019, https://www.thebalance.com/long-term-capital-crisis-3306240, accessed April 23, 2019.
Nathan Vardi, "Billionaire John Paulson's Hedge Fund: Too Big to Manage," Forbes, December 21, 2012.
Joshua Fineman and Saijel Kishan, "Paulson to Decide to Switching to Family Office in Two Years," Bloomberg, January 22, 2019, https://www.bloomberg.com/news/articles/2019-01-22/paulson-plans-to-decide-on-switch-to-familyoffice-in-two-years, accessed April 23, 2019.
Nishant Kumar and Suzy Waite, "Hedge Fund Closures Hit $3 Trillion Market as Veterans Surrender," Bloomberg, December 13, 2018, https://www.bloomberg.com/news/articles/2018-12-13/hedge-fund-closures-hit-3-trillion-market-asveterans-surrender, accessed April 23, 2019.
Morgan Housel, "The World's Smartest Investors Have Failed," The Motley Fool, January 27, 2014, https://www.fool.com/investing/general/2014/01/27/the-worlds-smartest-investors-have-failed.aspx, accessed April 23, 2019.
Loomis, Ibid.
Diane Mulcahy, Bill Weeks, and Harold S. Bradley, "We Have Met The Enemy . . . And He Is Us: Lessons from Twenty Years of the Kauffman Foundation's Investments in Venture Capital Funds and the Triumph of Hope Over Experience," Ewing Marion Kauffman Foundation, May 2012, https://ssrn.com/abstract=2053258, accessed April 23, 2019.
Bernard Marr, "A Short History of Bitcoin and Crypto Currency Everyone Should Read," Forbes, December 6, 2017, https://www.forbes.com/sites/bernardmarr/2017/12/06/a-short-history-of-bitcoin-and-crypto-currency-everyoneshould-read/#1b5223393f27, accessed April 23, 2019.
Adam Millsap, "Blockchain Technology May Drastically Change How We Invest," The James Madison Institute, March 7, 2019, https://www.jamesmadison.org/blockchain-technology-may-drastically-change-how-we-invest/, accessed April 23, 2019.
Michael Corkery and Nathaniel Popper, "From Farm to Blockchain: Walmart Tracks Its Lettuce," The New York Times, September 24, 2018, https://www.nytimes.com/2018/09/24/business/walmart-blockchain-lettuce.html, accessed April 23, 2019.
"All Cryptocurrencies," CoinMarketCap, https://coinmarketcap.com/all/views/all/, accessed April 23, 2019.
Michael Kaplan, "Hackers are stealing millions in Bitcoin—and living like big shots," New York Post, April 13, 2019, https://ny post.com/2019/04/13/hackers-are-stealing-millions-in-bitcoin-and-living-like-big-shots/, accessed April 23, 2019.
Ed Christman, "The Whole Story Behind David Bowie's $55 million Wall Street Trailblaze," Billboard, January 13, 2016, https://www.billboard.com/articles/business/6843009/david-bowies-bowie-bonds-55-million-wallstreet-prudential, accessed April 23, 2019.

第7章

The top-performing mutual fund managers of 2017: Andrew Shilling and Lee Conrad, "Which Mutual Funds Are YTD Leaders?" Financial Planning, November 29, 2017, https://www.financial-planning.com/slideshow/top-mutual-funds-in-2017, accessed April 23, 2019.
Andrew Shilling, "Worst-Performing Funds of 2018," Financial Planning, December 12, 2018, https://www.financial-planning.com/list/mutual-funds-and-etfs-with-the-worst-returns-of-2018, accessed April 23, 2019.
Will Martin, "The US Could Lose Its Crown as the World's Most Powerful Economy as Soon as Next Year, and It's Unlikely to Ever Get It Back," Business Insider, January 10, 2019, https://www.businessinsider.com/us-economy-tofall-behind-china-within-a-year-standard-chartered-says-2019-1, accessed April 23, 2019.
Eugene Kim, "Jeff Bezos to employees: 'One day, Amazon will fail' but our job is to delay it as long as possible," CNBC, November 15, 2018, https://www.cnbc.com/2018/11/15/bezos-tells-employees-one-day-amazon-will-fail-and-to-stayhungry.html, accessed April 23, 2019.

第8章

Jeff Huffman, et. al., "Design and Baseline Data from the Gratitude Research in Acute Coronary Events

percentvanguard.html, accessed April 19, 2019.
Atlas Investor, "Stock Market Correction Is Imminent," Seeking Alpha, December 19, 2017, https://seekingalpha.com/article/4132643-stockmarket-correction-imminent, accessed April 19, 2019.
Dean Croushore, "Consumer Confidence Surveys: Can They Help Us Forecast Consumer Spending in Real Time?" Business Review—Federal Reserve Bank of Philadelphia, Q3 (April 2006), pp. 1–9.
Mark W. Riepe, "Does Market Timing Work?"Charles Schwab, December 16, 2013, https://www.schwab.com/resource-center/insights/content/does-market-timing-work, accessed April 22, 2019.

第5章

Justin Fox, "What Alan Greenspan Has Learned Since 2008," Harvard Business Review, January 7, 2014, https://hbr.org/2014/01/what-alan-greenspan-haslearned-since-2008, accessed April 22, 2019.
Scott Plous, The Psychology of Judgment and Decision Making (New York: McGraw-Hill, 1993).
K. Patricia Cross, "Not Can, But Will College Teaching Be Improved?" New Directions for College Education, 17, 1977, pp. 1–15.
David Crary, "Students Lie, Cheat, Steal, But Say They're Good," Associated Press, November 30, 2008, https://www.foxnews.com/printer_friendly_wires/2008Nov30/0,4675,StudentsDishonesty,00.html, accessed April 23, 2019.
Brad M. Barber and Terrance Odean, "Boys Will Be Boys: Gender, Overconfidence, and Common Stock Investment," The Quarterly Journal of Economics 116 (1, February 2001), pp. 261–292.
James Montier, Behaving Badly (London: Dresdner Kleinwort Wasserstein Securities, 2006).
Andrew Zacharakis and Dean Shepherd, "The Nature of Information and Overconfidence on Venture Capitalists' Decision Making," Journal of Business Venturing, 16 (4), 2001, pp. 311–332.
Richard J. Heuer, Jr., Psychology of Intelligence Analysis (Washington, DC: Center for the Study of Intelligence, Central IntelligenceAgency, 1999).
Todd McElroy and Keith Dowd, "Susceptibility to Anchoring Effects: How Openness-to-Experience Influences Responses to Anchoring Cues," Judgment and Decision Making 2 (1, February 2007), pp. 48–53.
Daniel Kahneman and Amos Tversky, "Choices, Values, and Frames," The American Psychologist 39 (4), 1984, pp. 341–350.
Brian Wansink, Robert J. Kent, and Stephen J. Hoch, "An Anchoring and Adjustment Model of Purchase Quantity Decisions," Journal of Marketing Research 35 (February, 1998), pp. 71–81.
Ellen J. Langer, "The Illusion of Control," Journal of Personality and Social Psychology 32 (5), 1975, pp. 311–328.
Daniel Kahneman, Jack L. Knetsch, and Richard H. Thaler, "Anomalies: The Endowment Effect, Loss Aversion, and Status Quo Bias," Journal of Economic Perspectives 5 (1), 1991, pp. 193–206.
Jonah Lehrer, "The Curse of Mental Accounting," Wired, February 14, 2011, https://www.wired.com/2011/02/the-curse-of-mental-accounting/, accessed April 22, 2019.
Kahneman and Tversky, Ibid.
Hal R. Arkes, Cynthia A. Joyner, Mark V. Pezzo, Jane Gradwohl Nash, Karen Siegel-Jacobs, and Eric Stone, "The Psychology of Windfall Gains," Organizational Behavior and Human Decision Processes, 59, pp. 331–347.
Viviana A. Zelizer, The Social Meaning of Money: Pin Money, Paychecks, Poor Relief, and Other Currencies (New York: Basic Books, 1994).
Teresa Amabile and Steven Kramer, "The Power of Small Wins," Harvard Business Review 89 (5), pp. 70–80.
J. Kiley Hamlin, Karen Wynn, and Paul Bloom, "Three-Month-Olds Show a Negativity Bias in Their Social Evaluations," Developmental Science, 2010, 13 (6), pp. 923–929.

第6章

Carl J. Loomis, "Buffett's big bet," Fortune, June 9, 2008, http://archive.fortune.com/2008/06/04/news/newsmakers/buffett_bet.fortune/index.htm, accessed April 23, 2019.
Credit Suisse, "Liquid Alternative Beta and Hedge Fund Indices: Performance" January 2, 2020, https://lab.credit-suisse.com/#/en/index/HEDG/HEDG/performance, accessed February 16, 2020.
Peng Chen, "Are You Getting Your Money's Worth? Sources of Hedge Fund Returns" (Austin, TX:

accessed April 19, 2019.
Money Morning News Team, "Reasons for a 2016 Stock Market Crash," Money Morning, September 26, 2016, https://moneymorning.com/2016/09/26/reasons-for-a-2016-stock-market-crash/, accessed April 19, 2019.
Ben White, "Economists: A Trump Win Would Tank the Markets," Politico, October 21, 2016, https://www.politico.com/story/2016/10/donald-trump-wallstreet-effect-markets-230164, accessed April 19, 2019.
Paul Krugman, "We Are Very Probably Looking at a Global Recession with No End in Sight," The New York Times, November 8, 2016, https://www.nytimes.com/interactive/projects/cp/opinion/election-night-2016/paul-krugman-theeconomic-fallout, accessed April 19, 2019.
Stephanie Landsman, "Economist Harry Dent Predicts 'Once in a Lifetime' Market Crash, Says Dow Could Plunge 17,000 Points," CNBC, December 10,2016, https://www.cnbc.com/2016/12/10/econo mist-harry-dent-says-dow-could-plunge-17000-points.html, accessed April 19, 2019.
Laurence Kotlikoff, "Now Might Be the Time to Sell Your Stocks," The Seattle Times, February 12, 2017, https://www.seattletimes.com/business/new-voice-onraising-living-standard/, accessed April 19, 2019.
John Persinos, "4 Steps to Protect Your Portfolio from the Looming Market Correction," The Street, February 18, 2017, https:// www.thestreet.com/story/13999295/1/4-steps-to-protect-your-portfolio-from-the-looming-marketcorrection.html, accessed April 19, 2019.
Alessandro Bruno, "The US Stock Market Correction Could Trigger Recession," Lombardi Letter, March 1, 2017, https://www.lombardiletter.com/usstock-market-correction-2017/8063/, accessed April 19, 2019.
Michael Lombardi, "3 Economic Charts Suggest Strong Possibility of Stock Market Crash in 2017," Lombardi Letter, March 28, 2017, https://www.lombardiletter.com/3-charts-suggest-strong-possibility-stock-market-crash-2017/9365/, accessed April 19, 2019.
Laura Clinton, "Critical Warning from Rogue Economist Harry Dent: 'This is Just the Beginning of a Nightmare Scenario as Dow Crashes to 6,000," Economy & Markets, May 30, 2017, https://economyandmarkets.com/exclusives/criticalwarning-from-rogue-economist-harry-dent-this-is-just-the-beginning-of-a-nightmarescenario-as-dow-crashes-to-6000-2/, accessed April 19, 2019.
Money Morning News Team, "Stock Market Crash 2017: How Trump Could Cause a Collapse," Money Morning, June 2, 2017, https:// moneymorning.com/2017/06/02/stock-market-crash-2017-how-trump-could-cause-a-collapse/, accessed April 19, 2019.
Jim Rogers, interview with Henry Blodget, Business Insider, June 9, 2017, https://www.businessinsider.com/jim-rogers-worst-crash-lifetimecoming-2017-6, accessed April 19, 2019.
Stephanie Landsman, "It's Going to End 'Extremely Badly,' with Stocks Set to Plummet 40% or More, Warns Marc 'Dr. Doom' Faber," CNBC, June 24,2017, https://www.cnbc.com/2017/06/24/stocks-to-plum met-40-percent-or-more-warnsmarc-dr-doom-faber.html, accessed April 19, 2019.
Howard Gold, "Three Reasons a Stock Market Correction Is Coming in Late Summer or Early Fall," MarketWatch, August 4, 2017, https://www.marketwatch.com/story/3-reasons-a-stock-market-correction-is-coming-in-latesummer-or-early-fall-2017-08-03, accessed April 19, 2019.
Mark Zandi, "Top Economist: Get Ready for a Stock Market Drop," Fortune, August 10, 2017, https://finance.yahoo.com/news/top-economist-ready-stockmarket-162310396.html, accessed April 19, 2019.
Silvia Amaro, "Brace Yourself for a Market Correction in Two Months," CNBC, September 5, 2017, https://www.cnbc.com/2017/09/05/braceyourself-for-a-market-correction-in-two-months-investment-manager.html, accessed April 19, 2019.
David Yoe Williams, "4 Reasons We Could Have Another October Stock Market Crash," The Street, October 2, 2017, https:// www.thestreet.com/story/14325547/1/4-reasons-we-could-have-another-october-crash.html, accessed April 19, 2019.
Lana Clements, "Stock Market Crash WARNING: Black Monday Is Coming Again," Express, October 7, 2017, https://www.express.co.uk/finance/city/863541/Stock-market-crash-dow-jones-2017-Black-Monday-1987-forecast, accessed April 19, 2019.
Joe Ciolli, "Morgan Stanley: A Stock Market Correction Is Looking 'More Likely'," Business Insider, October 17, 2017, https://www.businessinsider.com/stock-market-news-correction-looking-more-likely-morganstanley-2017-10, accessed April 19, 2019.
Eric Rosenbaum, "Chance of US Stock Market Correction Now at 70 Percent: Vanguard Group," CNBC, November 27, 2017, https://www.cnbc.com/2017/11/27/chance-of-us-stock-market-correction-now-at-70-

NOTES

第2章

Hans Rosling, Factfulness: Ten Reasons We're Wrong About the World—and Why Things Are Better Than You Think (New York: Flatiron Books, 2018).

Matt Ridley, The Rational Optimist: How Prosperity Evolves (NewYork: Harper, 2010).

John E. Grable and Sonya L. Britt, "Financial News and Client Stress: Understanding the Association from a Financial Planning Perspective,"Financial Planning Review (2012).

James Estrin, "Kodak's First Digital Moment," New York Times, August 12, 2015, https://lens.blogs.nytimes.com/2015/08/12/kodaks-first-digitalmoment/,accessed April 28, 2019.

Matt Simon, "Lab-Grown Meat Is Coming,Whether You Like It or Not," Wired, February 16, 2018, https://www.wired.com/story/labgrown-meat/, accessed April 16, 2019.

Catherine Clifford, "Google CEO: A.I. is more importantthan fire or electricity," CNBC, February 1, 2018, https://www.cnbc.com/2018/02/01/googleceo-sundar-pichai-ai-is-more-important-than-fire-electricity.html, accessed April 16, 2019.

第4章

DALBAR, "2018 Quantitative Analysis of Investor Behavior Report,"DALBAR, 2018.

Jerker Denrell and Christina Fang, "Predictingthe Next Big Thing: Success as a Signal of Poor Judgment," Management Science 56 (10),pp. 1653–1667.

Tim Weber, "Davos 2011: Why Do economists Get It So Wrong?" BBC.co.uk, January 17, 2011, https://www.bbc.com/news/business-12294332, accessed April 19, 2019.

Diana Britton, "Is Tactical Investing Wall Street's Next Clown Act?" Wealthmanagement.com, December 1, 2011, https://www.wealthmanagement.com/investment/tactical-investing-wall-streets-next-clown-act, accessed April 19, 2019.

John R. Graham and Campbell R. Harvey, "Market Timing Ability and Volatility Implied in Investment Newsletters' Asset Allocation Recommendations," February 1995, available at SSRN: https://ssrn.com/abstract=6006, ccessed April 19, 2019.

Kim Snider, "The Great Market Timing Lie," Snider Advisors, July 22, 2009, http://ezinearticles.com/?The-Great-Market-Tim ing-Lie&id=2648301, accessed April 19, 2019.

Matt Clinch, "George Soros: It's the 2008 Crisis All Over Again," CNBC, January 7, 2016, https://www.cnbc.com/2016/01/07/soros-its-the-2008-crisis-all-over-again.html, accessed April 19, 2019.

Larry Elliott, "Is 2016 the Year When the World Tumbles Back into Economic Crisis?" Guardian, January 9, 2016, https://www.theguardian.com/business/2016/jan/09/2016-world-tumbles-back-economic-crisis, accessed April 19, 2019.

Nick Fletcher, "Sell Everything Ahead of Stock Market Crash, say RBS Economists," Guardian, January 12, 2016, https:// www.theguardian.com/business/2016/jan/12/sell-everything-ahead-of-stock-mar ket-crashsay-rbs-economists, accessed April 19, 2019.

Chris Matthews, "Here Comes the Biggest Stock Market Crash in a Generation," Fortune, January 13, 2016, http://fortune.com/2016/01/13/analyst-herecomes-the-biggest-stock-market-crash-in-a-generation/, accessed April 19, 2019.

Amanda Diaz, "These Are Classic Signs of a Bear Market," CNBC, January 20, 2016, https://www.cnbc.com/2016/01/20/these-are-classic-signs-of-a-bearmarket.html, accessed April 19, 2019.

Harry Dent, "This Chart Shows the First Big Crash Is Likely Just Ahead," Economy & Markets, March 14, 2016, https://economyandmarkets.com/markets/stocks/this-chart-shows-the-first-big-crash-is-likely-just-ahead/, accessed April 19, 2019.

Michael T. Snyder, "The Stock Market Crash of 2016:Stocks Have Already Crashed In 6 Of The World's Largest 8 Economies," Seeking Alpha, June 17, 2016, https://seekingalpha.com/article/3982609-stock-market-crash-2016-stocks-already-crashed-6-worlds-8-largest-economies, accessed April 19, 2019.

Luke Kawa, "Citigroup: A Trump Victory in November Could Cause a Global Recession," Bloomberg, August 25, 2016, https://www.bloomberg.com/news/articles/2016-08-25/citigroup-a-trump-victory-in-novembercould-cause-a-global-recession, accessed April 19, 2019.

Michael A. Gayed, "Stocks Are Inching Closer to the Second Correction of 2016," MarketWatch, September 7, 2016, https://www.marketwatch.com/story/stocks-inch-closer-to-2016s-second-correction-2016-09-07,

著者

ピーター・マローク

ファイナンシャルアドバイザー、弁護士、作家。米企業クリエイティブ・プランニングCEOとして、投資管理、財務計画、税務計画、退職計画コンサルティング、不動産計画サービス、慈善計画など、全米および海外のクライアントに包括的な資産管理サービスを提供している。

アンソニー・ロビンズ

ベストセラー作家、起業家、コーチ。5000万人以上の人々に関わってきたカリスマコーチ。これまでアスリート、エンターテイナー、経営者、各国の大統領など、数多くの著名人をコーチングしてきた。

訳者

レッカー・由佳子

英語・ドイツ語翻訳家。米国オハイオ州立大学言語学科卒業。ドイツ・ボン大学翻訳学科で学んだのち、バベル翻訳大学院（USA）で米国翻訳修士課程を修了。書籍翻訳（教育、料理、心理学、ビジネス）の他、スポーツ・アパレル・教育・自動車産業関連の実務翻訳などに幅広く携わる。主な訳書に『私は逃げない～シリアルキラーと戦った日々～』（バベルプレス）『身近にいる「やっかいな人」から身を守る方法』（あさ出版）などがある。

本文デザイン……岡崎理恵
DTP……センターメディア
校正……鷗来堂

THE PATH〈ザ・パス〉
一生《いっしょう》お金《かね》に困《こま》らない最短《さいたん》ロードマップ

2023年 4月15日 第1刷

著　　者　ピーター・マローク
　　　　　アンソニー・ロビンズ
訳　　者　レッカー・由佳子《ゆかこ》
発 行 者　小 澤 源 太 郎

責任編集　株式会社 プライム涌光
　　　　　電話　編集部　03(3203)2850

発行所　株式会社 青春出版社
東京都新宿区若松町12番1号〒162-0056
振替番号　00190-7-98602
電話　営業部　03(3207)1916

印刷　大日本印刷　　製本　ナショナル製本

万一、落丁、乱丁がありました節は、お取りかえします。
ISBN978-4-413-11395-3 C0030